大学生生涯教育与就业指导

Daxuesheng Shengya Jiaoyu yu Jiuye Zhidao

主　编　张金元
副主编　李洪渠　赵北平　陈　彬

华中科技大学出版社
中国·武汉

内容简介

本书是一本系统指导大学生从校园到职场过渡的实践指南,融合西方生涯理论与中国传统文化,以立德树人为核心构建覆盖大学全阶段的成长体系。全书立足新时代社会发展需求,既为高校教师提供科学的生涯教育框架,也为学生搭建自我认知与职业发展的桥梁,助力实现高质量就业与可持续发展。

本书通过理论、探索、决策、行动、咨询、案例六大模块构建闭环培养路径,涵盖从生涯理论到个人兴趣、能力、价值观的深度剖析,并结合行业职业环境认知,引导学生运用科学工具完成生涯决策。此外,针对健康管理、时间管理、人际沟通等五大核心能力设计实践方案,配以典型咨询案例和高校典型做法,形成"认知-探索-行动-提升"的完整链条。

全书突出三大特色:一是理论体系中西兼容,既引入西方经典理论,又创新融入中国传统文化;二是内容编排贴合成长规律,贯穿学生学业规划、职业选择、就业竞争力提升全流程;三是应用场景多元,既可为教师提供系统化教学参考框架,又能使学生掌握生涯管理方法论。

图书在版编目(CIP)数据

大学生生涯教育与就业指导 / 张金元主编. -- 武汉:华中科技大学出版社,2025.3(2025.7重印).
ISBN 978-7-5772-1689-8

Ⅰ. G647.38

中国国家版本馆 CIP 数据核字第 2025A62S82 号

大学生生涯教育与就业指导
Daxuesheng Shengya Jiaoyu yu Jiuye Zhidao

张金元　主编

策划编辑:	俞道凯　王　勇
责任编辑:	刘姝甜　杨赛君
封面设计:	廖亚萍
责任监印:	朱　玢
出版发行:	华中科技大学出版社(中国·武汉)　电话:(027)81321913
	武汉市东湖新技术开发区华工科技园　邮编:430223
录　排:	武汉三月禾文化传播有限公司
印　刷:	武汉市洪林印务有限公司
开　本:	787mm×1092mm　1/16
印　张:	16.25
字　数:	406千字
版　次:	2025年7月第1版第3次印刷
定　价:	49.80元

本书若有印装质量问题,请向出版社营销中心调换
全国免费服务热线:400-6679-118　竭诚为您服务
版权所有　侵权必究

序 言

生涯指从事某种活动或职业的生活,不仅关乎职业的选择与成就,更是影响个人成长、家庭和谐、社会贡献及自我实现的关键因素。大学生生涯教育从学生发展需要出发,旨在帮助学生发现自我、明确目标,为其未来生涯发展奠定坚实基础。通过合理的生涯规划和实践,学生能够提升自身综合素质,增强社会竞争力,实现自我价值的最大化。同时,良好的生涯教育能为社会的发展和进步提供源源不断的人才支持,推动社会整体水平的提升。

随着科技革命的深入推进,物联网、云计算、大数据、人工智能等新一代信息技术的高速发展给我国产业布局带来了深刻的变革,消费模式也随之升级。这些变化不仅促进了服务业市场的细分,也影响了我们的生活方式,进而引发了职业领域的重大变革和就业方式的显著转变。新职业的涌现不仅推动了新业态和新技术的发展,还为实现更全面、更公平的就业创造了条件。大学生在学业、职业选择以及个人成长等方面面临着新的机遇和挑战,这不仅要求他们具备扎实的专业知识和技能,更需要他们能够进行有效的自我认知、生涯规划,具备灵活应对各种挑战的能力。

党的二十大报告指出,教育是国之大计、党之大计。培养什么人、怎样培养人、为谁培养人是教育的根本问题。要全面贯彻党的教育方针,落实立德树人根本任务,培养德智体美劳全面发展的社会主义建设者和接班人。多年来,教育部以习近平新时代中国特色社会主义思想为指导,全面贯彻党中央国务院决策部署,努力通过建立健全大中小学一体化的生涯教育体系,进一步丰富有利于加强学生思想政治工作、促进学生成长成才的路径载体,进一步强化以社会需求为导向、不断提高人才培养质量的教育理念,进一步健全有利于高质量充分就业的促进机制,进一步构建为高质量发展提供人才支持与智力支撑的高质量教育体系。正是在这样的时代背景下,湖北省教育界一群热心于生涯教育事业的专家,在湖北省教育厅一级巡视员张金元的带领下,以促进学生全面发展为目标,将生涯教育纳入"三全育人"大格局,落实立德树人根本任务,开展了丰富多彩的教学研究与实践活动,并首创《湖北省高等学校生涯教育导则》;同时,历时两年将研究成果精心编写成书。本书作者团队中既有教育行政人员、专家学者,也有一线教研人员和教师。总体来看,本书重点围绕生涯唤醒、生态适应、外部探索、自我认知、理性决策、有效行动、求职准备、职场适应等方面展开,通过详细的理论阐述、丰富的实践案例、常见的咨询工具和精品微课,全方位覆盖了大学生在大学期间可能遇到的各类问题和挑战,并提供了系统化的指导和实用的建议,具有很强的实用性和可操作性,旨在帮助大学生树立正确的世界观、人生观、价值观,引导学生将个人奋斗目标和价值追求融入国家发展、社会需要,实现全面发展、健康发展、个性发展和终身发展。

这本书能够帮助大学生在未来的职业生涯中不断成长和发展。愿每一个努力拼搏的年轻人最终都能在自己的人生路上收获成功与幸福,实现自己的人生价值!

是为序。

中国人民大学　周文霞
2025 年 1 月

前　言

踏入大学校园，便开启了人生新篇章。站在时代变革与人生蜕变的交汇点，"焦虑"与"迷茫"的情绪此起彼伏。如何在不确定中锚定成长方向？怎样将个体发展融入时代脉搏？这些问题不仅关乎职业选择，更是对生命意义的深度探寻。本书以立德树人为精神内核，构建贯通中西、知行合一的成长导航体系，为青年学子铺就从自我认知到奉献社会的进阶之路，以期实现全面发展、健康发展、个性化发展和终身可持续发展。

本书从生涯发展的基础理论入手，对中西方生涯理论进行了系统梳理，通过对中国传统生涯发展理论和国外主流生涯理论的剖析，构建了一个完整的大学生生涯发展教育体系，涵盖生涯唤醒、生态适应、外部探索、自我认知、理性决策和有效行动等多个生涯发展的关键环节。生涯唤醒，从大处着眼，引导大学生了解不同生涯阶段和生涯角色，明确自己在大学阶段的生涯任务，激发内在的成长动力。生态适应，从细处着手，帮助大学生积极融入大学环境，提升生涯适应能力。外部探索，从行业、企业（组织）、职业和专业四个维度展开，传授探索方法，呈现全面、立体的职业世界图景。自我认知，借助多种工具和方法，从兴趣、能力、价值观等多个维度帮助大学生深入了解自己，为职业选择和生涯规划奠定坚实的基础。理性决策，系统介绍大学生常见生涯决策的内容和方向，提供多种职业发展目标决策工具，帮助大学生培养理性决策能力，从容应对人生中的各种关键选择。有效行动，涵盖健康管理、时间管理、人际关系、情绪管理和压力管理等多个方面，覆盖大学生学业和生活的方方面面。此外，本书还专门设置了咨询篇，针对人生价值、自我探索、专业探索、职业探索、生涯决策（目标探索）、促进行动和求职心理调适等常见问题类型，提供了专业的咨询方法和策略。附录部分则包含了多种生涯咨询工具和多所高校生涯教育典型案例，为大学生和生涯教育工作者提供了便捷的工具和操作指南。

本书主编为张金元，副主编为李洪渠、赵北平、陈彬，参与编写的人员还有谢宝国、陈曦、兰玉娟、曾艺、任丹、刘超、马菲、陈玲玲、余鹏、缪胜杰、喻怡、黄俐平、孔蓉、姚荣奇、张诗晗。本书在编写过程中还得到省内外生涯教育专家学者、一线教师的大力支持。

本书编写者深耕高校职业生涯研究与教育教学领域，充分了解当代大学生特点与困惑，在实践教学中积累了丰富的经验，怀着对大学生成长发展和高等学校人才培养的高度责任感,历时两年多,数易其稿,唯愿为高校提供一本高水平的生涯教育参考书,为大学生自主学习和职业探索提供优质的读本。

我们深知生涯教育是场永不停息的探索之旅,书中若有未尽之处,诚盼读者在实践过程中与我们共同完善这份成长地图,因为最好的生涯规划,永远是正在书写的生命诗篇。

编　者

2025 年 1 月

目 录

认 识 篇

第一章　初识生涯　3
第一节　基本概念　3
第二节　中国传统生涯理论　5
第三节　国外主要生涯理论　7
第四节　生涯教育的重要意义　12
本章小结　14

第二章　大学生常见生涯困惑　15
第一节　自我发展与规划困惑　15
第二节　自我管理与社交困惑　18
本章小结　21

教 学 篇

第三章　生涯唤醒　25
第一节　人的生涯阶段　26
第二节　人的生涯角色　28
第三节　大学生的生涯任务　32
本章小结　38

第四章　生态适应　39
第一节　积极融入环境——我的大学我喜欢　39
第二节　强化生涯适应——做人、做事、做学问　43
第三节　完善学涯规划——我来大学做什么　45
本章小结　47

第五章　外部探索　48
第一节　行业探索　48

第二节　企业(组织)探索 ……………………………………………… 53
　　第三节　职业探索 …………………………………………………… 62
　　第四节　专业探索 …………………………………………………… 69
　　第五节　职业世界探索的方法 ……………………………………… 78
　　本章小结 ………………………………………………………………… 85

第六章　自我认知 86
　　第一节　自我认知的作用和维度 …………………………………… 86
　　第二节　兴趣探索与发展——寻找心之所向 ……………………… 92
　　第三节　能力探索——我有哪些"超能力" ………………………… 97
　　第四节　价值观探索——立志而贤则贤矣 ………………………… 99
　　本章小结 ………………………………………………………………… 103

第七章　理性决策 104
　　第一节　生涯决策的内容与方向 …………………………………… 105
　　第二节　职业发展目标决策工具 …………………………………… 108
　　第三节　个人决策能力探索与培养 ………………………………… 112
　　本章小结 ………………………………………………………………… 118

第八章　有效行动 119
　　第一节　健康管理——拒绝做"脆皮"大学生 ……………………… 119
　　第二节　时间管理——时间都去哪儿了 …………………………… 124
　　第三节　人际关系——茫茫人海，你是"社恐"还是"社牛" ……… 130
　　第四节　情绪管理——做自己情绪的主人 ………………………… 136
　　第五节　压力管理——拥抱压力，和动力并行 …………………… 144
　　本章小结 ………………………………………………………………… 148

第九章　求职准备 149
　　第一节　简历制作——简历不"踩雷"，赢得面试机会 …………… 149
　　第二节　面试礼仪——打通面试"第一关" ………………………… 170
　　第三节　面试技巧——设计好的面试表现 ………………………… 182
　　第四节　求职安全——警惕求职"陷阱"，避免"踩坑" …………… 190
　　本章小结 ………………………………………………………………… 197

第十章　职场适应 198
　　第一节　重视第一份工作——别轻易否定第一份工作的重要性 … 198
　　第二节　树立职场个人品牌——打造我的职场"名片" …………… 202
　　第三节　开始行动——实现我的人生梦想 ………………………… 209

本章小结 ············ 214

咨 询 篇

第十一章 生涯咨询的基本原则与流程 ············ 217
第一节 生涯咨询的基本原则 ············ 217
第二节 生涯咨询的流程 ············ 219
本章小结 ············ 220

第十二章 常见的生涯咨询 ············ 221
第一节 人生价值类咨询 ············ 221
第二节 自我探索类咨询 ············ 223
第三节 专业探索类咨询 ············ 225
第四节 职业探索类咨询 ············ 228
第五节 生涯决策(目标探索)类咨询 ············ 229
第六节 促进行动类咨询 ············ 232
第七节 求职心理调适类咨询 ············ 235
本章小结 ············ 238

附录 A 生涯咨询工具 ············ 239
　附录 A.1 生涯咨询信息收纳表 ············ 239
　附录 A.2 生涯咨询知情同意书 ············ 241
　附录 A.3 生涯咨询师记录表 ············ 242
　附录 A.4 生涯咨询反馈表 ············ 243
　附录 A.5 生涯咨询报告 ············ 244
　附录 A.6 自我探索测评工具 ············ 244
　附录 A.7 生涯人物访谈提纲 ············ 245
　附录 A.8 自我评估问卷(促进行动类咨询) ············ 245
　附录 A.9 自我评估问卷(求职心理调适类咨询) ············ 247

附录 B 高校生涯工作案例选编 ············ 249

参考文献 ············ 250

「认识篇

第一章 初识生涯

生涯在《现代汉语词典》中的释义为"从事某种活动或职业的生活"。它不仅涉及职业选择与发展,更关乎个人成长、家庭和谐、社会贡献及自我实现的方方面面。

如何认识生涯?我们要全面而深刻地认识生涯,需要从多个角度、多个维度进行思考,包括其基本概念、中西方生涯观,以及将这些理论应用于个人实践之中,再结合我们自身特质如兴趣与能力,对其进行理解,以积极应对外部环境的变化,不断规划并调整自己的发展路径,通过持续的学习、实践与反思,在生涯发展中追求卓越,同时在家庭、社会等多个领域获得平衡与满足,最终实现个人价值与社会贡献的双丰收。

生涯,是一场既充满挑战又蕴含机遇的旅程,值得我们用心去规划、去体验、去珍惜。

第一节 基本概念

生涯规划基本知识与重要作用

要理解生涯的基本概念,需要结合生涯教育、生涯规划等根据生涯的基本概念演化出的相关概念和内容。下面主要介绍生涯、生涯教育、生涯规划、学涯规划和职业生涯规划相关内容。

一、生涯

生涯理论的提出可以追溯到20世纪初。当时的心理学家重点关注个体的职业选择过程。随着社会的发展和技术的进步,生涯理论也在不断地演变和完善。社会认知理论和后现代生涯理论成为具有代表性的生涯理论。中国传统文化中也蕴含着丰富的职业生涯发展思想,其中以儒家思想最具代表性,它强调个人应该以道德修养为基础,通过学习和实践来提升自己的能力和素质。道家思想也对职业生涯理论发展产生了一定的影响,主张顺应自然、随遇而安的生活态度。生涯理论为人们深入了解个人职业生涯发展和规划提供了工具和方法。

《庄子·养生主》曰:"吾生也有涯,而知也无涯"。在这里,生涯特指人生或生命,用有止境的生命对比无止境的学习,强调学习的重要性,深刻地揭示了生涯与知识之间的辩证关系,告诉我们尽管生命有限,但知识能不断拓宽我们的视野,深化我们的理解,丰富我们的生命。

除此以外,生涯还有生计、志向、命运的含义。生计,即人们为了维持生活而从事的工作或职业;志向体现了个体对于未来发展方向的规划与追求;命运则暗示着每个人在生命旅程中都会经历各自的挑战与机遇,形成独特的人生轨迹。这些多层次的含义共同构成了中国特色生涯思想的丰富内涵。

正式提出"生涯"这一概念的舒伯(D. E. Super)认为:生涯是生活中各种事态的演进方向与历程,它统合了人一生中的各种职业和生活角色,由此表现出个人独特的自我发展形态。生涯不仅包含职业角色,还包含学生、子女、社会公民、休闲者等生活角色。有些学者认为,生涯具有六大特征:

(1) 方向性。生涯是生活中各种事态的连续演进方向。
(2) 时间性。生涯的发展是一生当中连续不断的过程。
(3) 空间性。生涯以事业的角色为主轴,也包括其他与工作有关的角色。
(4) 独特性。每个人的生涯发展都是独一无二的。
(5) 现象性。只有在个人寻求它的时候,生涯才存在。
(6) 主动性。人是生涯的主动塑造者。

总体而言,生涯既指人有限的生命,又指其赖以谋生的事业,涵盖个体所有职业和非职业活动与经历,渗透于人生发展各阶段、人生实践各领域以及人所扮演的各种社会角色中,是体现人生理想与价值观的独特的生命自我实现历程。简言之,生涯即一个人的生命历程。

二、生涯教育

1971年,美国联邦教育总署署长西德尼·马兰德(Sidney P. Marland)首次提出"生涯教育"的概念,提倡在各阶段的学校教育中融入生涯发展、态度和价值观等内容,这是生涯教育的开端。他认为:"生涯教育是为全民而非部分人的教育,它从义务教育开始,延伸至高等教育乃至继续教育的整个过程,它教育下一代在心理上、职业上及社会上平衡与成熟地发展,使每个人成为自觉、有用的人。"

根据马兰德的观点,生涯教育在广义上泛指学校设立、开展的以学生终身发展为目的的一切课程和教育活动;在狭义上是指为帮助学生进行生涯设计、确立生涯目标、选择生涯角色、寻求最佳生涯发展途径而设立、开展的专门课程与活动。马兰德认为,生涯教育能够通过生涯认知、生涯探索、生涯定向、生涯准备、生涯成熟等学习步骤,培养学生的生涯能力,使学生逐渐形成自我引导、自我完善的能力。

生涯教育不断发展,已形成人职匹配理论、职业生涯发展理论、社会学习理论和后现代生涯理论等经典生涯理论。在西方发达国家,生涯教育已成为贯穿学前教育阶段、初等教育阶段、中等教育阶段、高等教育阶段甚至人一生的人生教育。

高校生涯教育是指运用系统的方法,帮助大学生认识自我、认识职业与社会,激发生涯规划意识,培养生涯决策能力,发展综合职业能力的系列教育活动。其目的是引导大学生制订实施大学阶段学涯规划,树立未来发展远景目标,并掌握实现目标的途径和方法,从而促进其个人发展与未来职业、生活要求相适应。

高校生涯教育注重职业发展与全面发展相统一,关注职业、个人、家庭等多方面的成长,既包括职业生涯规划教育、就业指导、职业和岗位胜任力培养,生命价值、生活情趣以及人生意义的探寻与实现,也包括学生的文化基础教育、适应终身发展和社会需要的品格养成、生涯建构能力的提升。

三、生涯规划

生涯规划是指个人结合自身情况与眼前的机遇和制约因素,为自己确定发展目标,选择发展道路,确定发展计划、教育计划等,并为自己实现生涯目标而确定行动方向、行动时间和行动方案。

按照时间维度,生涯规划可以分为短期规划、中期规划、长期规划和人生规划四种类型。

(1) 短期规划是指2年以内的规划,主要是确定近期目标,规划近期应完成的任务。
(2) 中期规划一般设定2~5年内的发展目标和任务,是最常用的一种生涯规划。
(3) 长期规划是指5~10年的规划,主要设定较长远的目标。
(4) 人生规划是指设定整个人生的发展目标和阶梯。

从字面上看,个人生涯从短期到中期,再到长期,直至整个人生规划,如同上台阶,一步步地发展。

四、学涯规划和职业生涯规划

大学生的生涯规划主要指大学阶段的规划,又称学涯规划,是大学生为了提高人生职业发展效率,对学业所进行的筹划和安排。大学生基于对自身性格特点、能力特点和未来社会需要的全面认识,确定人生阶段性事业目标,进而确定学业路线(专业和学校),再结合自身的实际情况(经济条件、工作生活现状、家庭情况等)制订学业发展计划,以用最科学的求学成本(时间、精力、资金等)获得实现阶段性职业目标所必需的素质和能力。

职业生涯规划是根据自身兴趣爱好、优势特长、专业特性、所处行业特点和社会需求等因素,针对个人职业选择的主观和客观因素进行分析和测定,进而科学定位能够发挥自身优势的职业,从而选择适合自身特质的岗位,最终确定并努力实现个人奋斗目标。职业生涯规划教育是以个人职业发展为主线的成长成才教育、核心素养教育以及幸福人生教育。

学涯规划与职业生涯规划是一个人在生涯发展的不同阶段针对不同目标制定的计划方案。学涯规划是职业生涯规划的基础,是职业生涯规划的前端,是为职业发展做准备的,学涯规划实施的效果,会直接影响个人未来职业生涯规划与职业发展结果。

第二节　中国传统生涯理论

2000多年前,中国的先哲们就开始对人生进行深刻的探索。他们不仅思考人生的目标及其任务,更在追寻人生的意义与理想中,为后世留下了宝贵的思想遗产。他们不仅奠定了中华民族生涯观念的思想基础,更深刻影响了中国人对于学习、职业以及人生价值的认知与追求,构建了中国人关于个人成长、社会责任、道德修养以及理想追求的底层逻辑,使得中华民族在漫长的历史长河中,始终保持着对美好生活的向往与追求。

一、中国传统生涯观

《礼记·曲礼上》有云:"人生十年曰幼,学。二十曰弱,冠。三十曰壮,有室。四十曰强,而仕。五十曰艾,服官政。六十曰耆,指使。七十曰老,而传。八十、九十曰耄,七年曰悼,悼与耄虽有罪,不加刑焉。百年曰期颐。"《礼记·曲礼上》中所述的是中国人传统的生涯观,经过千年流传,在当今社会仍有一定的影响。由于古代中国社会以私学为主,因此以10年为单位进行人生阶段划分,按照人的生命历程将人生划分为 9 个阶段,反映了古代中国社会对人的社会使命、社会规范和职业价值的认识。10 岁开始学习知识技能,20 岁要行冠礼,30 岁正当娶妻成家,40 岁进入仕途做官,50 岁有能力处理国家政事,60 岁可以指使别人,70 岁应将主持宗庙祭祀的事传给嫡长子,80 岁、90 岁则和 7 岁孩童一样,即使有罪也不对其施加刑罚,100 岁则由人赡养而颐养天年。

《论语·为政》曰:"吾十有五而志于学,三十而立,四十而不惑,五十而知天命,六十而耳顺,七十而从心所欲不逾矩。"《论语·为政》中的这句话体现了孔子对自己 15 岁到 70 岁的人生规划,以及在各个人生阶段要达到的生命状态:15 岁的时候立志于学,按照孔子"弟子入则孝,出则弟,谨而信,泛爱众,而亲仁。行有余力,则以学文"的观点,他在 15 岁之前就完成了"孝悌信爱"的底层道德修炼,确定"行有余力"可以继续学习文化知识;30 岁时立身、立业和立家,抑或立德、立学和立志,丰富人生角色和确定人生目标,确立自己为人处世、对待生活的态度和原则;40 岁时坚定个人的目标、追求和志向,不再摇摆不定或有所疑虑,也不为他人看法和外部限制所困扰;50 岁时清楚自己的局限,学会顺势而为,接纳无力改变的,改变可以改变的;60 岁时有坚定的自我见解,但能够辨别和认同他人的合理看法,对于错误的说法不予计较;70 岁时因为深谙社会规范,可以按照以往形成的习惯随心所欲地生活,这样的生活都在情理之中。

二、中国传统生涯观的传承

中国的传统生涯观念穿越千年至今仍被传颂、接纳和认同,这主要是由生涯的三个核心属性决定的。

(一)生涯的生命属性

因为生涯伴随着人的生命历程——从幼年到老年,所以从古至今,生涯在不同生命阶段有着不同的生命特征,对应着相同或不同的生存需求,如幼年时期需要被人照顾,青年、中年时期要照顾他人,老年时期再度需要别人的照顾。

(二)生涯的社会属性

古往今来人的社会属性本质上相同,即为了维持或改善个人生存状况,需要借助群体力量为个人自身的生存发展创造条件。在此过程中,个人需要承担相应的社会责任和扮演一定的社会角色,因此幼年时期要学习各种技艺;青年时期要发展和具备独立生存能力,为承担更多的社会责任做好准备;中年阶段成为劳动的中坚力量;老年阶段虽不以体力劳动为主,但依然可以贡献自己的智慧。

(三)生涯的文化属性

个体生涯发展依附于所属的社会文化、政治、经济背景,尤其是文化环境。相对而言,东方国家比较注重集体文化,西方国家比较注重个体差异;农耕文明之下的人们安土重迁,形成"聚族而居,紧跟时令"的特点,而海洋文明之下的人们乐于冒险,注重贸易和交换。中华文明是世界上唯一没有被中断的文明,中国人的生活方式和精神价值一直在继承中发展,中国先哲们的思想体系和价值体系犹如一条浩瀚江河,通过书籍、诗词歌赋、风俗习惯等多种方式传承。

三、中国传统生涯观的优势和不足

（一）优势

1. 中国传统生涯观注重人格修炼

生涯规划的核心是形成和发展健康的自我，人格是其中不可或缺的部分。中国人非常注重人格修炼，最能代表古人对生命格调追求的是君子之道，君子之道的追求则是成为圣贤。曾国藩掷地有声地说出："不为圣贤，便为禽兽。"梁启超将这句话作为《德育鉴》的开篇语。生命格调的外在体现是行为规范，古人用"礼"代表行为规范，所以中华民族一直有"礼仪之邦"的美誉。千年之后，君子依然是中国人的理想人格，"内圣外王"这一生命至理概念，就是对人格修炼的最好总结。

2. 中国传统生涯观注重经世致用

经世致用是在中国古代知识阶层居主导地位的文化价值观。在先秦时期，儒家以天下为己任，试图通过"格君心之非"来塑造理想君主，从而重新建立统一的社会价值系统。经世致用主要是建构一种合理化的社会秩序和政治形式。以黄宗羲、顾炎武、王夫之等为代表的明清思想家提倡的经世致用思想，简单地说，就是要学习对现实社会有用的东西，研究学问要和社会实际相结合，不要空谈，要活学活用。

（二）不足

中国传统生涯观也有一些局限和不足，在一定程度上限制了人们的生涯发展。

（1）将职业等级化。中国古代社会阶级制度森严，人们被分为三六九等，所从事的职业也被等级化，形成了"三教九流""士农工商"等社会价值观念，并逐渐成为一种稳固的职业价值倾向。其中，"九流"是典型的职业划分层级，"三教九流"最初被用作对诸子百家的称呼，后来逐渐演变成职业的分类，并随着社会分工的细化、职业类别的增多，又发展出上九流、中九流和下九流的说法，分别对应不同的职业。

（2）学而优则仕。《易经》有云："形而上者谓之道，形而下者谓之器。"中华民族早在文明奠基时代，就以追求"形而上"的"道"为学习目标，后来发展出极有代表性的科举制度。科举制度虽有很多正向价值，但是以文章来选拔各级社会管理人才的方式毕竟是单一的，引导社会对学习的价值认识产生了偏差，如"为了做官而日夜诵读儒家经典"，一定程度上既忽视了对科学的钻研，又缺乏对"形而下"的职业的追求。虽然古代中国的科技在不断发展与进步，但古代人读书和做学问的目标还是倾向于"出仕"。

中国传统生涯观，受诸多因素限制，不可避免地存在一些局限性。我们要客观认识，正确对待。既不能不加甄别地全面坚持，也不能武断地全盘否定。要辩证地再消化、再吸收、再塑造、再发展，让中国传统生涯观在新时代焕发新面貌、绽放新光彩。

第三节　国外主要生涯理论

在国外，以西方国家为例，西方生涯理论大致可分为四类，分别是人职匹配理论、生涯发展理论、社会认知职业理论和后现代生涯理论。

一、人职匹配理论

1909年,美国波士顿大学教授弗兰克·帕森斯(Frank Parsons)在其出版的《选择一个职业》一书中,根据多年的工作经验,提出选择职业的三大要素或条件:① 应清楚地了解自己的态度、能力、兴趣、智谋、局限性和其他特征;② 应清楚地了解职业选择成功的条件、所需知识,不同职业工作岗位所占有的优势、不利和补偿、机会和前途;③ 寻求上述两个条件的匹配。在当时,这虽称不上是正式的理论,却对职业指导工作产生了极大的影响,并成为职业指导理论的基石。

20世纪60年代,美国职业指导专家约翰·路易斯·霍兰德(John Lewis Holland)在帕森斯著述的基础上,结合个体差异心理学,认为职业选择是个人职业兴趣在工作世界的表露和延伸,即人们在工作选择和经验中会表达自己的个人兴趣和价值。霍兰德根据自己多年的生涯研究与咨询经验,将人的职业兴趣分为现实型、研究型、艺术型、社会型、企业型和常规型。每个人身上都或多或少具备这六种特质,但会有强弱之分。人们所处的职业环境也可以分为上述六种类型。个人的职业兴趣与工作环境之间的适配和对应,是获得较高职业满意度、职业稳定性与职业成就的基础。

人职匹配理论强调个人特质与相关职业的关联、适配性,强调个人职业选择的精准性、可预测性,强调"合适的就是最好的"。人职匹配理论是生涯教育最基础的理论之一,匹配是基础、是目标、是方向,生涯教育的终极目标就是促进人职匹配,促进人们健康成长、终身发展。

二、生涯发展理论

20世纪50年代中后期,随着发展心理学的兴起,全程发展、阶段发展的思想也被引入生涯研究与实践中。美国职业指导专家金斯伯格和舒伯等人提出了生涯发展理论。生涯发展理论指出,职业选择不是特定时间点的单一事件,人的职业选择和发展贯穿人的一生。生涯发展是分阶段的,人们在每个阶段都需要完成该阶段应该完成的任务,只有这样才能顺利进入下一个发展阶段。在完成每个阶段应该完成的任务的过程中个人的生涯成熟度逐渐增高。人们通常会问自己,是不是已经做好了完成特定阶段特定生涯任务的准备,准备越充分,完成任务越多,生涯成熟度越高。舒伯的生涯发展阶段及各阶段的生涯任务,见表1-1。

表1-1 舒伯的生涯发展阶段与生涯任务

生涯发展阶段	生涯任务
成长阶段 (0~14岁)	在家庭或学校中与重要他人的认同过程中,逐渐发展自我概念。需求与幻想为此阶段最主要的特质。随着年龄的增长、学习行为的出现,社会参与程度与接受现实考验的强度逐渐增加,兴趣与能力也逐渐发展。 1. 幻想期(4~10岁):需求支配一切;热衷于幻想游戏中的角色扮演。 2. 兴趣期(11~12岁):兴趣爱好为其行为方向的主要决定因素。 3. 能力期(13~14岁):能力的重要性逐渐增加,开始考虑工作所需要的条件与训练。 发展任务: 1. 发展自我图像。 2. 发展对工作世界的正确态度,开始了解工作的意义

续表

生涯发展阶段	生涯任务
探索阶段 (15~24岁)	在学校、休闲活动及工作的经验中进行自我试探、角色探索与职业探索。 1. 试探期(15~17岁)：考虑需要、兴趣、能力与机会。有了暂时性的决定，并在幻想、讨论、课业和工作中细加思量这些决定，考虑可能的职业领域和工作层次，职业偏好逐渐具体化。 2. 转换期(18~21岁)：进入就业市场或接受专业训练，更重视现实的考虑，企图实现自我概念；将一般性的选择转为特定的选择，职业偏好特定化。 3. 试验并初步承诺期(22~24岁)：初步确定职业的选择，并试探其成为长期职业的可能性，必要时会再次重复试探期的过程。 发展任务： 1. 实现职业偏好。 2. 发展一个符合现实的自我概念。 3. 学习开创更多的机会
建立阶段 (25~44岁)	确定适当的职业领域，逐步建立稳固的地位。职位可能升迁，也可能会有不同的领导，但所从事的职业不太会改变。 1. 试验投入和建立期(25~30岁)：在已选定的职业中安步当车，可能因满意程度的差别略做调整。 2. 晋升期(31~44岁)：致力于工作上的稳固与安定。大多数人处于创造力的巅峰，身负重大责任，职位可能升迁。 发展任务： 1. 找到机会从事自己想要做的事。 2. 学习与他人建立关系。 3. 寻求专业的扎实与精进。 4. 确保一个安稳的职位。 5. 在一个稳固的职位上安定地发展
维持阶段 (45~64岁)	在职场上全力稳固现有的成就与地位，逐渐减少创意的表现；面对新进人员的挑战，全力应战。 发展任务： 1. 接受自身条件的限制。 2. 找出在工作上的新难题。 3. 发展新技巧。 4. 专注于本职工作。 5. 维持在专业领域中既有的地位与成就
卸任阶段 65岁及以上	身心状态逐渐衰退，从原有工作上退隐；发展新的角色，寻求不同的满足方式以弥补退休的失落。 1. 减速期(65~70岁)：工作节奏减缓，工作内容或性质改变以符合逐渐衰退的身心状态。有人找到兼职工作。 2. 退休期(71岁及以上)：停止原有的工作，转移精力至兼职、义工或休闲等活动中。 发展任务： 1. 发展非职业性质的角色。 2. 学习适合退休人士的活动。 3. 做以前一直想做的事。 4. 减少工作时间

(一)循环式发展任务

舒伯最初将人的生涯发展分为成长阶段(0~14岁)、探索阶段(15~24岁)、建立阶段(25~44岁)、维持阶段(45~64岁)和卸任阶段(65岁及以上)。在后期的研究中,舒伯对发展阶段的理论进行了深化。他认为在各个发展阶段中又需要经历成长、探索、建立、维持和卸任阶段(见表1-2),这样就形成了一种螺旋循环式发展模式。这种大阶段套小阶段的模式丰富和深化了生涯发展阶段理论。

表1-2 舒伯的循环式发展任务

生涯阶段	年龄(时期)			
	14~25岁(青年期)	25~45岁(成年初期)	45~65岁(成年中期)	65岁以上(成年晚期)
成长阶段	发展合适的自我概念	学习与他人建立关系	接受自身的限制	发展非职业性角色
探索阶段	从许多机会中学习	寻找心仪的工作机会	确认待处理的新问题	选择良好的养老地点
建立阶段	在选定的职业领域中起步	确定投入某一工作,并寻求职位上的升迁	发展新的应用技能	完成未完成的梦想
维持阶段	验证目前的职业选择	致力于维持职位的稳固	巩固自我以对抗竞争	维持生活的兴趣
卸任阶段	从事休闲活动的时间减少	减少体能活动的时间	集中精力于主要的活动	减少工作时间

(二)生涯彩虹图

舒伯认为,生涯不仅具有时间性,也具有空间性,即生涯以事业的角色为主轴,也包括其他与工作有关的角色。为综合阐述生涯发展阶段与人生角色之间的交互影响,舒伯创造性地描绘出一个多重角色生涯发展的综合图形——生涯彩虹图(见图1-1),形象地展现了人生发展的时空关系。

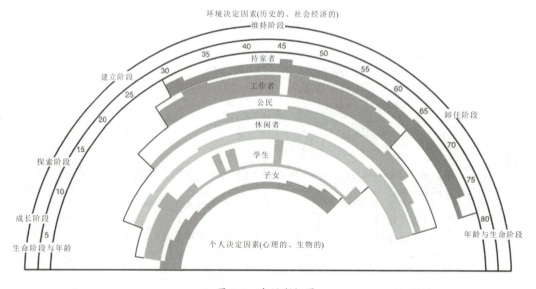

图1-1 生涯彩虹图

在生涯彩虹图中,最外层代表横跨一生的生活广度,又称为生涯发展的大周期,包括成长阶段、探索阶段、建立阶段、维持阶段和卸任阶段。里面的各层代表纵贯上下的生活空间,由一组角色组成：子女、学生、休闲者、公民、工作者和持家者。各种角色之间是相互作用的，一个角色的成功将会为其他角色提供良好的基础。但是，在一个角色上投入过多的精力，而没有很好地平衡和协调各角色之间的关系，则会导致其他角色的失败。比如，现实生活中常有人过分投入工作而忽视家庭，导致家庭的不和谐，进而给个人的人生满意度和职业发展带来负面影响。因此，人生发展要做到角色平衡。

生涯发展理论强调生涯是由一系列的人生阶段构成的，每个阶段都在为下个阶段做准备，当下阶段任务发展不顺利势必影响下个阶段的发展。该理论强调人生有多个舞台、多个角色，要想获得幸福人生，需要在多个不同角色中寻求平衡；强调时间和任务管理，人生的各个阶段都有很多核心任务和角色，但人的精力是有限的，做好时间和任务管理是重中之重。

三、社会认知职业理论

20 世纪 70 年代，世界进入后工业时代，技术升级换代，职业变化加剧，社会分工更加精细，职业环境不断变化，迫使人们需要不断适应新的环境，人们的职业选择与发展呈现出新的特点。比如，有些人在职业发展的卸任期并未"卸任"，而是有了新的事业，反而发展得更好。在此情境下，社会认知职业理论认为：人与环境相互选择。生涯选择不是单纯由自身决定的，也不是单纯由环境决定的，而是人与环境相互作用的动态选择过程。该理论强调学习的重要性。

人的特质是伴随社会经验的学习而不断发展变化的，兴趣可以培养，性格可以完善，技能可以提升，价值观可以塑造。社会认知职业理论强调自我效能感和结果预期的重要性。自我效能感和对结果的预期直接影响个人兴趣的发展，兴趣发展能预测目标进而影响个人对职业活动的选择及实践，而活动的选择与实践又会使人体验到目标达成及成就表现，进一步增强个人的自我效能感与结果预期，如此形成良性循环。该理论还强调偶然与必然的关系：生涯的选择不是偶发事件，而是由许多前因造成的结果，所以每个偶发事件都可能带来机会。

社会认知职业理论从社会认知的视角解释人们的生涯选择行为，强调通过经验学习增强自我效能感和结果预期，进而影响兴趣发展，影响个人的职业选择行为和社会成就；强调在快速变迁的社会中，人的兴趣、能力、价值观都是在不断改变的；强调拥抱偶然、识别机会，保持对偶发事件的接受性，从中找出更多帮助生涯发展的机会。社会认知职业理论指出，保持足够的自信（自我效能感）与对结果合理的预期是激发兴趣、做出合理选择（决定）的关键因素，此二者过高与过低都会令人产生挫败感或停滞不前。此外，应培养抓住机会的技巧，对机会要保持一定的洞察力，要始终保持好奇、弹性、乐观和冒险精神，最大限度地把握机会，机会只会留给有准备的人。

四、后现代生涯理论

20 世纪 80 年代晚期至 20 世纪 90 年代早期，全球商业竞争不断加剧，信息技术不断革新，使得职业调整成为一种新常态，强调没有绝对客观现实的后现代生涯理论应运而生。后现代生涯理论主要包括生涯混沌理论、无边界职业生涯理论、生涯建构理论和生涯咨询领域的叙事取向生涯咨询、生涯教练技术等。其中，影响较深远的是美国职业辅导实践与研究领域的资深学者马可·L.萨维科斯（Mark L. Savickas）在 2002 年提出的生涯建构理论，他认为生涯建构的重点就是帮助当事人在面对流动、不确定的生涯时重新建构自我的同一性,即重新建构身份认同和职业适应性。该理论的实践模式就是叙事取向,即回忆成就事件。当一个人讲述自己的故事时,他就创造了自我并建构了自身的职业生涯。

后现代生涯理论不仅认同个体生涯发展的独特性、差异性,还接纳职业生涯的不可预测性和不确定性,强调提高生涯适应能力;同时强调个体是生涯的主动创造者,是解决自己生涯问题的主导者。

五、西方生涯理论的问题和不足

近30年来,我国高等学校通过引进西方国家生涯理论,针对大学生开展了职业规划教育教学活动,对促进大学生成长发展和就业发挥了积极作用,然而,东西方文化的差异导致西方生涯理论在应用过程中不可避免地出现问题。

(1)过于强调个体性,忽视集体性。

职业生涯发展教育肇始于西方发达国家,从产生之时起,其着眼点就是强调个人价值的追求与实现,这源于西方国家更多强调"个人本位"的价值观。西方生涯发展教育理论仅从个体生涯发展需要出发,聚焦个体自我的探寻,关注自我特质与职业角色的匹配,个体人格与社会环境的统合,以及个人生活技能、工作技能、社会适应能力的培养。其基于"个人本位"的价值观使得其职业生涯教育在价值层面上强调自由先于责任、权利先于义务、个体高于群体、利益高于奉献,缺乏背负国家民族崇高使命、为人民为社会无私奉献的担当与道义,这些都和我们国家的文化背景和现实发展格格不入。

(2)在实践上存在对社会群体重视程度的不平衡性。

西方生涯理论在理论实践层面大多以中产阶级等为对象,相对缺乏对贫困人群等弱势群体的关心。因其制度文化背景,西方生涯理论强调个人职业成功,对社会整体、团队、集体等人群职业成功的关注较少,同时其因对社会群体重视程度的不平衡性,在理论派系方面也存在分界比较分明、缺乏整合和系统性的建构等现象。

(3)存在对政府、市场等公共性集体组织力量的忽视。

由于西方社会制度的根本原因,西方国家较多实行的是完全市场经济下的劳动力市场制度、大学生就业创业制度,国家对于大学生的就业去向、职业选择机械性地追求完全遵循市场化、社会化法则,政府、高校等公共性集体组织力量不干预学生具体的就业过程和职业选择,主要通过市场调节、提供社会化的服务来配置包括高校毕业生在内的人力资源。以上这些对于公共性集体组织力量的忽视造成个体在面对生涯发展问题时缺乏有力支持,不利于推动社会整体成员生涯发展效度的提升。

第四节 生涯教育的重要意义

大学生生涯教育可帮助大学生更好地扮演人生角色,促进其实现人生价值,对于落实立德树人的根本任务、办好人民满意的教育、提升高校人才培养质量都具有重要意义。

一、"办好人民满意的教育"的需要

党的二十大报告首次把教育、科技、人才作为现代化建设的基础性、战略性支撑,强调

"办好人民满意的教育",并提出 2035 年"建成教育强国"的目标,服务中国式现代化建设。办好人民满意的教育,就要以学生为本,为学生的健康成长奠基。生涯教育就是要全面贯彻党的教育方针,坚持立德树人、五育并举,为党育人、为国育才,引导学生做有理想、敢担当、能吃苦、肯奋斗的新时代好青年,让每个学生成为最好的自己,让学生在最适合的时候遇到最美的自己,为学生一生的幸福奠基,让他们长成自己满意的样子。开展学校生涯教育,不仅对提高人才培养质量和服务经济社会发展具有重要意义,更重要的是,它能满足学生、家长和社会对"人民满意的教育"的需要,助力办好人民满意的教育。

二、高质量充分就业的需要

《中华人民共和国国民经济和社会发展第十四个五年规划和 2035 年远景目标纲要》指出:提升国民素质,促进人的全面发展;全面贯彻党的教育方针,坚持优先发展教育事业,坚持立德树人,增强学生文明素养、社会责任意识、实践本领,培养德智体美劳全面发展的社会主义建设者和接班人。党的二十届三中全会通过的《中共中央关于进一步全面深化改革、推进中国式现代化的决定》对促进高质量充分就业进行重要部署,明确把健全高质量充分就业促进机制作为重要的改革任务,提出了就业领域的重点改革举措。完善就业优先政策,健全有利于更充分更高质量就业的促进机制,扩大就业容量,提升就业质量,着力解决结构性就业矛盾。当前,新技术、新产业、新业态深刻影响着大学生职业选择以及职业生涯发展模式,行业和岗位边界逐渐模糊,更加需要高水平复合型人才,对大学生能力素质提出更高要求。就业市场"就业难"和"用工荒"长期并存,反映出高校人才培养与市场需求适配性不强的问题,主要体现在两个方面:一是部分刚进入劳动力市场的青年大学生由于缺乏工作经验与职业规划,对自己的职业发展偏好和路径不够了解;二是在我国产业转型升级过程中,技术进步催生了一些新的工作岗位,同时也致使一些工作岗位消失,而新创造出的工作岗位需要匹配新的工作技能,青年大学生群体以及旧有部分劳动群体的技能与这些新岗位不匹配。大学生生涯规划不清晰、职业目标不明确、就业行动力偏弱等现象普遍存在,且程度各有不同。加强学校生涯教育可以有效推动教育教学改革、提高人才培养质量、提升毕业生就业竞争力,促进大学生更高质量、更加充分地就业。

三、大学生创造幸福人生的需要

生涯发展对人的一生影响重大,是每个人都要面对的重大人生课题。大学生生涯教育从学生发展需要出发,注重自我探索和职业世界探索,强调个体特质与社会环境适配,关注生活技能、工作技能、社会适应能力培养,旨在提高学生的生涯规划能力和自主发展能力,让学生在发现自我与认识社会的探索中找寻到适合自己的发展方向,帮助大学生顺利完成职业角色转变,明确对未来生活的美好愿景,最终实现幸福成长。深入推进学校生涯教育是广大学生健康成长、创造幸福美好生活的需要,也是千万家庭的殷切期盼。生涯教育是一种致力于帮助学生学会选择、学会学习、学会规划人生,引导学生最终达成"幸福一生"这个重要目标的教育。高等学校要全面贯彻党的教育方针,以习近平总书记关于教育工作的重要论述为根本遵循,以促进学生全面发展为目标,将生涯教育纳入"三全育人"大格局,落实立德树人根本任务,将生涯教育与社会主义核心价值观培养相结合,强化德智体美劳五育并举,帮助学生树立正确的世界观、人生观、价值观,引导学生将个人奋斗目标和价值追求融入国家发展、社会需要,实现全面发展、健康发展、个性发展、终身发展。

本章小结

生涯教育作为一种重要的教育形式,对国家、社会、学校,特别是大学生个体,具有重要的意义。在国家、社会层面,生涯教育可以满足学生终身教育的需求,促进学生多元、全面发展,提升其个人竞争力,助力实现办好人民满意的教育的目标。在学校层面,将生涯教育贯穿于教育教学全过程,全方位地融入人才培养的各个方面,从而提升人才培养质量,促进学校内涵建设与质量提升,实现高质量发展。在大学生个体层面,生涯教育通过科学的价值引领,促进学生形成正确的价值观、职业观、成才观,扮演好不同的人生角色,帮助大学生更好地成功成才。同时,我们要客观认识自身的生涯,科学对待其独特的发展过程,形成科学的生涯发展观念。这需要我们从中国传统生涯观中汲取智慧和营养,再结合西方生涯理论,取其精华、去其糟粕,融汇中西,从而以科学的理论指导个人生涯实践,促进个人成功,体验个人独特的生命历程。

第二章 大学生常见生涯困惑

高中生毕业步入大学后,会发现学习和生活方式有显著变化,大学毕业时还将要面对岗位竞争的压力和就业环境的复杂性。在整个大学生涯中,大学生常常会遇到各种迷茫与困惑,其中既有源于个人内在的成长需求,也有涉及外在环境的适应与互动问题,大致可以分为自我发展与规划困惑和自我管理与社交困惑两大类,它们既相互独立又相互联系,既有个性特征又有共性规律。

第一节 自我发展与规划困惑

一、学业学习困惑——不同程度存在"躺平"现象

"躺平"是网络用语,指无论他人做出什么反应,自己内心都毫无波澜,不会有任何反应或者反抗,表现为顺从且麻木。有人认为,"躺平"="瘫平","瘫"是一个惰性的动词,"平"则是一种静止的状态,主要表现就是瘫倒在床上,不去冥思苦想、不去努力奋斗,不渴望成功、不奢望爱情,浑身上下都散发着"丧"的气息,不知道自己喜欢什么,不知道专业知识应该怎么学,等等。

造成"躺平"现象的原因,主要有以下四个方面。

一是不适应大学的学习模式。高中时期学生角色单一,所有学生和所有活动都具有一致性、标准性和重复性,大都在备战高考。而大学以个性发展为主要任务,以高质量就业为主要目标之一,学生和活动大都紧紧围绕职业定位,具有角色多元和发展多样的社会属性,强调生涯发展的多样性、探究性和实践性。从高中到大学,很多学生心理建设不适应、发展能力不适应、综合素质不适应。

二是缺乏学习动力。高校的课程比较多,学生学习目标无法快速确立,部分学生进入大学后没有及时确定学习目标,心理落差大,考上大学、实现了阶段目标后,就进入了"动力真空带",呈现出无目标、无计划、无动力的"三无"状态。有的学生的录取专业是被调剂的,导致其对所学专业缺乏了解,学习漫无目的。

三是需求层次发生变化。当前大部分大学生都是独生子女,经济状况较好,加之父母的关爱,相比规划学习目标、人生理想,他们更愿意先"活在当下"。对照马斯洛需求层次理论五个层次——生理需求、安全需求、归属需求、尊重需求和自我实现需求来看,五个层次逐层递进,先满足底层需求,再到高级需求。在家长的支持下,大部分大学生的底层需求不需要自己努力就能得到满足,由于中间层次的需求没有解决,出现中间空心现象。

四是低欲望的心理状态。一些大学生在面对学习、生活和就业等多重压力时,容易产生

焦虑和不安的心理。"躺平"作为一种心理应对机制,暂时缓解了这些压力,提供了放松和休息的空间。在面对职业和生活困境时,一些大学生感到努力无回报,对社会环境产生不满和失落感,又缺乏改变现状的动力,"躺平"成为他们对现实不满的一种表达方式,他们通过减少努力和期望来获得内心的平静。此外,社交媒体上关于"躺平"的宣传和讨论,使得一些大学生受到同龄人的影响,跟风选择"躺平",享受得过且过的人生。

二、职业发展困惑——不同程度存在"迷茫"现象

"红绿灯"法
让你走出迷茫

从小学到中学,从中学到高考,学生在十几年的学习中,奋力朝着同一个目标前进,以知识吸收为目标,以考取名校为梦想。而进入大学之后,学生看似有了许多更为自由的选择,却失去一股奋进的劲,有时还会生出一种有心忙碌却无所适从的"空虚感",于是陷入对学业、职业前景,甚至是对人生的迷茫。从深层次分析,当前大部分大学生的职业发展困惑集中表现为:未来要做什么?未来岗位能力要求是什么?

造成以上职业发展困惑的原因可能有以下几点。

一是认知偏差。"本科生的处境最为尴尬:面对学历门槛要求高的岗位,本科生往往不如硕士生、博士生更具竞争力;面对实际操作要求高的岗位,本科生又不如大专生技能对口。"这种消极认知在高校学生及家长心中普遍存在。除这种消极认知以外,还有以下认知偏差:

(1) 自我认知不足:部分大学生对自己的兴趣、能力和价值观缺乏深入的了解和认识,不知道自己的能力、优势在哪里。

(2) 专业认知不足:学生在志愿填报时获取的专业信息往往是片面的,甚至是有误导性的。进入大学后,因学习认知和目标误区,部分学生不知道怎么学。同时,一些大学生尤其是低年级大学生,对专业的认识仅限于教材,缺乏对专业发展历史、现状及前景的宏观了解,不知道学了能如何就业。

(3) 外部判断不足:在面临就业选择的关键时期,大学生常常发现自己对就业市场缺乏足够的了解,不知道社会招聘要求,无法做出匹配的职业选择。这种信息不足使得大学生在决策时往往陷入迷茫。

二是目标不确定。学生在大学之前的阶段基本上处于"被安排"的状态,信息来源单一,目标设立单一,行动计划单一,缺乏自主思维。进入大学后,学生普遍存在自我认知和对行业政策了解不足的现象,不知道未来要做什么、能做什么,面对广泛的学习领域和多元化的职业定位,可能感到无所适从,难以做出选择;面对日益激烈的职场竞争和更高的专业要求,会考虑是否需要通过考研等方式继续提升自己的学历以获得更好的就业机会,或者通过跨专业考研的方式"重新选择"自己的路。大学生在选择和决策过程中十分纠结,难以做出明确的目标规划,同时,家庭、学校和社会对大学生的期望,也使得大学生在确定目标时感到迷茫。

三是发展路径不清晰。随着科技的进步和社会的发展,行业格局不断变化,大学生难以预测未来的职业趋势。如果高校未能及时提供足够的职业生涯规划教育指导,大学生将缺乏职业规划的方法和能力,无法明确自己的发展路径。即使大学生对自己的兴趣和能力有了初步的认识,但如何将这些个人兴趣和能力转化为具体的路径选择,对他们而言仍然是一

个难题。在规划自己的未来道路时,大学生往往难以预测哪些领域将有较好的发展前景、哪些技能将成为未来的热门,就像站在十字路口,四面八方都是茫然未知的道路。

四是实习和工作经验的缺乏。即将步入职场时,大学生常会意识到自己在实习经验和就业技能上的准备严重不足。许多大学生直到面对毕业和求职的压力时才真正体会到实习的重要性。有的大学生原本以为实习不过是简历上的一个点缀,完成好学业即可;有的大学生虽然参加了实习,但可能是"模拟实习",即通过模拟业务流程或案例分析来体验工作,而没有实际参与企业的日常运营;还有的仅仅是参观实习,去企业进行短期参观,仅仅旁观企业的运营,而没有实际参与工作;还有一些实习任务单一,大学生在实习单位只能负责一些边缘性的任务,如文件归档、资料复印等,或者仅仅通过电脑查资料了解企业。这些情况都导致大学生难以深入了解行业和职位的核心工作,也难以提升实际工作能力,对未来如何发展陷入深深的迷茫。

三、人生选择困惑——不同程度存在"纠结"症状

大学时期是一个人重要的人生转折点。每位大学生都面临着多样化的选择,比如是继续深造还是直接步入职场,是投身公务员行列还是继续攻读研究生学位,是接受保研机会还是挑战自己去考一个理想的研究生院校,又或者是进行就业与创业的艰难抉择。这些选择不仅关乎个人的职业发展,更影响着每个人的人生轨迹。

在这些选择面前,大学生常常陷入纠结和"内耗"。一是害怕承担后果。他们担心做出选择后,如果结果不尽如人意,会对自己的未来产生负面影响,因此,他们往往通过逃避和拖延来掩盖内心真正的答案,希望时间能给他们带来答案,而不是主动去面对和解决问题。二是普遍希望能够一步到位,做出最适合自己的选择,避免走弯路。在当今信息爆炸的时代,我们很容易陷入"信息茧房"中,被那些"足够好"的选择所吸引,进而产生依赖,这种依赖往往会使大学生失去独立深度思考的能力,使其对自己的了解不够深刻,对外界的认识也不够全面,从而难以做出客观的判断。

案例

升学还是就业

李想,某高校大三学生,正面临升学考研还是直接就业的重要人生抉择。她希望通过考研进入更高层次的学府,深入学习专业知识,进一步提升学历和专业能力。但通过学校招聘会,她目前已经拿到三家公司的录用函,如果选择就业,就意味着可以早点进入职场,实现经济独立。老师也善意地提醒她要慎重考虑。考研还是就业?李想一时还拿不定主意。

李想的案例是高校学生面临的典型选择困惑。升学还是就业的困惑,主要表现在以下三个方面:

一是选择升学怕错过就业机会。可能出现学历提升了,好的工作机会和发展阶段错过了,无法达到当初选择升学的心理预期;也可能在某些企业,本科生和硕士生在薪资待遇、晋升发展机会等各方面并无差异,让人产生"三年的书是不是白读了"的困惑。

二是选择就业怕失去升学机会。既怕错失进一步提升学历的机会,又很担心在未来的职业发展中,可能出现因学历问题而导致发展受限的局面。如果上班之后再进行学历提升,可能会遇到精力和时间不足的情况,难以坚持。

三是升学怕学校不好,就业怕工作不好。不论是升学还是就业,都担心达不到自己的心理预期,总结起来就是,不知道自己适合什么、想要什么,害怕承担选择失误的风险。

> **案例**

小君,某省属高校电子商务专业大三的学生。有一次辅导员在班级群里发了一份实习招聘信息,小君很快联系到辅导员,问辅导员:"老师,我要考研,而且准备跨专业考法学,还可以申请实习吗? 我觉得这个实习看起来很不错,想试试!"辅导员说:"如果你备考的时间比较充裕,又想体验一下与专业相关的实习,当然可以!"于是,小君申请了实习,并在企业进行了为期2个月的实习。实习结束后,小君告诉辅导员,自己还是准备考研,因为发现未来想从事的岗位还需要更多的专业知识和深入的学习,自己未来打算从事互联网行业的法律相关工作。通过这一次实习,小君了解了行业和岗位需求,更坚定了未来的选择。

"升学还是就业?"这个问题没有标准答案。需要弄清楚三个问题。第一,升学意味着什么? 是获得一纸证书还是提升专业知识水平? 第二,就业意味着什么? 是经济独立还是深耕专业领域? 第三,你自己适合什么? 以你自己的能力、经验和个性特点等,是适合理论知识的学习还是实操经验的掌握? 无论升学还是就业,都是为了人生获得更好的发展,没有对错之分,任何选择最后都是由努力程度决定人生高度。

以知己、知彼、决策、行动为导向的生涯规划,是解决大学生面临的自我发展与规划困惑的有力途径。高校可以通过生涯教育强化学生探索意识,让学生深入了解个人兴趣、优势与潜能,结合市场需求与行业趋势,获得更多学业、职业相关信息,明确学业方向与职业规划,有效缓解学业学习、职业发展及人生选择的迷茫;同时,引导学生通过多元化的探索,根据个人情况灵活调整规划,培养学生适应变化的能力。

第二节 自我管理与社交困惑

一、自我管理困惑——不同程度存在"摆烂"思想

"摆烂"是网络用语,表示一种消极心态或行为,其本质是一种自我管理困惑。部分高校学生的自我管理困惑主要表现在学习管理、时间管理和个人卫生管理三个方面。一是不知道专业学什么、怎么学,学习无计划、不坚持;二是不知道如何分配时间,无法判断事情的轻重缓急程度;三是不愿意自己动手打扫卫生,不会收纳整理个人生活及学习物品。调查显示,由于"缺乏生活目标"而导致心理困扰的大学生占一定比例,造成这一现象的重要原因是部分大学生没有对大学生活进行合理规划,缺乏自我管理能力,导致大学生活处于紊乱状态。

自我管理困惑主要有三个表现:

一是缺乏自觉性。有的大学生存在懒惰思想,特别是在个人卫生方面,有的寝室如同垃圾收集站般脏乱。

二是缺乏计划性。部分大学生缺乏学习和时间的计划性。学习和生活状态大多是盲目跟风和随心所欲,一部分大学生不愿被计划约束,处于无计划状态,一部分学生计划浮于表面,是"假努力"状态,他们常常不知道如何制订周全的学习和时间管理计划,更不知道如何

坚持和执行自己的计划,因此很难体验到计划成功后的成就感和自我价值感。

三是缺乏技能。有的大学生虽然制订了计划,执行起来却动力不足或力不从心。很多学生也知道自我管理的重要性,但对自我管理的技能却知之甚少,无法分清事情的轻重缓急,缺乏学习管理、时间管理的方法。另外,很多大学生缺乏对时间的弹性管理,一旦遇到突发情况,无法及时有效处理,从而降低了时间管理的满意度;做事情主次不分明,逻辑不清楚,思路不清晰,意图不明确,经常重复工作却事倍功半甚至一事无成。

为什么出现学习管理、时间管理和个人卫生管理困惑?究其原因,主要有三个:第一,错过最佳培养时期。中小学阶段,是培养学习管理能力、时间管理能力和个人卫生管理能力的最佳时期,而那个时期,学校和家长都较多关注文化科目学习,忽视了对学生自我管理能力的培养和锻炼。第二,认知偏差严重。部分高校学生存在认知偏差:对自己每个阶段应该学什么、适合学什么、必须学成什么样等问题,不深思熟虑;对每天怎么过、每周每月每学期的学习和生活计划不愿想不敢想;认为个人卫生是小事,寝室脏乱无所谓,只要外表光鲜。第三,能力提升困难。部分大学生在学习管理和时间管理方面的能力明显偏低,由于习惯和经验的原因,还特别难以改变。

二、精力分配困惑——不同程度存在"瞎忙"现象

大学阶段有一部分学生自我要求较高,内驱力较强,想保持高中时奋斗的状态,但进入大学后发现,大学的环境更加自由和多元,不再有一个明确的、单一的目标来引领自我的行动,这部分学生就产生了"什么都重要,什么都要学"的想法,因此存在精力分配不合理的问题。比如,他们忙着参加各种社团活动,忙着参加各类比赛,忙着选修多门课程,忙着报考各类证书等。可是人的精力是有限的,每天做多件事情,如果精力分配不合理,就可能导致困惑。时间一天天过去,他们并没有获得满足感,反而觉得更加空虚和无意义,这样就是"瞎忙"。"瞎忙"现象主要有三个表现:

一是行动上忙碌。每天很忙,但内心很空虚,不知道努力的方向,总是"为做而做",具体表现在:有的大学生身兼数职,在多个组织中担任职务,但无法平衡时间和精力,导致各项工作都做得不够出色;有的盲目考证,不考虑自身职业规划和兴趣,跟风考取各种证书,导致精力分散且很多证书在未来根本用不上;有的过多兼职,为了赚钱而不断尝试各种兼职工作,但没有积累到与专业或未来职业发展相关的经验;有的热衷于参加比赛,却没有提前做好充分准备,对比赛规则和要求一知半解,结果在比赛中表现不佳,浪费了时间和精力;有的盲目选修各类课程,却没有系统的学习计划和重点,所学知识零散且不深入;有的热衷于社交,频繁参加各种社交聚会、社团活动,但缺乏明确的目的,无法从中获得实质性的收获,只是为了"凑热闹"。

二是情绪上焦虑。一些大学生在大学里给自己设定了许多任务,导致他们不断忙碌,又因为任务过多、精力有限,内心很焦虑,具体表现在以下这些方面:① 未来不确定性带来的焦虑。面对就业市场的竞争压力、社会对人才的高要求以及未来职业发展的不确定性,大学生容易感到焦虑,从而试图通过不断忙碌来增加自己的安全感,认为"忙起来就会好一些"。② 同辈压力导致的焦虑。看到身边同学在学业、社交、实践等方面取得成绩,大学生容易产生焦虑和自我怀疑,为了追赶他人或者证明自己,盲目地投入各种活动,陷入"瞎忙"境地。③ 自我价值认同的焦虑。如果大学生对自己的价值和能力缺乏清晰的认知,他就可能通过

忙碌的外在表现来获取他人的认可和自我肯定,试图通过忙碌来证明自己是有价值、有能力的。④ 缺乏明确目标的焦虑。没有明确的人生目标和职业规划,大学生内心感到迷茫和焦虑,于是通过不断尝试各种事情来寻找方向,结果往往是找不到重点。⑤ 时间管理的焦虑。担心时间不够用,不能充分利用大学时光实现自己的期望,从而导致大学生在安排时间时缺乏合理性。

三是结果上事与愿违。大学生的"瞎忙"导致其好像做了很大努力,却事与愿违,真正想要达成的目标实现不了。在学业上,将精力分散在各种无重点的事务上,导致专业知识掌握不扎实,影响了学业成绩和专业能力的提升,可能错失奖学金、保研等机会,甚至在毕业时陷入就业竞争力不足的困境。在个人成长方面,没有集中精力去发展核心技能和特长,综合素质未能得到有效提高。例如,盲目参加社团活动却没有锻炼到核心的组织协调或领导能力。在职业规划上,因为没有清晰的目标和方向,虽然看似忙碌,但所做的事情与未来职业发展关联不大,在求职时无法展现出突出的优势和适应性。最后,从心理健康角度看,长期的"瞎忙"状态容易让人产生挫败感和自我怀疑,加重焦虑和压力,对身心健康造成不良影响。

三、人际交往困惑——不同程度存在"社恐"情绪

人际交往问题是当代大学生产生心理问题的主要因素。人际交往就是科学合理地表达事情、情绪、要求等,即使对方是你不喜欢的人和不愿意打交道的人。校园中,良好的人际交往有助于建立互信、支持、合作的人际关系,促进个人的成长。职场中,良好的人际关系有助于更好地沟通协作、解决问题,获得职业发展的机会。大学生在自我探索和角色定位过程中,常常感到孤独、迷茫和不安,他们往往对于如何融入新环境、如何与他人建立深层次联系、如何与自己喜欢的人相处、如何与自己不喜欢的人沟通、如何平衡学业和情感、如何处理即将离开校园步入社会的情感变化等人际交往备感困惑,可能伴有害怕、焦虑等"社恐"情绪,主要有三个表现:

一是不愿交往。对与自己有联系且比自己能力强的人不服、不悦,或认为自己不如别人,怕被人看不起。有的大学生在人际交往中嫉贤妒能,对别人的长处或成绩心怀不满,讽刺、挖苦、中伤、诋毁甚至攻击他人,造成人际冲突和交往障碍,还有的大学生"网上聊得火热,见面无话可谈",不愿在现实生活中与人打交道,也缺乏当面沟通的会话经验。

二是不会交往。调查显示,近半数(49.7%)的大学生承认自己"因为害羞而不敢与人交往"。有的大学生缺乏有效沟通和合作的能力,面对冲突时选择逃避或者通过过激行为解决问题,导致人际关系不和谐;有的大学生将一切关系理想化,对他人有不合理的期待,例如,期待所有老板像老师一样和蔼可亲,期待所有老师像家长一样体贴周到,期待所有室友像家人一样理解自己;有的大学生过于内向、自卑、敏感,导致他们在人际交往中缺乏自信心和主动性,难以清楚、充分地表达自己的见解和情感,不知道怎么说、怎么听。

三是不易交往。有的大学生在成长过程中备受家人宠爱,导致与人交往时"我"字当先,沉浸在自己固有的行为模式中,只顾及自己的需要,而不考虑身边人的感受,甚至要求对方顺应自己的标准;有的大学生交往模式尚未成熟,对人际交往认识功利化;有的大学生受失败经历影响,对人际交往的认识片面化。这些错误认知会让他们在固有模式中出不来,很难与他人建立良好的信任关系。

造成人际交往困惑的原因,主要有三个方面:一是从小"缺课"。中小学阶段只注重文化

学习和考试分数,学校和家庭教育中缺了人际交往这一课。二是能力不够。没有系统地进行人际交往能力的培训和提高。三是机会不够。学校和家庭没有给其提供人际交往的平台和机会,导致人际交往意识的缺乏。

大学生在面临自我管理与社交困惑时,应侧重于培养自律与协作精神,重视时间管理、目标设定与情绪调节,高效利用时间,平衡学业与休闲生活,合理分配精力。积极参与团队建设、沟通技巧培训、社团活动,主动与同学或辅导员交流等,是增强团队协作与沟通表达、构建和谐人际关系网络的重要途径。

本章小结

本章探讨了大学生在自我发展以及自我管理中面临的主要困惑,并深入分析原因。

在自我发展和规划困惑方面,分析了大学生在学业学习、职业发展和人生选择上遇到的挑战。针对这些困惑,指出其根源,包括不适应大学学习模式、缺乏动力和目标、认知偏差以及实习经验不足等。为了克服这些困难,建议大学生调整学习方法,激发内在动力,明确职业目标,并积极参与实习实践,以更好地规划自己的未来。

在自我管理和社交困惑方面,大学生可通过提高自觉性、计划性和技能水平等来促进和提升自我管理能力。同时,强调了社交能力的重要性,并鼓励学生有选择地主动参与社团活动、志愿服务等,以拓宽社交圈,建立健康的人际关系。

大学生在面对自我发展和规划的困惑时,应积极寻求解决方案,通过调整学习方法、激发内在动力、明确职业目标以及积极参与实习实践等方式,不断提升自己的能力和素质。同时,大学生还应注重自我管理和社交能力的提升,以更好地应对未来的挑战。

「教学篇

第三章 生涯唤醒

"你未看此花时,此花与汝心同归于寂;你来看此花时,则此花颜色一时明白起来,便知此花不在你的心外。"生涯认识是每个人对自身客观生命的主观认识,生涯发展则是生涯主体对客体的建构和发展的过程。生涯意识的唤醒意义重大,因为没有意识参与,则无法进行生涯建构和生涯发展。本章旨在触发对自我生涯、当前的生涯阶段、人一生中的角色以及大学期间的生涯任务的一些思考。

活动

生命线中找因果

我们的生命历程就像一条不断延伸的路线,通往生命的未来,我们把这条线称为"生命线"。

1. 请在白纸上画下一条直线段,最左侧标记为 0,最右侧标记为你理想中的生命终点的年龄。

2. 请在这条线段上找到你现在的年龄,并标记出来。

3. 在过去的生命线上,标记出你认为最重要的 3 件事,并通过箭头的上下表示出它们对你产生的影响的正反,箭头处用与生命线垂直的线段的长度表示出它们对你如今影响的大小。

4. 未来总会有些重要的事情发生,你觉得会是什么?用箭线在相应的年龄处标记出来。

生命线示例见图 3-1。

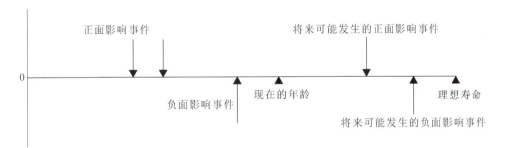

图 3-1 生命线示例

此刻,面对这条属于你的生命线,你能否察觉到过去的生命事件里潜藏着今日你的命运?而当下你的想法和行为,是否潜在影响着你的未来?你有没有想过,该如何通过当下掌控自己的未来?

第一节 人的生涯阶段

生涯阶段的划分常体现出不同政治、经济、社会、教育背景,与社会环境息息相关。人们常说,什么年龄做什么事,强调的是,在不同的人生阶段,根据我们的身心特点和社会期望,我们需要扮演相应的角色,完成相应的任务。

一、中国古人的生涯阶段划分

如前所述,根据孔子的生涯观,中国古人的生涯阶段可划分如下。

1. 童稚阶段

虽然儒家经典《论语》中并未直接提及"童稚阶段",但从孔子的教育思想和儒家对早期教育的重视可以推断,童稚阶段,即人生的早期阶段(大致相当于现在的童年时期),是人格形成和价值观培养的关键时期。孔子认为孩童时期的关键任务是塑造品行,为一生打下基础。

2. 求学阶段

孔子曾提到"吾十有五而志于学",他认为15岁标志着求学阶段的开始。此阶段个人开始明确学习的方向和目标,致力于学问和道德的修养,为未来的职业生涯和人生道路奠定基础。

3. 自立阶段

到了30岁,儒家认为个人应该已经在社会上立足,拥有一定的知识、技能和社会地位,能够承担起家庭和社会的责任。这一阶段是个人从学习到实践、从依赖到独立的过渡时期。人在这个阶段往往扮演着多种角色。

4. 不惑阶段

40岁时,个人应该对自己的人生目标和处世原则有清晰的认识,不再为外界事物所迷惑。这一阶段强调的是内心的坚定和成熟,以及对人生价值的深刻理解。

5. 知天命阶段

50岁时,个人开始对自己的人生有更深刻的认识,意识到很多事情是命中注定的,开始接受并顺应天命。人在这一阶段往往具有一种顺应自然、乐天知命的人生态度。

6. 耳顺阶段

60岁时,个人对各种言论和批评都能听得进去,并且能够泰然处之。这一阶段强调的是内心的平和与宽容,以及对世事的深刻洞察。

7. 不逾矩阶段

到了70岁,个人基本达到了高度的自由和自律的统一,能够随心所欲地做事而不违背礼法和规矩。这一阶段是儒家理想中人生的最高境界,体现了内心的自由与外在的和谐统一。

这七个人生阶段,体现了孔子的"内外"生涯发展观。前三个阶段是外显的,易于被自己和他人所察觉,代表了一定的共性;后四个阶段是内隐的,成长和变化只能自己感知,不足为外人识别。孔子总结的生涯观,影响了一代又一代中国人,也代表了中国人"内外兼修"的生涯发展思想和策略。

二、西方人的生涯阶段划分

金斯伯格将职业生涯的发展分为幻想期、尝试期和现实期三个阶段。幻想期是11岁之前的儿童时期,儿童对职业充满好奇和幻想;尝试期是11～17岁,是少年儿童向青年过渡的时期,这一阶段人们开始注意职业角色的社会地位和意义;现实期则是在17岁以后,这一阶段人们能够客观地把自己的职业愿望或要求同社会现实的职业需要紧密联系起来。

施恩将职业生涯分为九个阶段,包括成长、幻想、探索阶段(0～21岁),进入工作阶段(16～25岁),基础培训阶段(16～25岁),早期职业的正式成员资格阶段(17～30岁),职业中期阶段(25岁以上),职业中期危机阶段(35～45岁),职业后期阶段(40岁以后直到退休),衰退和离职阶段(40岁以后,直至退休),以及离开组织或职业的退休阶段。

舒伯将人的生涯发展划分为成长阶段、探索阶段、建立阶段、维持阶段和卸任阶段(退出阶段)。

① 成长阶段(0～14岁),是个人生涯发展的准备期。个体在家庭和学校环境中成长,逐渐形成自我概念,并发展出基本的生活技能和兴趣爱好。家长和教师在这一阶段扮演着重要的角色,他们的引导和支持对个体未来的生涯发展具有深远影响。

② 探索阶段(15～24岁)。个体在这一阶段开始进行自我探索和职业尝试。通过学校教育、社团活动、兼职工作等方式,个体逐渐明确自己的兴趣、能力和职业倾向。这一阶段的探索过程对个体未来的职业选择和生涯发展具有关键作用。

③ 建立阶段(25～44岁)。个体在这一阶段通常已经确定了职业方向,致力于在所选领域中稳定下来并取得成就。同时,个体也开始承担家庭责任,成家或成为父母等。这一阶段的重点是职业发展、家庭建设和个人成就感的实现。

④ 维持阶段(45～64岁)。个体在职业生涯中已经取得了一定的地位和成就,开始关注如何维持这些成就并保持职业竞争力。同时,个体也更加注重家庭和谐和个人休闲生活。此外,个体作为公民的角色也逐渐凸显出来,开始更多地参与社会活动和公共事务。

⑤ 卸任阶段(65岁及以上)。个体逐渐从职业生涯中退出来,享受晚年生活。他们可能参与一些休闲活动或志愿服务以丰富自己的生活体验。同时,作为家庭中的长者,他们也为年轻一代提供指导和支持。这一阶段的重点是保持身心健康、享受生活和传承家族文化。

三、当代中国人的生涯发展阶段

当前我国社会环境十分安全稳定,物质条件较好,家庭较以往更加重视教育投入,对教育的期待也有所提高,这些因素影响着当前中国人的生涯发展,此处将其分为六个阶段。

1. 学前阶段(1～6岁)

由于学制规定,学前阶段通常可划分为两个部分:① 1～3岁,孩子一般由家人抚育,抚育的重点一般在于孩子的饮食起居和性格习惯养成;② 3～6岁,孩子由家人和幼教老师共同抚育,着眼于德智体美劳全面发展,注重培养孩子的生活习惯、学习意识和学习行为。这个阶段是一个人性格、行为模式、习惯、品德和价值观塑造的关键时期,应该予以重视。

2. 前学业阶段(6～18岁)

数据显示,2023年我国高中阶段毛入学率为91.8%,说明90%以上的人经历过较完整的前学业阶段。这个阶段涵盖从小学到高中（中职）的学业阶段，学习占据了除睡觉以外的大部分时间，几乎成为这个阶段唯一的生涯任务，无论是家庭还是学校通常都重点关注学习成绩。在这个阶段，个体学习规定内容，在学习中建立关于自我的认知，普遍缺少自我探索和环境探索，缺少锻炼和发展其他品行与能力的机会。在探索自我和探索环境方面，我国与国外有较为明显的差异，虽然目前实施了新高考制度，鼓励基于个人兴趣选报大学专业，但由于中学生对大学专业缺少理性认识，因此高中生填报高考志愿时有一定的盲目性，需要进入大学后进一步加强专业认知。

3. 后学业阶段(18～28岁不等)

数据显示，2023年我国高等教育毛入学率为60.2%，说明约六成的人经历过后学业阶段。这个阶段是与职业进行衔接的学业阶段，包含大学教育和研究生教育，由于选择深造的人数不等，研究生阶段实行弹性学制，所以后学业阶段时长因人而异。在这个阶段，人们开始投身于专业学习，并通过有效的自我探索和职业探索，初步具备职场必备能力和素质，以便直接进入职业阶段。

4. 学职过渡阶段(毕业后到入职初期)

学职过渡阶段位于后学业阶段和职业阶段之间。缺少对社会和职业的认知是我国大学生存在的普遍问题，虽然学校鼓励学生进行实习实践，但因社会经济发展水平整体提高等，大学生参与社会兼职、半工半读的比较少，对职业缺少深入了解，而职业认知是确立职业目标和满意就业不可缺少的步骤，所以学职过渡对于中国大学生十分关键。许多人的学职过渡阶段可以在学校完成，也有人需要追加探索期，延迟进入职业阶段。

5. 职业阶段(参加第一份工作到退休)

每个人的职业阶段历时不等。一个人整体的职业发展态势可分为建立期、成长期、成熟期和维持期四个阶段，由于职业变化属常态，所以每一段职业生涯都包括这四个阶段。建立期主要指入职初期，以学习、适应、调整为主；成长期指个人能力快速发展，并获得一定的职位晋升的阶段；成熟期指个人能力达到最佳水平，获得尽可能高的职位或职级的阶段；维持期指个人能力满足职业要求的阶段，为职业稳定阶段。

6. 退休阶段

退休阶段是指正式脱离职业角色，开启新人生的阶段。当代人退休后的生活可谓退而不休，退休后还可以发展兴趣爱好，也有的重新进入职场。

练一练

请结合上述内容，以及当前我国经济、社会、教育的具体情况，讨论并回答：
1. 你对生涯发展阶段的认识。
2. 当前我国大学生的生涯阶段与过去、与国外大学生有何异同？
3. 你当前有何生涯阶段目标和计划？

第二节　人的生涯角色

生涯角色是自我概念的核心要素，是我们与环境和他人产生关联的结果。角色常指示一个人的身份，决定了由此产生的自我认同、身份认同和价值认同。在人生的诸多角色中，除有些角色的出现不由人控制外,大多数角色是自我选择的结果。

下面借助舒伯绘制的生涯彩虹图,我们暂且称其人物主体为彼得,来进行生涯角色的分析和阐释。如图 3-2 所示,该图以彼得的生命全程为横向维度,以生活广度和生活空间为纵向维度,展现了他在不同生命阶段所扮演的各种角色以及角色之间的相互关系。

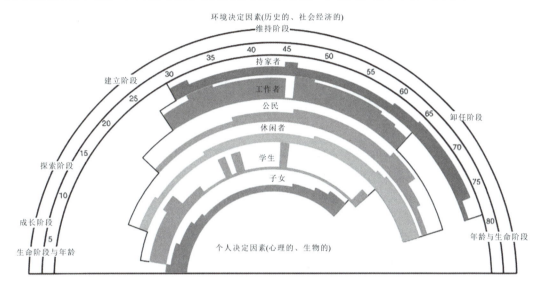

图 3-2　生涯彩虹图(以彼得为主体)

一、生活空间

彩虹图的纵向维度显示了彼得一生的主要角色,以及这些角色在他生命中所占据的比重,即为生活空间。

(一)生活空间在生涯彩虹图中的含义

1. 角色维度

生涯彩虹图中有多种角色,如子女、学生、休闲者、公民、工作者、持家者等。这些角色在不同的时间阶段会有不同的重要性。角色空间可以理解为每个角色所处的范围和边界。例如,学生角色空间包含了从幼儿园学生到博士研究生等不同层次的学习阶段,工作者角色空间涵盖了不同职业领域、不同职位层次等诸多内容。

2. 环境因素

每个角色空间还受到外部环境的影响。以公民角色为例,其角色空间受到社会政治、文化环境的制约。一个人所处国家的法律规定、社会价值观等都会影响其作为公民的权利和义务范围。在工作者角色空间中,企业的组织文化、行业的发展趋势等环境因素会塑造个体在工作角色中的行为方式和发展路径。

3. 角色之间的交互空间

不同角色之间存在相互作用。例如,作为子女的角色和作为工作者的角色会相互影响。一个人可能因为工作繁忙而减少陪伴父母(子女角色)的时间;反之,家庭责任(如处于子女角色时,要照顾生病的父母)也可能会对工作者角色产生影响,如需要请假等。这种角色之间的交互空间在生涯彩虹图中也是很重要的部分,它体现了个体在平衡多种生活角色时的复杂情况。

(二)角色空间的动态变化

生涯彩虹图是一个动态的模型。随着时间的推移,角色空间会发生变化。在个体年轻时,学生角色空间可能占据主导地位,人们把大部分时间都花在学习新知识、参加学校活动等方面。随着年龄的增长,工作者和持家者等角色空间逐渐扩大。例如,当一个人大学毕业后进入职场,工作者角色空间开始迅速拓展,包括职业培训、工作任务的承担、职业晋升等多个方面;同时,如果结婚生子,持家者的角色空间也会随之开启并不断变化,如陪伴配偶、教育子女等活动范围逐渐确定并丰富起来。

(三)应用价值

职业规划方面:通过分析角色空间,人们可以更好地规划自己的职业发展。了解每个角色在不同阶段的空间范围,有助于合理安排时间和精力。例如,在职业发展的关键时期,人们可以适当调整其他角色(如休闲者角色)空间,集中精力拓展工作者角色空间,以追求职业上的晋升。

生活平衡方面:考虑角色空间之间的相互关系,可以帮助个体实现生活的平衡。意识到不同角色空间的存在后,人们可以避免过度专注于某一个角色而忽视其他角色。比如,为了防止工作者角色空间过度挤压家庭角色(子女和持家者角色)空间,人们可以制定一些规则,如每周安排固定的家庭时间,从而维护各个角色空间的健康发展。

二、生活广度

生活广度指的是一个人一生当中不同的生活角色在不同的生命阶段所展现的幅度。它强调生涯是一个持续的、贯穿一生的过程,从童年时期一直到老年时期。

(一)生涯阶段与角色

1. 子女角色

彼得为人子女的角色空间由厚(比重大)变薄(比重小),再由薄变厚。在他十二三岁之前,子女角色空间占比很大;到 20 岁之前,占比逐渐减小;20~45 岁之间,子女角色空间相对最薄;47 岁之后此角色空间逐渐加厚;在他 60~65 岁之间,由于需要照顾父母,子女角色空间再次变得很厚;此角色终止于他 65 岁,可能表示他的父母去世。

角色启示:亲子关系是我们一生精神的土壤,我们在与父母的关系中感知世界、构建自我,我们从对父母的依赖和需要,逐步走向独立和反哺。大学阶段,我们必须完成生理独立和心理独立,由内而外地建构和发展自我概念。我们要学习独立决策,在有关自己的重大事项上,让父母从决策者变成协助者。孔子对孝的理解是"父母唯其疾之忧",孝顺的最高境界是"色悦",我们要做好分内任务,让父母放心,和颜悦色地面对父母的关心和建议,与父母像朋友那样友好地交流和商议。

2. 学生角色

彼得 5 岁时开始承担学生角色,一生中出现 5 次学生角色空间比重激增,分别发生在他 15~18 岁、30~31 岁、33~35 岁、45~46 岁、65~66 岁,其中 45~46 岁的学生角色空间最厚,说明他进行了全脱产学习。学生角色出现在他个人职业生涯的成长期、探索期、建立期、维持期和卸任期。

  角色启示:学习是终身的事,学生角色可能出现在一生中的许多阶段。大学阶段是宝贵的学习阶段,在这个阶段学生应集中精力学知识,锻炼能力,提升素质。面对多姿多彩的大学生活,有些学生认为学习没有那么重要了,只愿享受生活,导致许多高校每年都有学习成绩不达标的学生,这显然是不应该的,无论何时,学生角色都应引起我们的重视。学习是多元的,可以是知识、技能、品质的提升,所以学习不一定发生在课堂上。以能力提升为目标的任何活动,都可以称之为学习,你可以向朋辈学习、在实践中学习。找工作这项能力也需要学习,假期实习、修改简历、面试经验总结等都是学习途经。如果你认为进入职场后就不用再学习,那就大错特错了,你需要进一步通过学习提高有关行业的、职位的认知能力,这样的学习需伴随终身。学习,不仅是一个动作,一个结果,一个过程,也是一种意识。

3. 公民角色

  公民角色常对应对公共事务的富有责任心的态度和行为。在彼得所在的国家和年代,他 20 岁时正式成为一名公民。公民角色空间在他 20~35 岁之间相对较薄,在 35~70 岁之间逐渐增厚,在 65~70 岁之间达到顶峰(此时他做了很多公益事件),在 70 岁之后逐渐变薄,在 80 岁时随着生命终止而消失。公民角色伴随了彼得 20 岁之后的整个人生。

  角色启示:不知这个角色是否让你有些感动或者震撼?如果请你绘制自己的人生角色,你是否会想到公民角色?我们往往对自己作为子女、学生或朋友等的角色体会更深,而忽视了自己作为环境中的一员的角色。从大学校园中的一些现象说起,大学宿舍里我们往往对自己的桌椅床铺是否干净整洁比较关心,常常忽视了宿舍的门、窗、地面等的卫生状况,忘了自己作为公民的角色。让我们从身边的小行动开始,关注身外之物、身外之处、身外之人。

4. 工作者角色

  彼得 26 岁进入职场,65 岁退出职场,工作了近 40 年。工作者角色空间自出现就一直很厚重,不像其他角色空间有厚薄起伏变化。其中有两个时间段工作者角色呈"满格状态",分别在 32~35 岁职业建立阶段,以及 46~50 岁年富力强的维持阶段;他在 45 岁左右暂停工作一年,进行了全职学习。他工作的这种投入状态在 60 岁之后才稍有缓解,但他 65 岁时的工作状态与他初入职场时也几近相当。

  角色启示:进入职场工作,是奉献社会、实现自我价值的一种途径,与此同时,我们也能获得报酬,满足生活需要。在当前时代这个调快了的"跑步机"上,每个人都要跟着时代的节奏向前,大部分人都需要工作,差别可能是怀着愉悦的心情还是煎熬的心情去度过。既然怎样都是过一天,为何不主动地好好工作呢?毕竟度过的每一寸光阴都属于你自己。

5. 持家者角色

  彼得年近 30 岁才成家,持家者这个角色空间虽没有多厚重,但也平稳且绵长,伴随着他之后的整个人生。这个角色有五段不太明显的起伏,背后是只有他自己知道的故事;30~32 岁,应该是刚刚成家;45~46 岁,应该是工作停下来,有了较多的精力照顾家庭,抑或是因为家庭而选择了停职,不得而知;60 岁之后持家者角色空间比重稍微增加了一点,可能是因为工作少了,或是爱人生病了,或是其他原因;65~75 岁之间,持家者角色空间进一步增厚;75 岁之后该角色空间变得很薄,可能是身体出现了状况,无法照料自己。值得思考的是,他没有作为父亲的角色,不知道是将其融入了持家者角色之中,还是此生并未拥有子女。

  角色启示:当今社会上,确实有一些人持不婚不育或只婚不育的想法,更希望寄情于工作、社交、宠物、山水等。这样的想法是一些人的婚恋观、家庭观的反映。我们在提倡个性与自由的同时,也不应忽视正确、良好的婚恋观与家庭观的重要性。家庭作为社会的基本单位,对文化传承、人才培育、社会进步等具有非常重要的作用,家庭和谐是社会和谐的基础,构建和谐家庭是构建和谐社会的必然要求,也是构建和谐社会的有效途径。家庭提供的情感支持和物质支持在我们的成长历程中不可或缺。我们在接受支持的同时,也可以尝试学习作为一个良好的持家者,使自己的价值、家庭的价值得到充分发挥,使中华优秀传统文化得以代代传承。持家者的角色,既代表着对家庭负责、对社会负责,也会激发我们自身强烈的责任动机和发展动力,让我们在享受世界的同时,能体验到世界的更多方面。

6. 休闲者角色

对于彼得而言,休闲者角色在他10岁左右出现,也伴随着他的余生:10~15岁之间还不太会玩;15~30岁可能因处于学业阶段,他没有花费太多时间在休闲娱乐上;30~50岁,在职场期间休闲者角色空间比重有所增加;真正变厚是在50岁之后;65~80岁之间休闲时间最多。

角色启示:休闲一般意味着休息、闲散或做自己喜欢的事,也是生活的重要组成部分。休闲虽然很重要,但是尺度需把握,青年时期的光阴不能错付,前期的努力可能决定了今后你的生活方式和休闲方式。现代社会中休闲方式很多,更需要我们清醒认识、理性把握。

(二)生活广度的意义与影响

舒伯的生活广度概念有助于我们从一个更宏观的角度来规划自己的一生。它提醒人们,在不同的生命阶段,要平衡好各种生活角色,避免过度专注于某一个角色而忽视其他角色。如果一个人在建立阶段只关注工作,忽略了家庭,可能会导致家庭关系紧张,影响生活的整体质量。同时,了解生活广度也能帮助人们更好地适应角色转换,如从工作者到退休者的角色转变,减少角色转换带来的焦虑和不适感。

> **练一练**
>
> 1. 请结合你过去的经历,绘制你过去经历的生涯彩虹图。
> 2. 请结合你对大学期间的规划,绘制大学阶段的生涯彩虹图。
> 3. 请结合你对人生的规划,绘制出你的人生彩虹图。
> 4. 讨论和分享以上彩虹图中你所列出的角色的意义。

第三节 大学生的生涯任务

人生好比一场打怪通关游戏,在不同的"关口"(生涯阶段),你会遇到不同的"怪兽"(生涯任务),有大多数人都会遇到的"常怪"和"普怪",也有专为你设置的"特怪"和"异怪"。如果你能完成来自角色、环境和事件的挑战,通关升级,就说明你这段生涯的任务完成了;如果你没完成这些任务,你就只能停留在这个关口,继续"打怪"直至"升级"成功。

特别之处在于,这个游戏有很多出口,每个出口设置了不同奖品,奖品种类繁多,一定有你想要的一款,你可以根据自己的喜好,选择合适的路径拿到想要的奖品。复杂之处在于,这个游戏是个迷宫,很难一眼看出路径和出口之间的关联,所以你需要带着思考选路和走路。所谓生涯规划,就是厘清你是谁,你想去哪里(要什么),以及你该如何去,放到这个游戏的比喻中,也就是帮你站在高一点的地方,看到出口的奖品,让你可以根据想要的奖品,大致设计出通达路径。

"对于未来,你的任务不是去预知它,而是去启动它。"进入大学,做好大学的生涯规划,就是按下未来理想生活的启动键。

大学阶段的主要任务:成为独立自主的人,适应环境并与之良好互动,理性认识专业并成为专业人士,找到愿意一生从事的职业,储备从事未来职业和进入新的生活阶段的能力。按照学制和学期,结合大学学业情况,可用"知己—知彼—决策—行动"的生涯逻辑,将大学的生涯任务分解到每个学期,用这种相对结构化的方式,顺利从大学此岸到达理想彼岸。

一、学习独立

独立的反义词是依赖。学习独立,要从审视和调整自己与父母的关系开始。进入大学时,大多数学生已然成年,要有意识地减少,甚至完全摆脱对父母的依赖,包括经济依赖和情感依赖。但请注意独立并非疏远或不与父母沟通,独立也并非无视父母,不是对父母的意见置之不理,而是尽量与父母像朋友一样沟通和协商。

独立至少有两个层面的含义:一是生存独立,二是自我独立。

生存独立是显性的,是具备洗衣、做饭、打扫卫生、看医生、做好个人卫生、管理好个人形象等让自己生活得更好的能力。生存独立还包括经济独立,半工半读在有些国家就十分普遍。一般而言,大学生在大学期间的主要任务就是确定职业方向和储备职业能力,以在毕业后实现生存独立。很多大学生在大学期间参加各种兼职,锻炼了独立生存的能力,但也有一些"毕业即失业",毕业后无法做到经济独立。实现生存独立的重要途径是增加职业认知和能力储备,以全日制本科大学生为例,可以从大一到大四进行纵向设计(见表3-1)。

表 3-1 生涯规划实践任务表

年级	学期	主题	任务	行动
大一	上学期	适应	适应大学环境、人际关系、学习模式	完成1次学长访谈、1次老师访谈
		独立	树立独立意识,学习生存独立和自我独立	完成1次生涯测评、1次生涯咨询,参加3次生涯主题活动
		探索	探索本专业、其他感兴趣专业,了解各专业保研的比例、条件等	完成1次学长访谈、1次相关职场人士访谈、1次老师访谈
		决策	是否转换以及转换到什么专业	1.完成本专业访谈、意向专业探索(学长和校友)、社团组织访谈;
			是否加入以及加入何种社团	2.树立独立决策意识,参与决策过程
	下学期	探索	深入探索本专业学习内容、深造方向和职业方向	完成3~5次生涯人物访谈(老师、学长、校友、职场人士)
			探索个人专业兴趣、性格、优势等	完成1次生涯测评、1次生涯咨询,参加10次生涯讲座
		决策	完成专业分流决策	结合个人关注重点,通过访谈等方式获取信息,独立完成专业选择

续表

年级	学期	主题	任务	行动
大二	上学期	探索	职场探索,了解职场需求中的核心能力	完成3~5次企业参访、1次实习实践,参加10次宣讲会
			学业探索,了解国内深造、出国深造的条件、渠道和要求,以及主要就业渠道	了解5~10个国内/国外相关院校的信息,制作成汇总表
		能力	提升学习能力(专业课程)、优势能力(感兴趣)、必备能力(沟通、合作、组织、决策等)	1.制订和执行大学期间的能力提升计划; 2.寻找资源提升个人能力; 3.定期进行提升效果评估,结合执行效果调整评估方案
		决策	完成实习决策,确定意向实习职位	可参照兴趣、价值或专业定位,也可以征询辅导员、专业课老师或家长意见
		实习	撰写实习简历、获取实习机会,开展实习,进行实习总结	1.开展1~2段为期1个月的企业实习,丰富简历; 2.进一步明确个人职位意向; 3.了解能力差距,有针对性地提升
	下学期	探索	深入了解行业和职位信息	进行实习、企业参访,参加宣讲会
			进行深入的自我探索,了解个人的职业兴趣、价值、技能优势等	完成1~3次咨询、1次测评、1次360°评估
		能力	提升学习能力(专业课程)、优势能力(感兴趣)、必备能力(沟通、合作、组织、决策等)	1.制订和执行本学期的能力提升计划; 2.寻找资源提升个人能力; 3.定期进行提升效果评估,结合执行效果调整评估方案
		决策	初步确定个人意向职位和行业,评估意向职位对学历的要求	1.可参照兴趣、价值或专业定位,和家人就此进行沟通和协商; 2.确立3~5个方向; 3.画出每个方向的实现路径
大三	上学期	探索	补充职业和自我的信息	通过访谈、走访或测评等方式
		能力	提升优势能力(感兴趣)、必备能力、胜任能力(意向职位所需)	1.制订和执行本学期的能力提升计划; 2.寻找资源提升个人能力; 3.定期进行提升效果评估,结合执行效果调整评估方案
		决策	确定职业目标,并做出就业或深造的决策	出国学生完成雅思、GRE等考试
		实习	结合意向职位,寻求实习机会、开展实习,进行实习总结	1.开展1~2段为期1个月的企业实习,丰富实习经历; 2.确定第一个职业目标

续表

年级	学期	主题	任务	行动
大三	下学期	探索	补充职业/深造的信息,尤其明确相关需求	1. 补充和完善做出决策的信息; 2. 重点了解意向职业需求能力; 3. 梳理个人经历,进行能力匹配
		决策	调整或确定就业/深造决策	确定个人理想职位和行业,结合职业需求做出深造或就业决策
			就业者:确定职位、行业和企业	确定第一份工作的职位和行业
			深造者:确定专业、院校	结合个人学习能力、专业,以及意向学校报录比例等因素,理性确定深造目标
		能力	提升胜任能力、求职能力或学习能力	就业者:结合意向职位,制订和执行胜任能力提升计划,着手提升简历制作、面试等求职能力
				深造者:结合意向,制订和执行学习计划
大四	上学期	执行	就业者:进入秋季招聘市场,开展求职	制作成熟的简历,参加 10 次求职,获取面试经验,能够拿到 1~2 个 offer(录用通知)
			考公或留校者:准备国家公务员、辅导员等考试	完成国家公务员考试报名和备考,完成 1~2 轮复习,完成若干真题练习,完成选调生报名,参加宣讲和招聘会,积累面试经验
			深造者:执行深造计划	制订和执行考研复习方案或确定申请出国院校专业,拿到保底 offer
	下学期	执行	就业者:进入春季招聘市场,求职和签约	继续开展求职,考研未"上岸者"加入;和用人单位达成书面协议
			考公或留校者:准备国家公务员考试面试、选调生笔试和面试、地方公务员笔试和面试	制订备考计划,完成 1~2 轮复习,训练并具备面试技能
			深造者:准备考研复试/调剂等	完成考研复试(笔试、面试)准备;调剂者关注调剂信息,并做好复试准备
		转换	自我角色认识、角色转换适应等	做好向下一个阶段角色转变的准备

如果说生存独立是外显的、关乎物质的,是生理成熟的标志,那么自我独立则是内在的、关乎幸福的,是心理成熟的标志。自我独立,就是独立界定自我、解释自我和实现自我,独立的自我认识是看到可能、发展可能和创造可能的必要条件。这个过程需要我们有意识地减少由外而内对自我的界定,而是从更多维度、更深层次,由内而外地思考、丰富和发展自我概念,这种意识、方法和能力可以迁移到以后的各种场景,使我们受益终身。高校可以设置自我探索的环节,为大学生提供有效的自我探索的途径,如生涯课程、生涯咨询、生涯测评等。

独立有两个层面的要求:一是有独立的意识(愿不愿意);二是有独立的能力(能不能)。独立意识的直接体现是独立完成关于自身的决策。笔者曾经遇到过这样一位研究生:从小到大,小的决策诸如买什么衣服、文具,都由妈妈代办,大的决策诸如考哪个学校、学习什么专业,都由爸爸代办,进入大学后他自己买一件衣服都会不知所措,而且他一直没有意识到自己决策能力有问题,也没有训练和提升这方面的能力,面临职业决策这样重大的问题时,他既没方法也没主意。我们应以此为鉴,从身边的小的决策事项开始,从信息层、方法层、认知层训练决策这项可迁移技能,更有准备地面对大的人生决策。

二、适应环境

进入大学,摆在我们面前的第一个"关口"就是适应环境。例如:外地学生需要适应城市、气候、文化、语言、饮食等环境;没有体验过集体生活的学生开始适应集体生活,尝试独立地解决衣食住行问题。同时,大学生还面临完全不同于高中的学习环境,需要转变学习方式,脱离了父母和老师的监督。这些都对自律性提出了更高的要求。

在大学阶段,我们还需要面对林林总总全新的规则,规则亦是环境的一部分,比如学校(院系)有关学籍管理规定、社团规范、班级制度、宿舍公约、实验室规则、选课要求、学分认定办法、毕业要求……正确看待和应对规则,既是适应环境的具体表现,也是一种重要能力。

除了这些,人也是环境的重要因素,人际交往能力对我们适应集体生活十分重要。例如,为了营造良好的班级环境,班级制定了公约,希望全体成员共同朝向优秀班集体的目标努力,如果一个成员不能理解也不愿意接受这种约定,就会显得格格不入,或者因为旷课而影响了班级荣誉,可能就会影响他在其他班级成员心目中的印象。

适应环境本质上是个人与环境和他人之间的有效互动。由于环境变化不可避免,并且每个人都要面临毕业之后的职场环境,因此适应环境既是现实需求,也是一种可以迁移的本领。既然不可避免,那么我们不妨用积极视角看待进入大学之后的种种不适,带着"练兵打怪"的心态,逢山开路遇水架桥,掌握认识环境、利用环境和改造环境的方法、能力,让自己在各种环境中游刃有余地学习、生活或工作。

三、理性认识专业

专业学习是大学里最重要的任务之一。在一些必然和偶然因素的作用之下,我们来到了现在的学校、学习现在的专业,有些人喜欢自己的专业,有些人不喜欢自己的专业,有些人的专业是自己选的,有些是父母做主选择的。不论何种情况,可以肯定的是,初入学时我们每个人了解的只是专业的局部,因此,那种基于片面认知产生的喜恶情绪,都不是理性认识。

理性的专业认识,必须建立在客观、全面、真实、准确的信息基础之上。我们可以对专业老师、学长学姐、毕业校友(职场人士)等进行多角度访谈,从而加深对专业的认识;更为重要的是通过专业课程学习,开展专业实习实践,在实践中促进理性认识。

认识专业不是目的,认同专业也不是目的,在专业环境中寻找有利因素促进个人成长才是最重要的。每个专业都具有多面性,比如农学专业,可以开展科学研究、种植养殖、社会服务、生产经营等多种学习活动,毕业后有多个发展方向,职位选择多种多样。只要用心,每个人都可以找到匹配自己兴趣、价值的点,在这个点上绵绵用力、久久为功,总有一天能成为重要岗位上不可替代的专业人士。

经历过真实的专业探索,如果你依然不喜欢所学专业,那么可以申请转专业,一般有1～2次申请转专业的机会。当然,在决定转专业之时,一定要提前了解学校关于转专业的相关规定,并能通过相应的选拔。如果无法如愿转到感兴趣的专业学习,也可以通过后续的升学深造来弥补遗憾。如果最终的结果是留在当前专业继续学习,后续再选择心仪专业升学深造,那么大学期间我们务必要做好两件事:一是对当前专业仍需继续学习,掌握必备的知识;

二是对将来深造的专业要做好准备,对该专业的相关研究领域、就业市场进行了解,以及进行知识储备以在求学深造中脱颖而出。

四、找到愿意从事的职业

毕业后求职时,我们大多希望找到好工作,但100个人对"好工作"可能有99种理解。对于找"好工作"这件事,首先需要明确你认为的好工作有哪些不可替代的标准,也可以理解为职业要满足你的哪些需求,你的需求位于马斯洛需求层次的哪个层次。

了解自己的真实需求需要实践。进入职场前,大学生对自己的真实需求可能并不清楚,所以学校设置了实习实践环节,用意是帮助学生发现自己真实的需求,寻找和确认目标,提升职业岗位胜任能力。

行业、社会、国家、世界十分错综复杂,需要我们投入许多的精力去仔细探索。学校为我们提供了哪些资源?社会上有哪些岗位值得争取?国家的经济发展状况怎么样?外界的政治、经济、文化等都与我们息息相关,根据外界情况制订适合自己的发展规划,才能有条不紊地融入这个世界。所以,职业认知应尽早启动,它决定了我们的认知视野和选择范围。对就业市场没有信心的人,大多是看不到职业多样性和可能性的,也看不到身边的机会。举个例子,很多人不看好外语专业,认为就业机会少,事实上,中国作为"世界工厂",无论是外贸行业还是各类制造行业,都有外语人才需求。

"知彼"不同于"知己"的自我剖析,它需要更丰富、更及时的社会资讯。外界比自我变化得更快。一个很好的例子便是现今火热的人工智能技术,它在文化艺术行业取得了极大的突破,也改变了许多行业的现状。从业者掌握这些新科技,积极迎接这个世界的变化,主动收集信息,紧跟外界变化的脚步,有助于获得更宽广领域的就业机会。

五、提升能力

提升能力是大学生在大学期间成长的主要任务,参加活动时可以多考虑对自己的能力有哪些提升。要以积极的心态看待课堂学习,提升沟通表达能力和学习能力,积极寻求大学里的机会。当你心中有提升能力这个目标时,你会惊讶地发现,身边充满了资源和机会。

提升能力要有针对性,不能盲目蛮干。有两种基本策略:一种是扬长,即从自身优势出发,了解自我特质,进行自我探索;另一种是补短,即从自身劣势出发,也是基于自我认知,走出舒适圈,做好心理建设,以成为"六边形战士"(霍兰德职业兴趣的六种类型)为目标。

提升能力还需要切换视角,从职业需求的角度,按需匹配和供给。

举个例子,如果你希望成为某汽车平台的业务经理,那么你需要了解平台业务经理所需具备的技术知识和实践经验,而你需要在大学期间完成这些能力的积累,并且在求职时能够向用人单位清楚地证明自己具备这些能力和素质。为全面掌握意向职位所需要的能力,你可以对意向职位、行业进行能力需求调查,方式可以是生涯任务访谈、宣讲会调查、招聘人员访谈、实习实践等。

能力提升并非易事,也非一朝一夕之功,我们需要定期进行能力评估,制订每学期的能力提升方案。我们要学会管理校内外的各种学习资源、信息资源、平台资源和人脉资源等,如课程、竞赛、考试等,帮助自己设计目标规划。时间也是需要被合理安排的重要资源,在生涯规划中我们必须按日、周、月、年等时间节点来安排自己的学习。

实现目标＝20％的计划＋80％的行动。我们可以用 SMART(specific, measurable, achievable, relevant, time-bound)方法制订合理可行的计划,支持能力提升。由提出目标到实现目标,关键是付诸有效的行动。

网上有一位女生说:"我的人生规划是让我爸把我养到30岁,让我老公把我养到60岁,让我儿子把我养到90岁,这样我就可以什么都不用做,坐享优雅人生。"对此,你怎么看?

| 本章小结

本章主要追溯了中国传统生涯观,介绍了西方经典生涯发展理论,说明了生涯发展的阶段性特征,明确了人一生中需要扮演的不同角色及角色责任。同时,通过剖析大学生的生涯任务,明确了生涯规划对于实现人生幸福的重要作用,以帮助大学生明确目标、追求幸福人生。

第四章 生态适应

进入大学,大多数学生都会遇到环境变化带来的适应问题。适应大学生活是我们适应社会的第一步,是我们提升适应能力的最好机会。本章介绍大学生常见的适应场景,分析高中和大学的差异,阐述如何培养适应环境必须具备的意识和能力。

案例

李明怀揣着对大学生活的憧憬,踏入了国内一所知名大学的校门。然而,与许多新生一样,他很快发现大学生活与他之前想象的不太一样。李明在高中时期是班上的佼佼者,学习成绩一直名列前茅,但在大学,他发现自己不再是班级中的焦点,身边的同学都是来自全国各地的优秀学子,他们的知识面更广,学习能力更强。李明在第一次期中考试中就遭遇了挫折,成绩远不如预期,这使他产生巨大的压力和挫败感。除了学习上的挑战外,李明在生活上也遇到了不少困扰。他来自小城市,对于大城市的快节奏生活和消费方式感到不适应。他发现自己的生活费很快就花光了,但又不好意思向父母开口要。此外,他还要处理洗衣等琐碎事务,这使他感到十分疲惫。在社交方面,李明也遇到了难题。他发现自己很难与同学建立起深厚的友谊。他的性格比较内向,不善于主动与人交往,而大学的同学来自五湖四海,生活习惯等十分不同,李明很难融入他人的圈子,这使他感到孤独和迷茫。面对学习、生活和社交上的种种挑战,李明逐渐产生了严重的心理压力,他开始怀疑自己的能力和价值,觉得自己一无是处,他变得焦虑、抑郁,甚至产生了退学的念头。

这个案例揭示的是典型的大学新生的适应问题。新生在大学初期可能会遇到各种挑战和困难,需要接受和适应大学与高中之间的差异。高中时期,学生的学习和生活都相对固定和规律,老师和家长也会给予更多的指导和关注。而到了大学,学生面对的环境更加复杂和多元,包括学习、生活、社交等各个方面。这种变化对于新生来说无疑是一个巨大的挑战。另外,李明在学习、生活和社交等方面遇到的困难,都反映了他对大学生活的期待与现实之间的落差。这种落差不仅会导致心理上的不适应,还可能会影响他的学业和未来发展。因此,新生在入学前应该做好充分的心理准备,了解大学的生活和学习环境,制订合理的规划和目标。这个案例也提醒我们,大学不仅是学习知识的场所,更是锻炼自我、成长成才的重要环境。新生在适应大学生活的过程中,应该注重培养自己的环境适应、人际交往、学涯规划和生涯适应等方面的能力,这些能力将对未来的学业和职业发展产生深远的影响。

第一节 积极融入环境——我的大学我喜欢

十几年寒窗苦读后,当我们怀揣着梦想和对新生活的期待踏入大学的校门,被大学偌大的校园、各式各样的社团、自由开放的人文环境所吸引而兴奋时,还要清醒地认识到大学生活与高中生活存在着的显著差异。如何快速适应这一转变,积极融入环境,是每个新生都需要面对的发展任务,也是实现个人成长的基本前提。

3分钟教你
适应大学生活

一、成长的必修课——为自己的选择负责

(一)合理看待高考

每年新生开学季,总有一群人闷闷不乐,理由是"高考没有发挥好,专业是调剂的"。如果你也是其中之一,这个时候的你可以沉浸在过去,也可以着眼于未来,避免第二次"入坑"。高考是人生中的重要节点,但它不是终点。

高考不仅是知识与智力的较量,也是心理素质、身体能力的综合比拼,是对人全面的考量和选拔,高考分数除了体现出知识能力水平外,还反映了心理承受、身体健康的保持等方面的能力,这些都是一个人能力的一部分。

高考固然重要,但其不能决定你的一生。高考成绩代表着你的部分实力,但不代表创造力、领导力、团队协作能力、人际关系和道德品质等。所以,不要因为高考失利而灰心丧气,也不要因为高考成功而沾沾自喜,毕竟高考只是人生中的一个关口,我们要学会看到自己的多元价值,并结合自己的兴趣、特长和目标积极规划未来,选择适合自己的道路,不断努力追求自己的梦想。

高考没发挥好,是人生不确定性的一次表现。人的一生中充满着不确定性,学会接受生活中的不确定性,并且在不确定中寻找确定和掌控,拥抱变化,是我们面对生活的一种态度,也是应对未来的一种本领。

(二)专业无好坏,行行出状元

新生一般会问:"我的专业好吗?""学习这个专业可以做哪些工作?""我的专业是热门专业,是不是更好就业?"……

其实,并不存在什么专业好什么专业坏这个问题。客观地说,专业是学校根据学科布局而设置的,而好坏则是人们的一种主观评价,千人千面。从学校的角度看,设置的每一个专业都是好且必要的;从学生个体角度看,哪怕对于同一个专业,也有人认为好,有人认为差。其实,你的专业的好与坏,别人的评价毫无意义,唯有你的评价才是关键。但我们对任何事物的评价,须建立在全面、真实、客观、准确的信息基础上,仅凭片面信息做出的评价就是偏见。

专业和职业之间既相关,又无关。高校设置专业必然要考虑社会、行业和产业的需求。有些专业对应着行业,比如食品科学、动物科学、水产;有些专业则对应着职位,比如财务、市场营销、会计;有些专业则对应着技能,比如英语。如果你的专业对应行业,那么你需要确定职位和企业;如果你的专业对应职位,那么你需要确定行业和企业;如果你的专业对应技能,那么你可能有更多的行业、职业、企业选择的机会。

大学往往鼓励学生多元就业。通识课程体系侧重学生通用能力和品质素养的培养,专业基础课程和专业课程模块侧重学生专业知识技能的培养。一些高校还通过专业互选、辅修学位等方式,鼓励学生结合个人兴趣选读专业,丰富第二课堂活动,提供锻炼能力的舞台。

这样看来,困住你的可能从来不是专业,而是缺失目标、行动和自律性的你自己。

以汽车专业为例,相关的职位有汽车整车或零部件企业生产管理人员、技术研发人员、市场营销人员、售后服务人员等,高校汽车学院教师,工业和信息化部或各地工信厅从事汽车产业管理的公务员,汽车类相关学术期刊编辑人员,汽车报社或媒体记者,电视台或其他媒体单位汽车类栏目主持人,银行内从事汽车金融租赁业务的相关职位,证券公司汽车行业分析员,以及保险公司汽车理赔定损业务人员,等等。

社会上的"热门"或"冷门"专业,大多与社会需求"多"与"少"有关,而且社会需求是不断变化的,"热门"专业也会随着社会需求的减少或者学习人数的增加而变"冷","冷门"专业也会因新的社会需求出现而变"热"。所谓的热门专业,也有无法就业的学生,再冷的冷门专业,也有高质量就业的毕业生,影响毕业生就业的因素可能无关专业的冷热,而与目标、能力更密切相关。

辩一辩

辩题:"热门专业的就业前景是否一定优于冷门专业?"

正方:热门专业的社会需求大,就业机会多,因此就业前景更优。

反方:冷门专业可能具有独特的学术价值和发展潜力,就业前景不一定差。

二、从高中到大学的四个转变

进入大学后,我们可能为摆脱高中生活的束缚而窃喜,殊不知大学生活中的各类挑战悄然而至。面对大学生活,有人欢欣雀跃,也有人茫然无措。认清从高中到大学的转变,是规划好大学生活的重要基础。

(一)校园环境的转变

校园环境转变是我们从高中进入大学后最早也是最直接感受到的变化,主要体现在地理环境、人员结构和生活方式等方面。

从地理环境看,高中校园一般面积较小,校园组成和功能也较为单一,主要由教室、宿舍、体育场等组成,满足学习和住宿的需求;而大学校园一般面积较大,校园组成和功能丰富,不仅能满足学习、科研、办公的需求,还会有大面积的生活服务区,满足人们衣、食、住、行和娱乐等全方位的需求。

从人员结构看,高中时班上的同学基本来自同一区域,语言、文化等差别不大;大学生往往来自全国各地,不同地区、不同民族的学生汇聚到一起,自然会在语言交流、文化融合、作息习惯等方方面面存在差异。

从生活方式看,高中生主要生活在学校和家两个场所,饮食起居需考虑的方面较少,个人一般以学习为主;大学生活是真正意义上的集体生活,住宿舍、吃食堂,因为可能远离家乡、远离父母,凡事都要自己来安排,对人的独立生活能力是全面的考验。

(二)学习方式的转变

从高中到大学,学习方式的变化是主要的变化,主要体现在知识量和难度、学习模式和学习目的等方面。

从知识量和难度看,高中学习主要集中在有限的学科上,知识的深度和广度有限。大学知识量剧增,且涉及多个学科领域。学习大学课程时,学生不仅要掌握基础知识,还需要深入探索专业领域的知识,对知识的深度和广度要求更高。

从学习模式看,高中学习模式较为固定,通常按照老师制订的教学计划逐步推进,是一种"齐步走"的教学模式。大学学习模式更加多元,除了课堂学习外,学生还可以通过图书馆、网络、讲座、实验、实训等多种途径获取知识。大学课堂通常没有固定的座位,学生需要适应这种流动式的"个性化"学习模式。

从学习目的看,高中学习目的常聚焦于高考升学,因此学生需要面对繁重的课业负担和竞争压力。大学学习则主要面向未来职业规划,大学生不仅需要掌握理论知识,还需要通过实验、实习、参与项目等方式将理论知识应用于实践中,培养实践能力和创新能力,同时还需要培养全面的职业能力,持续关注未来职业发展和就业市场的变化,不断丰富完善自己的能力。

(三)管理模式的转变

从高中到大学管理模式的转变,也是大一新生感触最深的变化,主要体现在管理架构、管理理念和管理内容等方面。

从管理架构看,高中阶段管理模式较为单一,为班主任主导、任课老师辅助的管理架构,老师在大多数学生心目中拥有绝对的权威;大学阶段则是以自我管理为主、辅导员与班主任管理为辅的多元管理并存的管理架构。

从管理理念看,高中管理通常是以"管"为主,常体现在对具体事务的直接干预和约束上;大学管理则以"导"为主,强调的是服务和支持,更多提倡自我管理和自我教育,使学生最大限度地发掘自身潜力,激发自我主动性和创造性。

从管理内容看,高中阶段的管理可谓是事无巨细,学习成绩、作息时间、运动健康等,都属于学校的管理范畴;大学阶段的学生除了按院系安排上课及参加其他活动外,几乎可以说解除了这些束缚,有的学生因为束缚的解除得以充分发展自己,而有的学生可能会感到茫然无措,一时难以适应。

(四)人际关系的转变

进入大学,人际关系的变化微妙,影响着每一个学生的发展,主要体现在交往对象、交往性质和交往目的等方面。

从交往对象看,高中时交往重心主要围绕同班同学或相邻住所的同学,交往对象多为本地同学,交际范围相对较小,年龄跨度也不大;进入大学则需要与来自全国各地、不同文化背景、不同民族的同学打交道,交际范围相对较大,年龄跨度也较大。

从交往性质看,高中的人际关系相对单纯,主要基于学习、兴趣爱好进行交流,以同学之间的友情为主;大学阶段人际关系更加复杂多元,除了友情以外,还涉及情侣关系,以及各类组织内外的合作和竞争关系。

从交往目的看,高中阶段的人际交往目的主要是通过交往获得彼此的认同和归属感;大学人际交往的目的则没有这么单纯,往往伴随着更加多样的需求,比如信息获取、资源支持,甚至个人利益等。

想一想

与高中生活相比,你觉得大学生活最大的变化是什么?你感受到哪些挑战?

第二节　强化生涯适应——做人、做事、做学问

随着社会的快速发展和职业环境的不断变化,生涯适应力成为衡量人才综合素质的重要指标之一。生涯适应力是指个体在面对职业生涯中的变化和挑战时,灵活调整自己的心态、行为和策略,以适应新的环境和要求的能力。

大学阶段对生涯适应力有三方面的要求:做人、做事、做学问。

一、做人是立身之本:塑造良好的人格品质

"德胜才谓之君子,才胜德谓之小人",中国传统文化强调道德的重要性。做人是我们提升生涯适应力的根基,那些具备高尚品德、诚实守信、尊重他人的人,更容易赢得他人的信任和尊重,从而在社会中建立起良好的人际关系网。相反,那些缺乏道德约束、自私自利、损人利己的人,终将因失去他人的信任和支持而寸步难行。

(一)塑造良好人格品质是大学生成才的基础

大学生是国家未来的建设者和接班人,其思想政治素质和人格品质至关重要。大学生塑造良好的人格品质,不仅有助于形成正确的世界观、人生观和价值观,还能够培养社会责任感和团队协作精神,从而为今后的职业发展和社会贡献打下坚实的基础。

(二)良好人格品质有助于大学生实现自我价值

大学生通过塑造良好的人格品质,可以更好地认识自己、了解自己,从而找到适合自己的发展方向和目标。在实现自我价值的过程中,良好的人格品质能够帮助大学生保持积极向上的态度,勇于面对困难和挑战,不断提升自己的能力和素质。此外,一个人的人生价值,不仅仅体现在其职业成就、物质财富或社会地位上,更体现在其品德修养、精神境界和对社会的贡献上。大学生通过不断提升自己的品德修养,实现个人价值的升华,也会为社会带来积极的影响。

(三)良好人格品质有助于大学生应对社会挑战

随着市场经济体制的发展和改革开放的深入推进,社会竞争日益激烈,大学生面临着前所未有的挑战和压力。良好人格品质能够帮助大学生保持冷静和理智,以更加平和、包容的心态去面对生活中的挫折和困难,更好地应对社会的挑战和压力,进而实现内心的和谐与平衡,保持坚定的信仰和追求,不轻易迷失方向。

二、做事是成事之基:练就过硬的实践能力

"纸上得来终觉浅,绝知此事要躬行",强调的是实践的重要性。从书本上得到的知识比较浅显,要透彻地认识事物还必须亲自实践。在日新月异的社会变革中,实践能力是大学生必备的重要素质。大学生通过实践可以更好地将理论知识转化为做事的本领,在实践中锤炼技能,提升解决实际问题的能力,从而更好地适应复杂多变的职场环境。

(一)理论与实践相结合是必备前提

实践是检验真理的唯一标准。通过实践来验证理论的正确性,并在实践中不断修正和完善理论,这种理论与实践的互动,能够使人更深入地理解知识,更熟练地掌握技能。例如,

一个计算机专业的学生,在参与一个真实的软件开发项目时,通过编码、测试和调试,能够更深入地理解软件开发的流程,同时也锻炼了解决实际技术问题的能力。再比如,一个市场营销专业的学生,通过参与一次真实的市场调研活动,可以学会如何设计问卷、收集数据、分析市场趋势,这样的实践经验无疑会让他在未来的职业生涯中更加游刃有余。

(二)持续学习的态度是重要保障

在快速变化的时代背景下,新的知识、技术、理念层出不穷,持续学习已经成为每个人不可或缺的能力。一方面,大学的教育体系和课程设置往往存在一定的滞后性,可能导致大学生在毕业后难以适应社会的需要。另一方面,大学的科研创新也面临着挑战。大学生应该保持对新知识、新技能的好奇心和求知欲,不断拓宽自己的知识边界,通过参加学术讲座、关注行业动态、参与校外实习等方式,培养创新思维和实践能力,为未来的职业生涯奠定坚实的基础。

(三)解决实际问题是核心目的

在职场中,解决实际问题的能力是衡量员工价值的重要标准。企业常常面临各种挑战和问题,需要员工能够迅速应对并提出有效的解决方案。具备这种能力的员工,不仅能够在工作中取得更好的成绩,也更容易获得晋升和职业发展机会。解决问题常需要批判性思维和创新能力。批判性思维能够帮助人更好地分析问题、识别问题的本质,而创新能力则能够帮助人提出创造性的解决方案,不仅对个人成长和发展至关重要,也是推动社会进步的重要力量。

三、做学问是求真之源:培养扎实的专业功底

做学问,自古以来便是探寻真理的重要途径,大学生作为新时代的探索者,肩负着追求真知、传承文明的重任。做学问不仅是积累知识的手段,更是塑造个人品质、提升思维能力的过程。更为重要的是,做学问所培养的品质和能力,是大学生未来职业发展最坚实的后盾,在学术研究中所形成的严谨态度、创新思维和解决问题的能力,将使他们能够应对各种复杂的工作环境和挑战,同时,不断精进的专业本领也将为他们在职场中脱颖而出提供有力保障。

(一)永葆对知识的渴望与热情

在学术性大学,学术研究是核心任务之一,学生需要全身心投入专业领域的研究中,探索学术前沿。在潜心研究的过程中,大学生不仅能够打下扎实的专业基础,更能够培养解决问题的能力,并逐渐掌握专业领域的核心知识和技能,为未来的职业发展奠定坚实基础。然而,学术研究并非能一蹴而就,而是需要持续努力和精进,大学生应该保持对知识的渴望和对学术的热情,不断追求更高的学术境界。

(二)培养跨学科学习与思考的能力

随着人工智能等各类技术的快速发展,不同学科之间相互交叉、融合、渗透进而产生新兴学科。一方面,跨学科思要求学生将不同学科的知识和方法进行交叉融合,这种交叉融合往往能够激发出创新点和新的灵感。另一方面,跨学科学习鼓励学生跳出本学科的界限,去接触和探索其他领域的知识。这种学习方式有助于学生打破思维定式,拓宽知识视野,从而更全面地理解和应对复杂多变的社会问题,使其在未来职业生涯中更具优势。

(三)培养创新思维与创新能力

创新思维,可以让学生在学习探索中跳出固有思维的束缚,从更广阔的视角审视问题,

从而发现新的突破口。这种灵活的思维方式能够推动专业学习向更深层次、更广领域发展。大学生需要灵活运用所学知识,形成创新能力,通过实践不断验证和完善自己的想法,在精进专业知识的过程中,逐渐形成自己的专业观点和见解。

第三节 完善学涯规划——我来大学做什么

学涯规划可分为五个相互关联的过程,即生涯发展意识唤醒与培养、知己知彼、决策、行动以及反馈调整,如图 4-1 所示。整个学涯规划的实施与落地遵循这一基本逻辑。

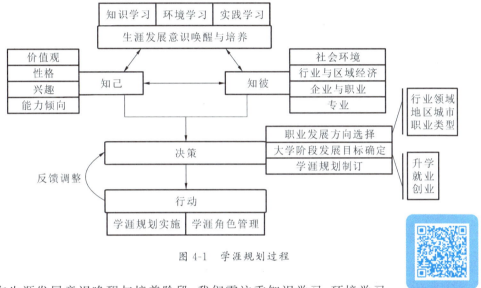

图 4-1 学涯规划过程

在生涯发展意识唤醒与培养阶段,我们需注重知识学习、环境学习和实践学习。该阶段是学涯规划的基础。在知己知彼阶段,"知己"侧重于帮助学生建立自我认知,包括认识自己的价值观、性格、兴趣与能力倾向,"知彼"要求学生将目光投向外部世界,探索社会环境、行业与区域经济、企业与职业以及专业。在决策阶段,学生需要选择职业发展方向、确定大学阶段发展目标等,且需要科学制订具体的学涯规划。在行动阶段,学生需要进行学涯规划实施和学涯角色管理,以确保顺利实现自身职业素养提升等职业发展目标。随着认知范围的扩大,学生可根据行动效果调整学涯规划决策,即进入反馈调整阶段。反馈调整是确保学涯规划发展方向正确的重要环节。

基于以上基本逻辑,我们可借助相关工具明确大学阶段的学涯任务,弄清自己大学阶段应该完成的事项。

一、大学阶段的学涯任务——学涯九宫格

大学阶段作为人生发展的重要时期,不仅是知识学习和技能培养的关键阶段,也是个人综合素质提升的重要时期。对于大学生而言,明确并有效完成这一阶段的主要任务,对未来成长与发展至关重要。

大学阶段的学涯发展任务包括九个方面:学习进修、职业发展、人际交往、个人情感、身

心健康、休闲娱乐、经济财富、家庭生活、社会服务。这九个方面可用九宫格表示,见表4-1。

表4-1的第一行的三项分别为"学习进修""职业发展"和"人际交往"。大学生在大学阶段的主要任务就是系统化地学习一门专业知识,明确将来的职业发展方向,学会人际沟通和交往。这三件事是大学生在大学期间的基本任务,只有这三项评估分数都达到60分以上,生涯发展现状评分才能达到"合格"级别。表4-1的第二行分别是"个人情感""身心健康"和"休闲娱乐"。大学生要学会处理个人情感和亲密关系,锻炼身体和提升心理素质,同时也要学会休闲放松、劳逸结合,为下个阶段做准备。若这三项评估分数也达到60分以上(及格的标准),则生涯发展现状评分可以达到"优秀"级别。表4-1的第三行是"经济财富""家庭生活"和"社会服务"。大学生应学会管理自己的奖助学金和生活费;接纳自己的原生家庭,与父母保持联系;积极参加社会活动,用自己的知识和能力服务社会。如果表4-1中的九项评估分数都达到及格以上,说明该学生在大学期间兼顾了这九个角色,处理好了这九个角色的生涯发展任务,那么其大学阶段的生涯发展现状就可以被评为"卓越"级别。

表4-1 大学阶段学涯九宫格

学习进修: 分	职业发展: 分	人际交往: 分
1.你的学习任务有哪些? 2.基于未来的就业要求,你还需要学习什么? 3.你的学习习惯怎样? 4.今年你有哪些学习计划?	1.你理想的工作是什么? 2.这类工作的用人要求是什么? 3.你需要为此做哪些准备? 4.你的行动计划是什么?	1.你如何看待人际关系的重要性? 2.你的人际交往能力怎样? 3.你还需要在哪些方面进行提高?
个人情感: 分	身心健康: 分	休闲娱乐: 分
1.你如何看待亲密关系? 2.友情、爱情等对你来说意味着什么? 3.你是如何建立并维护亲密关系的?	1.你是否拥有锻炼身体的习惯? 2.你是怎样调整自己的情绪的? 3.怎样让自己保持良好的身心状态?	1.你有哪些兴趣爱好? 2.这些兴趣爱好可以为你带来哪些价值? 3.哪些兴趣有可能转换为职业?
经济财富: 分	家庭生活: 分	社会服务: 分
1.你的理财能力如何? 2.财富在你未来的职业发展中有什么样的意义? 3.你是否有意识地为自己增加过一些收入?	1.你和家人的关系怎样? 2.未来,你期待的家庭生活是怎样的? 3.你如何看待家庭环境对你个人发展的影响?	1.你是否参加过一些公益活动? 2.你如何看待一个大学生的社会责任? 3.未来,你希望为社会做出哪些贡献?

注:每一项的满分为100分。

二、大学阶段应该做的七件事

大学生学涯规划的主要内容涉及对大学期间学习和发展的全面规划。以下是学涯规划的七大主要内容。

(一)设定学业目标

(1)确定主修专业和辅修专业(如有),并了解专业的培养方案和要求。

(2)设定每学年的学业目标,包括课程成绩、学术研究、专业技能提升等。

(3) 规划参与科研项目、学术竞赛或发表论文等学术活动。

(二)制订技能提升计划

(1) 识别并列出需要掌握的专业技能和通用技能(如沟通能力、团队合作能力、领导力等)。

(2) 制订提升这些技能的计划和时间表,可能包括参加培训课程、工作坊或自我学习。

(三)积累实践经验

(1) 安排实习、兼职或志愿服务等活动,以获得实际工作经验。

(2) 探索与所学专业相关的项目,以增强实践能力和解决问题的技巧。

(四)参与课外活动和社团

(1) 选择与个人兴趣和专业相关的课外活动或社团,并规划参与程度。

(2) 通过这些活动培养兴趣爱好,拓展社交网络,并锻炼组织协调能力。

(五)时间管理和自我调整

(1) 制订合理的学习和生活计划,确保时间的有效利用。

(2) 学习应对压力和挑战的方法,保持身心健康。

(六)职业规划与准备

(1) 了解所学专业的就业市场和行业趋势。

(2) 制订职业规划,包括短期和长期目标,并锻炼相应的技能,增加相关的经验。

(3) 建立和维护职业网络,参加招聘会和行业企业的活动。

(七)持续反思和调整

(1) 定期回顾学涯规划的执行情况,评估目标的达成度。

(2) 根据实际情况和个人成长需要,适时调整规划,确保规划的适应性和实效性。

通过以上规划内容,大学生可以更有目的地度过大学时光,不仅能提升学术水平,还能全面发展个人能力,并为未来的职业生涯奠定坚实基础。

1. 请对照学涯九宫格中的问题进行自评,看看自己当下的生涯发展现状评估结果是什么级别。

2. 请结合个人目标,用学涯九宫格为自己的大学生活制订行动计划。

本章小结

本章主要介绍了生态适应对大学生生涯发展的积极作用。从积极融入环境、完善学涯规划以及处理好"做人、做事、做学问"等方面着手,指导学生主动适应集体生活,掌握大学学习方法,学会换位思考和自我管理,积极参与自身发展与环境互动,引导学生在大学期间通过教育活动和实践,探索大学的各种可能性,培养学生适应大学生活和未来职业生涯发展所需的能力和素质,进而为大学阶段的生涯进阶发展奠定基础。

第五章 外部探索

对外部世界进行探索是职业生涯规划中不可或缺的一部分,不仅能为个人职业规划提供现实依据,有助于个人做出更合理的职业决策,还能促进个人的成长和发展,使个人能够在不断变化的环境中取得成功。充分了解、搜集外部职业世界信息,包括行业发展趋势、市场需求、职业的具体要求和发展前景等,能够使个人的职业生涯更具前瞻性和适应性,减少因信息不对称而导致的职业决策失误。

>> 案例

小张是一名计算机科学与技术专业的学生,即将步入毕业季,他开始认真思考自己的未来。他的成绩在班里名列前茅,技术项目经验丰富,曾在国家级编程竞赛中获奖。尽管如此,小张对于毕业后是直接就业还是继续深造或是创业感到迷茫。他已听说师兄们在互联网大厂、创业公司和科研机构的不同职业路径,但不确定哪条路最适合自己。

小张的案例反映了许多即将毕业的大学生面临的问题:如何在众多可能的职业道路中做出选择。面对毕业后的多种选择?小张需要深入了解不同职业路径的要求、挑战和机遇,以便做出明智的决策。这个过程不仅涉及对自身能力的评估,还包括对行业趋势、职业发展前景的探索。

请尝试回答以下问题:
(1)在探索外部世界的过程中,你通常会采取哪些方法来获取职业信息?
(2)你如何评估自己的职业兴趣与市场需求之间的匹配度?
(3)在你的职业规划中,外部世界的哪些因素对你的决策影响最大?
(4)针对小张的情况,你会建议他如何更有效地探索外部世界,以便为其职业选择提供支持?

第一节 行业探索

选择进入哪一领域、从事什么行业至关重要,因为这很可能是在选择自己一生所处的行业。

开阔就业视野
"看世界"

国家统计局在《国民经济行业分类》中,对"行业"(industry)下的定义是,从事相同性质的经济活动的所有单位的集合。

行业一般是生产同类产品、具有相同工艺过程或按提供同类劳动服务划分的经济活动类别,如饮食行业、服装行业、机械行业等。

政府、企业界及学术界都使用行业数据分析国民经济发展趋势、竞争力等,并做出相应决策。

一、国家宏观政策

探索一个行业时,国家宏观政策是一个非常重要的维度。宏观政策通常由政府制定,旨在促进经济增长、稳定就业、控制通货膨胀等。

探索宏观政策,首先要进行政策研究。要深入研究与该行业相关的政策文件,包括但不限于国家发展规划、产业政策、税收优惠政策、环保法规等。这些政策文件通常可以在政府官方网站或行业监管机构的公告中找到。

其次,研判政策趋势。分析这些政策的历史演变和当前趋势,了解政府对该行业的支持力度和发展方向。比如,政府近期发布了鼓励某行业创新和技术升级的政策,那么这个行业可能正处于快速发展阶段。

在了解政策趋势后,则需要对政策的影响进行评估,包括对企业经营成本、市场需求、供应链等方面的影响。要识别政策变动可能带来的风险,如政策的不确定性、政策执行力度的变化等,这些都可能对行业产生影响。例如,环保政策的加强可能会提高某些行业的生产成本,导致一些技术落后的企业被淘汰,但同时也会促进清洁能源技术的发展。

在了解行业政策时,还必须对政策导向进行识别。通过对政策导向的识别,了解政府希望行业如何发展,以及哪些领域会得到更多的政策支持。这有助于预测行业的未来发展方向和潜在的市场机会。

为了进一步理解政策的意义,还可以将该行业的政策与其他行业或国家的政策进行比较,以了解不同行业之间的政策差异和优先级。这有助于评估行业的竞争地位和发展潜力。

总之,我们选择行业时,应该结合自身发展路径,尽量切合宏观政策热点、紧跟宏观政策走向,根据国家战略规划,选择新兴的、有前景的朝阳产业,避免让自己被一片红海的夕阳产业所淹没。

二、行业与产业分类

《国民经济行业分类》是中华人民共和国国家标准,规定了全社会经济活动的分类与代码。现行《国民经济行业分类》(GB/T 4754—2017)于2017年6月30日由中华人民共和国国家质量监督检验检疫总局和中国国家标准化管理委员会联合发布,并于2017年10月1日起实施。中国国家标准化管理委员会于2019年3月发布并实施了《国民经济行业分类》国家标准第1号修改单。

路径多元:五大诀窍让你提前了解行业行情

现行行业分类采用经济活动的同质性原则划分,每一个行业类别又按照经济活动的性质划分,共分为门类、大类、中类和小类四个层次,共包含门类20个,大类97个,中类473个和小类1382个。每个类别都按层次编制了代码。

产业是国民经济中基于共同标准划分的部分的总和,又是具有相同性质企业或组织群体的集合。对于微观经济中的单个企业来说,产业是具有相同性质企业群体的集合;对于宏观经济而言,产业是国民经济基于共同标准而划分的部分。

目前国际普遍流行的三次产业划分思路是按人类生产发展的历史顺序:第一产业为农业等,第二产业为加工制造业等,第三产业为服务业等。这种划分方式反映了国民经济中各类活动的不同特征。

目前使用的《三次产业划分规定》是根据《国民经济行业分类》(GB/T 4754—2017)在

《三次产业划分规定(2012)》的版本上修订的(国统设管函〔2018〕74号)。

第一产业是指农、林、牧、渔业(不含农、林、牧、渔专业及辅助性活动)。

第二产业是指采矿业(不含开采专业及辅助性活动),制造业(不含金属制品、机械和设备修理业),电力、热力、燃气及水生产和供应业,建筑业。

第三产业即服务业,是指除第一产业、第二产业以外的其他行业。第三产业包括:批发和零售业,交通运输、仓储和邮政业,住宿和餐饮业,信息传输、软件和信息技术服务业,金融业,房地产业,租赁和商务服务业,科学研究和技术服务业,水利、环境和公共设施管理业,土地管理业,居民服务、修理和其他服务业,教育,卫生和社会工作,文化、体育和娱乐业,公共管理、社会保障和社会组织,国际组织,以及农、林、牧、渔专业及辅助性活动,开采专业及辅助性活动,金属制品、机械和设备修理业。

随着电子、信息技术的迅猛发展,信息技术渗透到社会和经济的各个领域,近些年,人们又把信息产业称为第四产业。信息产业的发展不仅加快了市场经济全球一体化发展步伐,同时打破了原有的一些产业和行业的格局,产业和行业需要不断地加速调整和重新划分以适应新的形势。新能源、新材料、节能环保、生物、高端装备制造等新兴产业不断涌现。

《中华人民共和国国民经济和社会发展第十四个五年规划和2035年远景目标纲要》(简称《"十四五"规划纲要》)对部分重点产业进行了说明(如数字经济重点产业,见图5-1)。我国最新的产业划分可参照《产业结构调整指导目录(2024年本)》(其目录见图5-2)中内容,包括鼓励类产业50项、限制类产业18项、淘汰类产业32项,鼓励类、限制类和淘汰类之外的,且符合国家有关法律、法规和政策规定的,属于允许类。

专栏8 数字经济重点产业
01 云计算 加快云操作系统迭代升级,推动超大规模分布式存储、弹性计算、数据虚拟隔离等技术创新,提高云安全水平。以混合云为重点培育行业解决方案、系统集成、运维管理等云服务产业。
02 大数据 推动大数据采集、清洗、存储、挖掘、分析、可视化算法等技术创新,培育数据采集、标注、存储、传输、管理、应用等全生命周期产业体系,完善大数据标准体系。
03 物联网 推动传感器、网络切片、高精度定位等技术创新,协同发展云服务与边缘计算服务,培育车联网、医疗物联网、家居物联网产业。
04 工业互联网 打造自主可控的标识解析体系、标准体系、安全管理体系,加强工业软件研发应用,培育形成具有国际影响力的工业互联网平台,推进"工业互联网+智能制造"产业生态建设。
05 区块链 推动智能合约、共识算法、加密算法、分布式系统等区块链技术创新,以联盟链为重点发展区块链服务平台和金融科技、供应链管理、政务服务等领域应用方案,完善监管机制。
06 人工智能 建设重点行业人工智能数据集,发展算法推理训练场景,推进智能医疗装备、智能运载工具、智能识别系统等智能产品设计与制造,推动通用化和行业性人工智能开放平台建设。
07 虚拟现实和增强现实 推动三维图形生成、动态环境建模、实时动作捕捉、快速渲染处理等技术创新,发展虚拟现实整机、感知交互、内容采集制作等设备和开发工具软件、行业解决方案。

图5-1 《"十四五"规划纲要》中针对数字经济重点产业的描述

目录

第一类　鼓励类 10
　一、农林牧渔业 11
　二、水利 15
　三、煤炭 16
　四、电力 17
　五、新能源 18
　六、核能 19
　七、石油天然气 20
　八、钢铁 21
　九、有色金属 21
　十、黄金 23
　十一、石化化工 23
　十二、建材 26
　十三、医药 30
　十四、机械 32
　十五、城市轨道交通装备 39
　十六、汽车 39
　十七、船舶及海洋工程装备 42
　十八、航空航天 43
　十九、轻工 44
　二十、纺织 48
　二十一、建筑 50
　二十二、城镇基础设施 51
　二十三、铁路 52
　二十四、公路及道路运输 53
　二十五、水运 53
　二十六、航空运输 54
　二十七、综合交通运输 54
　二十八、信息产业 55
　二十九、现代物流业 59
　三十、金融服务业 59
　三十一、科技服务业 60
　三十二、商务服务业 62
　三十三、商贸服务业 62
　三十四、旅游业 63
　三十五、邮政业 63
　三十六、教育 64
　三十七、卫生健康 65
　三十八、文化 65
　三十九、体育 66
　四十、养老与托育服务 66
　四十一、家政 67
　四十二、环境保护与资源节约综合利用 67
　四十三、公共安全与应急产品 70
　四十四、民爆和烟花爆竹产品 73
　四十五、人力资源和人力资本服务业 75
　四十六、人工智能 75
　四十七、智能制造 75
　四十八、农业机械装备 78
　四十九、数控机床 81
　五十、网络安全 83
第二类　限制类 84
　一、农林牧渔业 85
　二、煤炭 85
　三、电力 86
　四、石化化工 86
　五、信息产业 89
　六、钢铁 89
　七、有色金属 91
　八、黄金 92
　九、建材 93
　十、医药 94
　十一、机械 95
　十二、轻工 98
　十三、纺织 101
　十四、烟草 102
　十五、民爆和烟花爆竹产品 102
　十六、建筑 102
　十七、消防 104
　十八、其他 104
第三类　淘汰类 106
　一、落后生产工艺装备 108
　　（一）农林牧渔业 108
　　（二）煤炭 108
　　（三）电力 109
　　（四）石化化工 109
　　（五）钢铁 112
　　（六）有色金属 114
　　（七）黄金 116
　　（八）建材 116
　　（九）医药 118
　　（十）机械 118
　　（十一）船舶 120
　　（十二）轻工 120
　　（十三）纺织 122
　　（十四）印刷 123
　　（十五）民爆和烟花爆竹产品 126
　　（十六）消防 128
　　（十七）采矿 128
　　（十八）建筑 128
　　（十九）其他 129
　二、落后产品 129
　　（一）石化化工 129
　　（二）铁路 131
　　（三）钢铁 131
　　（四）有色金属 132
　　（五）建材 132
　　（六）医药 132
　　（七）机械 133
　　（八）船舶 137
　　（九）轻工 137
　　（十）消防 139
　　（十一）民爆和烟花爆竹产品 140
　　（十二）建筑 140
　　（十三）其他 140

图 5-2 《产业结构调整指导目录（2024年本）》目录

三、行业发展周期与趋势

行业发展周期一般分为初创期、成长期、成熟期和衰退期四个阶段。不同行业在各个阶段会呈现出不同的特征。以高新技术产业和传统制造业为例，其行业发展周期比较见表5-1。

表 5-1　高新技术产业与传统制造业行业发展周期比较

发展阶段	高新技术产业	传统制造业
初创期	通常面临技术研发的高投入和不确定性。企业需要大量的资金投入来进行技术创新和产品开发，风险较高。 市场认知度较低，消费者对新产品和技术的接受程度有限。企业需要花费大量的时间和资源来进行市场培育和推广，以提高产品的知名度和市场份额。	可能面临着激烈的市场竞争和技术升级的压力。 新进入者需要通过技术创新或成本优势来打破现有市场格局。 资金需求相对较大，需要投入大量的资金来建设生产设施和采购原材料。 由于市场不确定性较高，企业可能面临着资金链断裂的风险。
成长期	技术不断创新，产品更新换代速度快。 高新技术产业的产品和服务具有较高的附加值和市场竞争力，市场需求迅速增长，企业规模不断扩大。 企业之间的竞争日益激烈，市场份额的争夺成为企业发展的关键。	生产规模逐渐扩大，产品成本逐渐降低，产品价格也逐渐下降。 一些企业通过技术创新、成本优势和品牌建设等手段，逐渐扩大市场份额，而一些竞争力较弱的企业则可能被淘汰。 行业整合开始出现，一些大型企业通过并购重组等方式，扩大企业规模，提高市场竞争力。
成熟期	技术创新速度放缓，市场竞争格局相对稳定。 企业之间的竞争主要集中在产品质量、服务水平和品牌建设等方面。 行业增长率逐渐降低，企业利润水平相对稳定。 企业需要通过提高生产效率、降低成本和拓展新的市场领域等方式，来保持企业的持续发展。	生产技术成熟，产品质量稳定。 企业之间的竞争主要集中在价格、服务和品牌建设等方面。 市场需求相对稳定，行业增长率较低。 企业需要通过提高生产效率、降低成本和拓展新的市场领域等方式，来保持企业的持续发展。
衰退期	技术相对落后，产品市场份额逐渐下降。 企业需要及时调整战略，寻找新的市场机会和技术创新方向。 行业竞争激烈，企业盈利能力下降。一些企业可能会选择退出市场，或者通过并购重组等方式，寻求新的发展机会。	市场需求逐渐萎缩，产能过剩。企业需要通过减产、转型或退出市场等方式，来应对市场变化。 行业整合加速，企业数量逐渐减少。一些大型企业通过并购重组等方式，扩大企业规模，提高市场竞争力，而一些小型企业则可能被淘汰。

四、行业探索的意义

了解行业发展周期与趋势对我们的职业选择具有重大的意义与作用。

如何快速了解一个行业？

(一)提供前瞻性视野

在我们进行职业选择时，洞悉行业发展周期与趋势可以让我们拥有前瞻性的视野，有助于预测未来哪些行业可能会兴起、哪些行业可能会逐渐衰落。以当前处于快速发展阶段的人工智能、大数据、新能源等行业领域为例，如果我们了解这些行业发展趋势，便能提前为进入此类行业做准备，比如选择相关专业课程进行学习、参加实习或加入项目等，为自己的职业生涯筑牢基础。

(二)降低职业风险

提前了解行业,可避免进入衰退行业。行业发展周期中的衰退期意味着行业的市场需求递减、竞争加剧、利润下降,如果我们在不了解行业的情况下选择了处于衰退期的行业,可能遭遇难就业、职业发展受限等。例如,曾经辉煌的传统胶片相机行业,因数码相机和智能手机的兴起而衰落,若此时我们选择进入胶片相机行业,可能会面临就业机会稀少、企业倒闭等风险。

提前了解行业,可提高职业稳定性。了解行业发展趋势有助于选择相对稳定的行业,降低职业风险。处于成长期和成熟期的行业通常具有较高的稳定性,市场需求较大,企业发展较为稳定。选择此类行业,更有可能获得稳定的职业发展和收入。例如,健康医疗、教育等行业一直是社会刚需,发展相对稳定,受经济周期的影响较小。选择进入这些行业,职业稳定性更高。

(三)增强竞争力

了解行业发展周期与趋势可以让我们明确行业所需的知识和技能,从而有针对性地进行知识学习和技能培养。不同的行业在不同的发展阶段对人才的需求是不同的。例如在人工智能行业迅猛发展的当下,掌握数据分析、机器学习等技能的人才备受青睐。若了解此趋势,就可以在学习过程中重点培养这些技能,提高自己在就业市场的竞争力。

提前了解行业发展趋势能让我们在学生时期就积累相关行业的经验和资源。大学生可以通过参加实习实训、实际项目、社团活动等方式,接触感兴趣的行业,了解行业的实际运作情况,积累行业经验和人脉资源。这些经验和资源将在我们未来的职业发展中发挥重要作用,帮助我们更快地适应职场环境,获得更多发展机会。

(四)实现个人价值,获得职业满足

了解行业发展周期与趋势有助于将个人兴趣与职业发展相结合。当我们了解到某个行业的发展前景良好,并且这个行业与自己的兴趣爱好相契合时,我们会更有动力为进入该行业做准备。例如,对环保事业满怀热情,且了解到新能源行业是未来的发展趋势,那么就可以选择进入新能源行业,将自己的兴趣爱好转化为职业,实现个人价值与职业满足感的统一。

从某种意义上讲,选择符合行业发展趋势的职业,意味着能够为社会做出更大的贡献。处于发展前沿的行业通常能解决社会面临的重大问题,如环境污染、能源短缺、医疗保健等。选择这些行业,我们可以通过自己的工作为社会创造价值,实现个人价值与社会价值的统一。

第二节 企业(组织)探索

企业(组织)探索是一个深入且多维度的过程,它不仅仅涉及表面的信息搜集,更包括对企业(组织)内外部环境的全面分析。企业(组织)探索内容主要包括了解企业(组织)的基本情况、发展历程、组织结构、文化氛围、业务领域、市场定位、竞争状况和未来发展战略等。这些信息有助于我们更全面地了解一个企业(组织)的过去、现在和未来,为职业定位与职业决策提供参考依据。

一、企业(组织)分类与特点

常见的企业(组织)类型包括政府机构、事业单位、国有企业、外资企业、民营企业以及非营利组织等。

(一)政府机构

政府机构作为国家权力的执行机关,是构成国家治理体系的核心要素,涵盖了中央和地方各级政府及其下属部门,形成了一个庞大而复杂的组织网络。这些机构不仅是行政事务的处理者,更是国家意志的传达者和实施者,负责将政策、法规转化为具体的社会行动。

在工作内容上,政府机构承担着多重任务。首先是政策制定,这意味着需要深入研究社会问题,制定出既符合国家利益又能满足公众需求的政策。其次是公共服务的提供,包括教育、医疗、社会保障等,这些都是确保社会平稳运行所不可或缺的。再者是社会管理,政府机构需维护社会秩序,保障公共安全,并在必要时介入解决社会问题,促进社会公正与和谐。

政府机构是国家治理体系中不可或缺的一部分,它们通过政策制定、公共服务的提供和社会管理等方式,确保国家机器的正常运转和社会发展。尽管政府机构的工作具有稳定性,但也伴随着一定的挑战和要求。对于有志于投身这一领域的人来说,深入了解政府机构的运作机制和特点,是迈向成功职业生涯的重要一步。

(二)事业单位

事业单位是由政府利用国有资产设立的,以从事教育、科技、文化、卫生等公共事业为主要目的的社会服务组织。这些组织不同于一般的政府机构和企业,它们承担着提供公共服务和社会福利的重要职责,以满足人民群众的基本需求。

在工作内容上,事业单位主要涉及公共服务和社会福利领域。例如,教育机构负责培养人才、传播知识;科研机构致力于科学研究和技术创新;文化机构承担着传承和弘扬民族文化的重任;卫生机构则提供医疗服务,保障人民健康。这些工作内容都直接关系到国家发展和社会进步。

与政府机构相比,事业单位的工作更加专业化。由于专注于特定领域,事业单位能够聚集一批专业人才,形成专业化的工作团队。这使得事业单位在提供服务时更加高效、精准,满足人民群众多样化的需求。

同时,事业单位也具有一定的灵活性。虽然它们的设立和运营受到政府的监管,但在具体的工作过程中,事业单位可以根据实际情况调整工作策略和方法,以更好地适应社会变化和满足公众需求。这种灵活性使得事业单位在面对复杂多变的社会环境时能够迅速做出反应。

事业单位的招聘和晋升制度往往也受到政府的较为严格的控制。政府通常会对事业单位的招聘程序、标准和结果进行监管,以确保招聘的公平性和公正性。在晋升方面,政府也会对事业单位的晋升制度进行规范,防止权力滥用和腐败现象的发生。这些控制措施有助于保障事业单位的公正性和廉洁性,但也可能在一定程度上限制事业单位的自主性和创新性。

(三)国有企业

国有企业作为国家经济发展的重要支柱,是指由国家对其资本拥有所有权或控制权的企业,在中国的经济体系中占据着举足轻重的地位。它们不仅仅是市场经济的参与者,更是国家宏观调控和政策实施的重要载体。这种所有制形式决定了国有企业在国民经济中的特殊地位和重要作用,它们广泛存在于各个行业,如能源、交通、通信等,为国家的经济建设和社会发展提供了有力支持。国有企业往往能够提供较为稳定的工作环境和相对长期的职业保障。在国有企业工作,员工往往能够享受到相对较高的稳定性和较好的福利待遇。这对于追求稳定职业发展的人来说,无疑是有吸引力的。

(四)外资企业

外资企业是指由外国投资者对其资本拥有所有权或控制权的企业。在国际经济体系中,外资企业占据着重要的地位,不仅是跨国经济合作的参与者,更是全球资源整合和技术传播的重要载体。

在外资企业工作,员工常需具备国际化视野。这些企业通常在多个国家和地区开展业务,员工有机会接触到不同的文化、市场和商业模式。由于企业具有全球化的业务布局和资源整合能力,外资企业往往能够提供广阔的发展平台和丰富的职业机会。在外资企业工作,员工往往能够拓展自己的国际化视野和跨文化交流能力。

(五)民营企业

民营企业作为市场经济中的重要力量,是由民间资本投资设立并运营的企业。它们广泛分布于各个行业,无论是传统的制造业、服务业,还是新兴的科技互联网产业,都能见到民营企业的身影。

由于民营企业的资本来源和运营方式相对灵活,其工作内容也呈现出极大的多样性。在民营企业中,员工有机会接触到各种不同的业务模式和项目,从而获得更广泛的职业经验和技能提升。这种多样性不仅有助于员工的个人成长,也为民营企业带来了创新和活力。

民营企业中晋升机会相对较多。由于民营企业的组织架构和人员配置相对灵活,它们通常能够为员工提供更多的晋升机会和发展空间。在民营企业中,员工有更多的机会通过自身的努力和表现获得更快的职位晋升和更高的薪酬待遇。

(六)非营利组织

非营利组织是一种特殊的社会组织,其宗旨并非追求经济利润,而是致力于推进社会公益事业。它们在全球范围内广泛存在,涉及环保、教育、医疗、扶贫等关键领域,努力为弱势群体发声,为社会进步贡献力量。

选择在非营利组织工作,意味着有机会接触到这些有意义的社会公益事业。在这里可以充分发挥自己的专业技能和热情,为社会进步贡献自己的一份力量。这样的工作环境有助于组织内成员实现个人价值和社会价值的统一,在追求事业成功的同时,也收获内心的满足感和成就感。

二、企业(组织)探索的主要维度

(一)从外部观察企业(组织)

从企业(组织)外部来观察,企业(组织)探索主要聚焦于以下几个方面:市场定位与竞争状况、行业发展趋势、社会声誉与品牌形象等。

1. 市场定位与竞争状况

市场定位与竞争状况是企业（组织）外部探索中的核心要素，它们共同勾勒出一个企业（组织）在市场中的轮廓和影响力。市场定位关乎企业（组织）如何根据自身产品或服务的特性，在消费者心目中占据一个独特且有价值的位置。对企业而言，这一定位不仅决定了企业的目标消费群体，更影响了其市场份额的获取和保持。

对企业而言，分析竞争状况，则要了解行业内的主要竞争对手，包括研究竞争对手的产品特点、价格策略、营销手段等，以评估它们对企业构成的威胁程度。

2. 行业发展趋势

每个行业都有规模不同的企业（组织），也都有其代表性企业（组织），比如互联网行业的百度、阿里巴巴和腾讯，移动通信行业的移动、联通、电信等。不同行业的企业（组织）有不同的特点，每个行业在社会中所处的地位和发挥的作用也不同，可以通过对企业（组织）所在行业地位的分析来考察企业（组织），用行业情况和发展前景来推测企业（组织）的发展前景。

观察企业（组织）时，首先应将视线投向其所在的行业大背景。行业趋势，如同大海的潮汐，无声无息中决定着企业（组织）的浮沉。一个正在崛起的行业，往往孕育着无数的机遇，吸引着众多企业（组织）争相涌入。而一个日渐衰落的行业，则可能让其中的企业（组织）陷入困境，甚至面临生存的危机。因此，了解行业的整体发展趋势，是大学生认知企业（组织）的第一步。

政策法规的变化也是观察企业（组织）时不可忽视的重要因素。政策法规如同行业的游戏规则，直接影响着企业的市场行为和发展方向。大学生需要关注与企业（组织）所在行业相关的政策法规的变化，分析这些变化如何影响企业（组织）的运营环境，如何改变企业（组织）的竞争策略。只有这样，大学生才能在复杂多变的政策环境中找到企业（组织）的立足之地，更准确地预测企业（组织）的未来走向。

从行业定位的角度来看，大学生需要全面了解企业（组织）在行业中的位置和角色。对企业而言，行业定位如同企业的标签，直接决定着企业在消费者心目中的形象和地位，分析企业的市场份额、主要竞争对手以及竞争优势和劣势，从而判断企业在行业中的竞争力和市场地位，有助于真正理解企业的市场策略和发展目标，更深入地认知企业的内在价值和潜力。

3. 社会声誉与品牌形象

社会声誉与品牌形象是一个企业（组织）在公众心中的镜像，它不仅关乎企业（组织）的经济利益，更体现了企业（组织）的社会责任和品牌价值。大学生从企业（组织）社会声誉和品牌形象的角度去了解一个企业（组织），不仅是学习商业伦理和企业（组织）社会责任的机会，也是洞察市场动态和品牌管理的重要途径。

消费者评价是企业社会声誉的直观体现。在数字化时代，消费者的声音比以往任何时候都更容易被放大。一条在线评价、一个社交媒体上的点赞或转发，都可能成为影响潜在消费者购买决策的关键因素。因此，大学生应该关注消费者对企业的评价，从中了解企业的产品或服务质量、客户满意度以及品牌在消费者心中的地位。

社会责任履行情况是评判一个企业（组织）是否值得信赖的重要标志。在现代社会，企业的成功不再以盈利为唯一标准，而是越来越多地与其在环境保护、员工福利、社区参与等方面表现挂钩。了解企业在这些方面的情况，判断企业是否真正关心其利益相关者，是否具有可持续发展的长远视野。

媒体报道则是了解企业(组织)社会声誉和品牌形象的另一个窗口。媒体作为信息的传播者,往往能够捕捉到企业(组织)最新动态和社会舆论风向。通过关注媒体对企业(组织)的报道,大学生可以了解到企业(组织)在公众视野中的形象,以及企业处理危机公关、与媒体和公众沟通等方面的能力。

此外,企业(组织)的品牌形象也是观察企业时不可忽视的一部分。对企业而言,品牌形象不仅体现在企业的产品或服务上,更体现在企业的文化、使命和愿景上。一个具有较好品牌形象的企业,往往能够在激烈的市场竞争中脱颖而出,赢得消费者的忠诚和信赖。学生通过研究企业的品牌形象,可以更深入地理解企业的核心竞争力和市场定位。

(二)从内部了解企业(组织)

从企业(组织)内部来看,企业(组织)探索需要关注以下几个方面。

1. 企业(组织)文化与价值观

企业文化是以企业在长期生产经营过程中逐步形成与发展的、带有本企业特征的企业经营哲学,即价值观念和思维方式为核心所生成的外化的企业行为规范、道德准则、制度习惯等方面的有机总和。因此,了解一家企业从了解它的发展史和企业文化入手是一个很好的途径。很多企业的用人标准中很重要的一条就是支持、认同并且能够很快适应该企业的企业文化。企业文化可以分为企业精神文化、企业制度行为文化和企业形象物质文化三大层次。企业文化的核心是企业精神文化,即它的价值观念、思维方式。

组织文化包含四个层面——物质层面、制度层面、行为层面、精神层面,如图 5-3 所示。

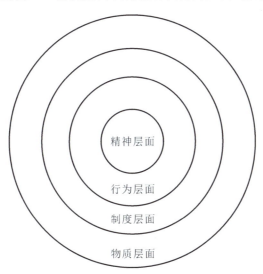

图 5-3 组织文化的四个层面

物质层面是组织文化的表层,包括设备、产品和生产环境,还有视觉形象、厂房外观、服装等。制度层面是组织文化的浅层,包括管理体制、规章制度、经营机制、奖惩办法及行为准则、道德规范等。行为层面是组织文化的中层,包括会议、活动、典礼仪式、领导风格、行为、语言及习惯等。精神层面是组织文化的核心层,包括组织愿景、经营理念、价值取向、标语口号等。精神层面的核心内容是组织的价值观,即组织内全体员工共同信奉的价值标准和基本信念,也可称作基本信仰。价值观是组织文化中最稳定的内容。

随着企业(组织)内外环境的改变,企业(组织)的竞争战略、具体经营理念和管理模式可能会发生变化,但其核心——企业精神文化和组织价值观不会轻易变化。比如宁波雅戈尔集团的"装点人生,服务社会",大连燃料总公司的"燃烧自己,温暖他人",既有行业特点,又有独特的文化底蕴。

2. 组织结构与管理模式

组织结构与管理模式是企业(组织)在运行过程中的重要组成部分,对其效率和发展起着关键作用。企业(组织)常见的组织结构与管理模式类型如表5-2所示。

组织结构是指一个组织内部各构成部分之间所确立的关系形式。它主要包括部门划分、层级关系和职权分配等。

表5-2 企业(组织)常见的组织结构与管理模式类型

类型	结构特点	管理模式	适用场景
直线型(见图5-4)	各种职务按垂直系统直线排列,各级主管对所属下级拥有直接的一切职权,组织中每一个人只能向一个直接上级报告	管理权力高度集中,决策迅速,指挥灵活。要求管理者具备多方面的管理知识和技能。该类型无法适应复杂多变的环境	通常适用于规模较小、业务单一的企业(组织)
职能型(见图5-5)	按职能来组织部门分工,把承担相同职能的管理业务人员组合在一起,设置相应的管理部门和管理职务	强调专业化分工,各职能部门专注于自身专业领域,工作效率得以提高。但部门之间沟通协调难度较大,容易出现各自为政的情况	适用于业务相对稳定、专业化程度较高的企业(组织)
直线职能型	以直线型结构为基础,在各级行政领导下,设置相应的职能部门。职能部门仅作为直线型主管的参谋,对下级机构进行业务指导,但不能对下级机构直接进行指挥和命令	既保证了统一指挥,又发挥了职能部门的专业管理作用。但职能部门之间的横向联系较差,信息传递路线较长	广泛应用于各类中型企业(组织)
事业部型	按产品、地区或市场等因素将企业(组织)划分为若干个相对独立的经营单位,即事业部。每个事业部都有自己的产品和特定的市场,实行独立核算、自负盈亏	各事业部自主经营,充分发挥其灵活性和主动性,有利于企业适应市场变化。但可能存在资源重复配置、事业部之间竞争激烈等问题	适用于规模较大、产品种类较多、市场分布较广的企业(组织)
矩阵型(见图5-6)	由纵、横两套管理系统组成,既有按职能划分的垂直领导系统,又有按项目(或产品)划分的横向领导系统。员工同时接受来自职能部门经理和项目小组经理的双重领导	资源共享,灵活性强,能够快速响应市场变化和客户需求。但管理复杂,沟通成本高,容易出现权力斗争	适用于项目型业务较多、市场变化快、需要跨部门协作的企业(组织)
网络型	只有很精干的中心机构,以契约关系的建立和维持为基础,依靠外部机构进行制造、销售	具有高度的灵活性和适应性,能够快速整合外部资源。但对外部合作机构的依赖度较高,管理难度较大	适用于新兴的高科技企业或虚拟企业(组织)
扁平型	管理层次少,管理幅度大,决策层与基层之间的中间管理层级较少	信息传递速度快,沟通效率高,能够激发员工的创造力和积极性。对管理者的素质要求较高,管理控制难度较大	适用于追求创新、快速响应市场变化的企业(组织)

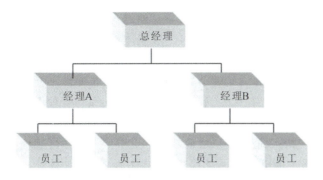

图 5-4　直线型组织结构与管理模式

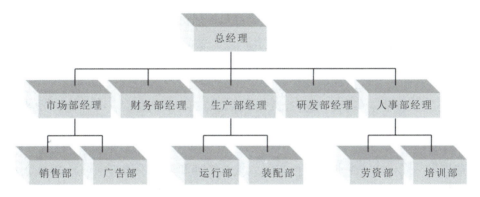

图 5-5　职能型组织结构与管理模式

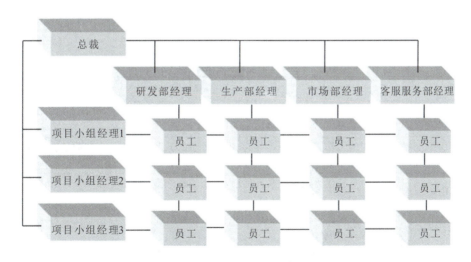

图 5-6　矩阵型组织结构与管理模式

3. 人力资源政策与职业发展路径

人力资源政策与职业发展路径是评估一个企业（组织）是否具有吸引力的重要指标，不仅揭示了企业（组织）对员工的重视程度，还直接关乎每位员工未来的职业成长和个人发展。

企业（组织）的人力资源政策包括招聘流程、员工福利、工作时长与休假安排等。一个有着公平、透明招聘流程的企业（组织），往往能够吸引更多优秀的人才；而员工福利的完善程度,则体现了企业(组织)对员工的关怀与尊重。通过观察这些政策,我们可以初步判断一个企业(组织)是否值得我们投入时间和精力。培训体系是观察企业(组织)的另一个重要维度。一套成熟的培训体系,不仅能够帮助新员工迅速融入企业、掌握必要的工作技能,还能够为员工的持续发展提供源源不断的动力。员工培训是企业出于开展业务及培育人才的需要,采用各种方式对员工进行有目的、有计划的培养和训练的管理活动,公开课、内部培训等均为常见的员工培训及企业(组织)培训方式。员工培训包括新员工培训和进入企业后的成长学习性培训。新员工培训是指为了促使新员工更快融入工作环境而进行的培训。通过岗位要求等的培训,新员工能够很快胜任岗位,提高工作效率,取得较好的工作业绩。通过了解企业(组织)对新员工的培训,我们可以大致判断该企业(组织)的员工培养体系是否完善、是否注重对人的培养、是否注重员工的发展等。

职业发展路径也是观察企业(组织)时不可忽视的因素。明确的职业发展路径,能够让员工清楚地知道自己在企业(组织)中的定位以及未来的发展方向。每个人都需要一个清晰的职业规划来指导自己的职业生涯。观察企业(组织)的职业发展路径,可以更好地了解自己的职业晋升空间以及所需付出的努力。

此外,还应关注企业(组织)在员工晋升和激励机制方面的情况。一个有着公平、透明晋升机制的企业(组织),能够激发员工的积极性和创造力;而合理的激励机制,则能够让员工在工作中保持热情和动力。

这些因素共同构成了企业(组织)在人力资源管理和职业发展方面的核心竞争力,也是吸引和留住优秀人才的关键所在。

4. 薪酬福利

薪酬福利是员工从企业(组织)获得的各种形式的回报,包括薪酬和福利两个部分,具体见表5-3。

表5-3 薪酬福利的组成

组成部分		具体内容
薪酬	基本工资	薪酬的主要组成部分,通常根据员工的岗位、工作经验、学历等因素确定,是员工稳定的收入来源,一般按月发放
	绩效工资	与员工的工作表现和业绩挂钩,旨在激励员工提高工作效率和质量。绩效工资的发放通常依据一定的考核标准
	奖金	作为对员工优秀表现的额外奖励,奖金的形式多样,可以是年终奖金、项目奖金、特殊贡献奖金等
	津贴	包括岗位津贴、交通补贴、住房补贴、用餐补贴等。岗位津贴是针对特定岗位的员工发放的额外报酬
福利		1. 社会保险:包括养老保险、医疗保险、失业保险、工伤保险和生育保险。 2. 住房公积金:由单位和员工共同缴纳。 3. 休假制度:如年假、病假、婚假、产假、陪产假等。不同国家和地区对休假的规定有所不同,企业(组织)也会根据自身情况制定具体的休假政策。 4. 员工培训与发展:包括内部培训、外部培训、职业规划指导等。 5. 健康福利:如组织定期体检、提供健身设施、补充医疗保险等。 6. 员工活动与关怀:如团队建设活动、节日礼品、生日福利等。 7. 股权激励:对于一些核心员工或高级管理人员,企业(组织)可能会给予股权激励,让员工成为企业(组织)的股东,分享企业(组织)的发展成果

三、企业(组织)职业发展通道

(一)什么是职业发展通道

职业发展通道是指一个员工在企业(组织)内部的职业发展和晋升的路径,它明确了员工未来的发展方向和晋升节奏,并通过晋升标准引导员工发展,使员工的发展与企业(组织)的发展需求保持一致。职业发展通道的设定对员工和企业(组织)都具有重要意义:对企业(组织)来说,可以让企业(组织)更加了解员工的潜能;对员工来说,可以让员工更加专注于自身未来的发展方向并为之努力。

(二)常见的职业发展通道

职业发展通道按通道数量可分为单通道、双通道(见图 5-7、图 5-8)、多通道三类;按职业性质又可分为管理型、技术型、技能型三类。

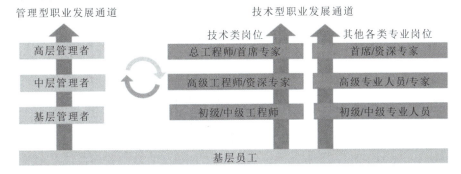

图 5-7 双通道 1

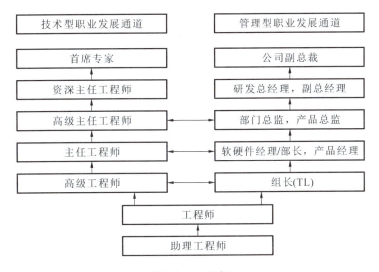

图 5-8 双通道 2

(三)如何将自己的特点与职业发展通道相匹配

将自己的特点与职业发展通道相匹配可采取四步法:

第一步,尝试找到兴趣点。可以从现在的专业中找到与自己所喜欢的职业相通的点,用这样的方式调节自己的心态,寻求正确的学习方法或者进入自己喜欢的领域的方法。从这个方面来调整,看看自己会不会有一些积极的变化。

第二步,试试从自己最擅长的方面去做。一般而言,在我们刚开始做一件事的时候,如果有来自别人的肯定,我们的自信心会增加,而自信心的增加在很大的程度上会提升我们对这件事的喜爱程度,因为很多时候成就感和认同感会增强兴趣。

第三步,找到一个合适的指引者或者同伴。一个能点拨你、指导你的人,清楚地了解你的需求,无论是心理上的还是实际的需求,都会给予你极大的帮助。

第四步,积极行动,尽快执行。要给予自己充分的时间,在做出决定前不断地去寻求专业意见,而一旦做出决策,就要尽快执行。

想一想

1.选择一个行业,分析该行业内企业(组织)类型的分布情况。

2.分析企业(组织)中常见的职业发展通道,并讨论这些通道对员工个人和企业(组织)发展的意义。

3.论述不同的企业(组织)探索方法的优缺点。

第三节 职业探索

职业探索就是对自己喜欢或要从事的职业进行理论分析和实际调研的过程,目的是对目标职业进行充分的了解,探索职业的可能性,并在明确了自身与意向职业要求的差距中制订求职策略,从而有效地规划大学生活。

一、职业的相关概念

(一)职业的定义

职业是参与社会分工,利用专门的知识和技能,为社会创造物质财富和精神财富,获取合理报酬作为物质生活来源,并满足精神需求的工作。职业建立在一技之长的基础上,是需要专门技能的工作。

路径多元:
《清明上河图》
古韵悠悠话职业

职业的定义可以从多个维度来理解,包括经济维度、社会维度、个人维度和发展维度。

(1)经济维度:职业是劳动者获得生活来源、谋取生计、满足物质生活和精神生活需要的经济活动。这是职业最基础也是最直接的功能,即作为个体生存和发展的经济基础。

(2)社会维度:职业是社会分工的产物,是劳动者承担社会义务和责任、履行社会角色的一种社会活动。通过职业,个人能够参与社会生产和服务,为社会做出贡献,并实现个人的社会价值。

(3)个人维度:职业是个体兴趣、能力和价值观等个性特征的体现和延伸。不同的人会选择不同的职业,这往往反映了他们的个性特点和职业倾向。同时,职业也为个体提供了展现自我、发展个性和实现自我价值的平台。

(4)发展维度:职业是随着社会发展而不断变化的。随着科技的进步、产业结构的调整和市场需求的变化,新的职业不断涌现,旧的职业可能逐渐消失或转型。因此,职业也具有动态性和发展性。

综上所述,职业是一个综合性的概念,它涉及经济、社会、个人和发展等多个方面。对于个人而言,选择合适的职业是实现个人价值和社会价值的重要途径;对于社会而言,合理的职业分工和流动则是促进经济发展和社会进步的重要基础。

职业是个人生活和社会发展的重要组成部分,它涉及个人能力的发挥、职位要求的满足以及从工作中获得的物质和精神回报,它不仅关系到个人的生计和幸福感,也关系到组织的效率和社会的发展。对职业的理解如图5-9所示。

图5-9 对职业的理解

1. 个人能力与职业职位要求的匹配

职业成功在很大程度上取决于个人能力与职位要求的匹配程度。当个人的专业技能、知识和经验与其职位的职责相符合时,其更有可能在工作中脱颖而出,这种匹配可以提高工作效率,促进职业发展,并带来更高的组织满意度。

组织满意度反映了个人对于工作环境、同事关系和管理风格等的感受。一个能够充分发挥个人潜力的职位通常会增强个人的自信心和忠诚度,从而提高对组织的满意度和工作投入。

2. 个人需求与职业职位回馈的契合

职业幸福不仅取决于职位本身,还取决于工作所提供的物质和精神回报是否满足个人的需求和期望。物质回报包括薪资、福利和其他工作条件,而精神回报则涉及成就感、认可、工作的意义以及个人成长和发展的机会。

个人满意度是指个人对工作的整体感受,包括对工作内容、工作环境、职业发展前景的满意程度。当职位能够提供与个人价值观和生活目标相一致的奖励时,个人更有可能体会到职业幸福。

个人与职业之间的关系是动态的,需要双方的不断努力和调整。个人需要不断提升自己的能力和技能,以适应职位的变化和组织的发展。同时,组织也需要关注员工的需求和发展,提供适当的支持和机会,以促进员工的满意度和幸福感的提升。

总之,职业不仅仅是一份工作,它是个人实现自我价值、追求幸福和满足感的途径,也是组织和社会发展的基石。

(二)职业的分类

职业是人类劳动过程中分工现象的体现,既体现了劳动力与劳动资料的集合关系,也反映了劳动者之间的关系。这种在劳动过程中形成的人与人之间的关系具有明显的社会性,人与人之间的劳动交换既体现了不同职业之间的等价关系,也彰显了职业活动的社会性。随着经济生活的变迁,过去的许多技术和手艺逐渐失去市场需求,处于这些行业的人纷纷另寻出路。职业的变化深刻反映了一个国家经济社会的发展与进步。社会变迁促使人们的需求不断提升,而提升后的需求催生了更为细化的专业服务,进而推动了一个又一个新职业的诞生。

职业分类是依照特定规则、标准和方法,根据职业的性质与特点,将具有相同或相似的一般特征与本质特征的社会职业进行分类,并统一归纳至一定的类别系统之中。

我国在1999年颁布了第一部《中华人民共和国职业分类大典》。2021年4月,人力资源社会保障部会同国家市场监督管理总局、国家统计局启动了《中华人民共和国职业分类大典》的修订工作,2022年版《中华人民共和国职业分类大典》于2022年9月28日正式公布。新版大典的一大亮点是首次标注了数字职业(标注为S),共标注数字职业97个;同时标注绿色职业133个(标注为L)。其中,既是绿色职业又是数字职业的有23个(标注为L/S)。《中华人民共和国职业分类大典(2022年版)》将我国职业划分为8个大类、79个中类、449个小类以及1636个细类(职业)。

我国职业的8个大类分别是:

第一大类:党的机关、国家机关、群众团体和社会组织、企事业单位负责人。

第二大类:专业技术人员。

第三大类:办事人员和有关人员。

第四大类:社会生产服务和生活服务人员。

第五大类:农、林、牧、渔业生产及辅助人员。

第六大类:生产制造及有关人员。

第七大类:军队人员。

第八大类:不便分类的其他从业人员。

(三)新职业

随着国家经济社会的快速发展、科技的不断进步以及产业结构的调整升级,新产业、新业态、新模式持续涌现,新职业也随之不断产生并发展壮大。为此,我国自2004年起建立新职业信息发布制度,以实现职业分类机制的动态调整。2024年,人力资源社会保障部会同国家市场监督管理总局、国家统计局对《中华人民共和国职业分类大典》中未收录,但在社会经济发展中已有一定规模从业人员,且具有相对独立成熟的专业和技能要求的职业进行梳理,向社会正式发布了19个新职业:生物工程技术人员、口腔卫生技师、网络安全等级保护测评师、云网智能运维员、生成式人工智能系统应用员、工业互联网运维员、智能网联汽车测试员、有色金属现货交易员、用户增长运营师、会展搭建师、文创产品策划运营师、储能电站运维管理员、电能质量管理员、版权经纪人、网络主播、滑雪巡救员、氢基直接还原炼铁工、智能制造系统运维员、智能网联汽车装调运维员。

二、职业能力结构

职业能力是指个人在特定职业领域中所具备的能够胜任工作任务、实现职业目标的综合能力。它涵盖了多个方面,对于个人在职业生涯中的发展起着至关重要的作用。

(一)专业知识与技能

专业知识是职业能力的基础,包括特定领域的理论、原理、方法和技术等方面的知识。

专业技能是将专业知识应用于实际工作中的能力,如操作技能、实践能力等。专业技能的提升通常需要大量实践和反复练习,同时也可以通过参加专业培训和技能竞赛等活动来实现。

(二)通用能力

1. 沟通能力

沟通能力包括口头表达和书面表达能力,是指能够清晰、准确地传达信息,与他人进行有效的沟通和交流。在职场上,良好的沟通能力可以帮助人们更好地与同事、上级、客户等进行合作,提高工作效率和质量。

2. 团队协作能力

团队协作能力是指能够与团队成员相互配合、共同完成工作任务。在团队中,具备团队协作能力的人能够尊重他人的意见和建议,积极参与团队讨论和决策,为团队的成功贡献自己的力量。

3. 问题解决能力

问题解决能力是指能够识别问题、分析问题产生的原因,并提出有效的解决方案。在职场上,问题解决能力是应对各种挑战和困难的关键能力,它可以帮助人们快速有效地解决工作中出现的问题,提高工作效率。

4. 学习能力

学习能力是指主动学习和不断更新知识的能力。在快速变化的职业环境中,学习能力强的人能够及时掌握新的知识和技能,适应职业发展的需求。

5. 时间管理能力

时间管理能力是指能够合理安排时间,有效地完成工作任务。良好的时间管理能力可以帮助人们提高工作效率,避免拖延和时间浪费。

6. 适应能力

适应能力是指能够快速适应新的工作环境和工作要求。在职场上,适应能力强的人能够更好地应对职业变化和挑战,保持职业竞争力。

7. 创新能力

创新能力是指具有创新思维和创新精神,能够提出新的想法和解决方案。在一些创新型职业中,创新是至关重要的能力要素。

(三)个人特质与态度

1. 责任心

责任心是指对工作认真负责,勇于承担责任。在职场上,责任心强的人能够保证工作质量,按时完成工作任务,为企业和客户创造价值。

2. 敬业精神

敬业精神是指热爱自己的职业和岗位,对工作充满热情、积极投入。敬业精神可以激发人们的工作动力,提高工作满意度,促进职业发展。

(四)职业素养

1. 职业道德

职业道德是指遵守职业规范和道德准则,诚实守信、保守机密、廉洁奉公等。职业道德是职业能力的重要组成部分,它关系到个人的职业形象和声誉,也关系到整个职业领域的形象和发展。

2. 职业礼仪

职业礼仪规范了人们在职业场合中的言行举止、着装打扮等方面的行为。良好的职业礼仪可以展现个人的职业素养和形象,有助于建立良好的人际关系和职业声誉。

3. 职业安全意识

职业安全意识旨在强调人们在工作中要注意保护自己和他人的生命财产安全。在一些高风险职业中,职业安全意识尤为重要。

总之,职业能力是一个综合性的概念,它包括专业知识与技能、通用能力、个人特质与态度以及职业素养等多个方面。大学生通过不断学习和实践,提升自己的职业能力,可以更好地适应职业发展的需求,实现个人的职业目标。

三、提升职业能力的途径与方法

(一)专业知识与技能

专业知识可以通过正规的教育、培训、自学以及实践经验的积累等方式获取。

专业技能通常需要通过大量实践和反复练习来强化,同时也可以通过参加专业培训和技能竞赛等活动来不断提高。

1. 课程学习

① 深入理解课程内容:以理解背后的原理、理论框架和实际应用为主,而不仅仅是记忆知识点。

② 互动参与:积极向老师提问,与同学进行交流,在互动中加深理解,发现自身不足。

③ 利用在线资源:充分利用网络学习资源,如在线课程、学术论文、行业报告等,不断更新专业知识。

2. 实习实践

① 寻找实习机会:通过学校就业中心、招聘网站或社交媒体平台寻找实习机会,以了解行业、锻炼专业技能、建立职业关系网络。

② 积累实际项目经验:在实习过程中,参与实际工作项目,将理论知识与实践相结合,提升专业技能。

③ 建立职业关系:在实习过程中与同事和上级建立良好关系,为未来职业发展奠定基础。

3. 学术研究

① 培养批判性思维:具备独立思考、分析数据并得出结论的能力。

② 参加学术竞赛:参加学术竞赛,检验研究成果,与同行建立联系。

③ 参与科研项目:加入研究团队或参与学校科研项目,提升研究能力,争取发表论文机会。

4. 跨学科学习

① 探索不同学科:选择跨学科课程,拓宽视野。

② 培养多元化思维：从不同学科角度看待问题,提出创意解决方案。

(二)通用能力

1. 沟通能力

① 参加演讲培训和口才训练课程,提高口头表达能力。学习如何组织思路、清晰表达观点,并学会运用恰当的口头语言和肢体语言。

② 参与辩论：通过参与辩论来锻炼逻辑思维能力,清晰表达观点,迅速捕捉并反驳对方逻辑漏洞。

③ 写作练习：撰写学术论文、报告或博客文章等,提升逻辑思维和分析能力；注意语法、字词和格式规范,提高写作的准确性和清晰度。

④ 积极参与团队讨论和会议,学会倾听他人的意见和建议,表达自己的观点,并与他人进行有效的沟通和协作。

2. 团队协作能力

① 加入团队项目和活动,与不同背景的人合作。在团队中,学会尊重他人的意见和贡献,积极参与团队讨论和决策,共同完成团队目标。

② 学习团队协作的技巧和方法,如分工合作、协调沟通、解决冲突等。提高团队合作的效率和质量。

③ 参加团队建设活动,增强团队凝聚力和合作意识。

3. 问题解决能力

① 学习问题解决的方法和技巧,如分析问题、提出假设、验证解决方案等,可以通过阅读相关的书籍和文章、参加问题解决培训课程等方式进行学习。

② 多角度思考：面对问题时,从多个角度思考,寻找更高效的解决方案。

③ 积极面对工作和生活中的问题,尝试自己解决问题。在解决问题的过程中,不断总结经验教训,提高问题解决的能力。

④ 主动寻找问题：发现身边问题,寻求解决方案。

4. 学习能力

培养主动学习的习惯,不断寻求新的知识和技能。可以设定学习目标,制订学习计划,并定期进行自我评估和反思。学会快速学习的方法,如快速阅读、绘制思维导图、总结归纳等。提高学习的效率和质量。建立学习网络,与同行专家和学者交流学习经验和心得。参加学习社群和论坛,分享学习资源和成果,与他人共同进步。

5. 时间管理能力

① 学习时间管理的方法和技巧,如制订计划、设置优先级、避免拖延等。可以使用时间管理工具,如日历、待办事项列表等,帮助自己合理安排时间。

② 养成良好的时间管理习惯,如按时完成任务、避免浪费时间、合理分配时间等,提高工作效率和质量。

③ 定期进行时间管理的自我评估和反思,找出自己在时间管理方面的不足之处,并及时进行调整和改进。

6. 适应能力

① 保持开放的心态,积极面对职业变化和挑战。学会适应新的工作环境和工作要求,

不断调整自己的心态和行为方式。

② 培养自己的应变能力,在面对突发情况和问题时,能够迅速做出反应,采取有效的措施解决问题。

③ 不断学习和提升自己的能力,增强自己的竞争力和适应能力。学习新的知识和技能,拓宽自己的职业发展道路。

7. 创新能力

① 培养创新思维:关注行业趋势,了解行业发展动态,发现创新机会。

② 学习创新方法:学习设计思维、敏捷开发等创新方法,提高创新能力。

③ 积极参与创新活动和项目,与他人一起合作创新。在创新过程中,不断尝试新的方法和技术,提高创新的效率和质量。

(三)个人特质与态度

1. 责任心

① 树立正确的职业观和价值观,认识到自己的工作对他人和社会的重要性。增强责任感和使命感,认真对待每一项工作任务。

② 主动承担工作责任,积极完成工作任务。在工作中,不推诿、不逃避责任,勇于面对挑战和困难。

③ 对工作结果负责,注重工作质量和效率。努力提高自己的工作能力,确保工作任务的顺利完成。

2. 敬业精神

① 热爱自己的职业,对工作充满热情。将工作视为自己的事业,不断追求卓越和进步。

② 树立正确的工作态度,认真对待每一个工作细节。注重工作质量和效率,不断提高自己的工作能力。

③ 积极主动地学习和掌握新的知识和技能,适应职业发展的需求,不断提升自己的竞争力和创新能力。

(四)职业素养

1. 职业道德

学习职业道德规范和准则,了解职业行为的基本要求和标准。遵守职业道德规范,诚实守信、保守机密、廉洁奉公等。

树立正确的职业道德观念,认识到职业道德的重要性。将职业道德作为自己的行为准则,在工作中自觉遵守职业道德规范。

接受职业道德教育和培训,提高职业道德意识和水平。

2. 职业礼仪

学习职业礼仪知识,了解职业场合的基本礼仪规范和要求。

注重自己的形象和仪表,穿着得体、整洁大方。在职业场合中,注意言行举止的文明和礼貌,展现良好的职业形象。

参加职业礼仪培训和实践活动,提高职业礼仪的实际应用能力。模拟职业情境,练习职业礼仪,掌握职业礼仪的规范和要求。

3. 职业安全意识

学习职业安全知识,了解职业场所的安全风险和防范措施。遵守职业安全规范,正确使用劳动保护用品,确保自己和他人的生命财产安全。

树立正确的职业安全观念,认识到职业安全的重要性。将职业安全作为自己的工作职责之一,自觉遵守职业安全规范。

参加职业安全培训和演练活动,提高对职业安全问题的应急处理能力。模拟职业安全事故,练习应急处理的方法和技巧。

四、职业探索 PLACE 2 方法

PLACE 2 方法是一种全面的职业探索框架,它涵盖了职位信息、工作环境、发展空间、待遇安排、任职要求(或他人经验)等多个维度,以下是每个维度的具体含义和作用。

(1) 职位信息(position):工作职责内容、工作强度以及具体任务等。

(2) 工作环境(location):公司所在的地理位置、工作场景(室内/外)、安全性等。

(3) 发展空间(advancement):工作稳定性、晋升渠道和职业前景等。

(4) 待遇安排(condition of employment):薪酬、进修机会、其他福利等。

(5) 任职要求(entry requirement)或他人经验(experience):学历、经验、职业资质及职业伦理等;过来人的经验、教训,给新人的建议等。

基于 PLACE 2 这个职业探索框架,你可以思考并根据自身情况确定探索重点。例如:

(1) 该职业在社会中有哪些具体职位?

(2) 这些职位的经常性任务和责任、工作的完成效果是什么?

(3) 这些职位的具体工作环境是怎样的(包括工作的地理区域和环境状况、室内或室外的工作场景、工作地点的变化性和安全性等)?

(4) 有哪些知名企业设有这些职位?其企业文化有哪些特性?这些企业更看重哪类人?

(5) 该工作未来的职业发展有哪些方向(升迁机会、工作稳定性等)?

(6) 该职业的薪资水平、福利、工作时长等有何特征?

(7) 该职业要求怎样的教育和培训经历?

(8) 哪些你认识的人正在从事这个工作?他们的建议是什么?

第四节 专业探索

专业探索对于职业选择至关重要,应系统全面,为职业选择提供有力支撑。专业探索内容包括专业定位、核心课程、培养目标、课程体系、教学管理过程、毕业去向、行业需求等。这些信息有助于我们了解专业在职业领域的价值潜力,为职业定位和决策提供依据。专业探索目的是结合自身兴趣与专业优势,找到合适的职业道路,实现个人价值与职业成就的最大化。

一、大学专业与职业适配关系

案例

小华,某高校预防医学专业学生,被录取之前对专业完全不了解,被录取之后上网查询,

以为与这个专业对口的工作就是打预防针,还没入学就开始焦虑。入学后,经过学院的专业导论课学习、与学姐学长的交流,他走出了对专业的理解误区,开始对专业产生兴趣,了解了"上医治未病",立志成为一名预防医学专家。

高考后填报志愿时,许多人按照他人意愿填报专业,或因缺少了解随意填报,入学后发现专业和自己想象的不同,极易对专业未来发展路径产生困惑。现实中,有着这样困惑的大学生大量存在。从专业选择角度,部分大学生不能有效统一自己和重要他人的观点。大学生选专业有以下几种状态:当选择的专业同时符合家人和自身的理想时,则为理想状态;当选择的专业是家人热衷但自身不喜欢的时,则自身会不适应或者感到纠结;当选择的专业是家人不喜欢的但自身热衷时,则可能面临家人的不理解;当被录取到家人和自己都不喜欢的专业时,则会懊悔不已。从专业学习角度,部分大学生不能充分理解培养计划的设定,比如医学非临床专业学生可能会误认为不用学习公共通识课程和临床课程等。从专业就业出口角度,大学生也可能误解毕业后能够从事的职业类别,比如临床医学专业的学生误认为只能做医生,预防医学专业的学生误认为只能打预防针,金融学专业的学生误认为只能成为理财顾问,等等。

由于缺乏正确的专业认知,大学生可能进入专业学习误区,导致专业知识技能掌握得不够扎实,甚至直接影响未来职业选择以及生涯发展。要解决这类困惑,我们需要多途径充分认知专业,培养专业兴趣,走出专业误区,看到专业发展的多种可能性。

(一)学科、专业与产业的定义

学科是相对独立的知识体系,学科群是具有某一共同属性的一组学科。《学科分类与代码》(GB/T 13745—2009)中共设 62 个一级学科(或学科群)(见表 5-4)、676 个二级学科(或学科群)、2382 个三级学科。

表 5-4　一级学科(或学科群)目录

门类	一级学科(或学科群)
自然科学	110 数学、120 信息科学与系统科学、130 力学、140 物理学、150 化学、160 天文学、170 地球科学、180 生物学、190 心理学
农业科学	210 农学,220 林学,230 畜牧、兽医科学,240 水产学
医药科学	310 基础医学、320 临床医学、330 预防医学与公共卫生学、340 军事医学与特种医学、350 药学、360 中医学与中药学
工程与技术科学	410 工程与技术科学基础学科、413 信息与系统科学相关工程与技术、416 自然科学相关工程与技术、420 测绘科学技术、430 材料科学、440 矿山工程技术、450 冶金工程技术、460 机械工程、470 动力与电气工程、480 能源科学技术、490 核科学技术
	510 电子与通信技术,520 计算机科学技术,530 化学工程,535 产品应用相关工程与技术,540 纺织科学技术,550 食品科学技术,560 土木建筑工程,570 水利工程,580 交通运输工程,590 航空、航天科学技术
	610 环境科学技术及资源科学技术、620 安全科学技术、630 管理学
人文与社会科学	710 马克思主义、720 哲学、730 宗教学、740 语言学、750 文学、760 艺术学、770 历史学、780 考古学、790 经济学
	810 政治学,820 法学,830 军事学,840 社会学,850 民族学与文化学,860 新闻学与传播学,870 图书馆、情报与文献学,880 教育学,890 体育科学
	910 统计学

专业是学校根据社会分工、经济和社会发展需要以及学科的发展和分类状况而划分的学业门类。以计算机科学与技术专业为例，其对应计算机科学技术一级学科，下设有计算机系统结构、计算机软件、计算机应用、人工智能等七个二级学科，依据社会、行业发展需要进一步学习计算机软件与理论、软件工程、数据科学与大数据技术、智能科学与技术等多门课程，如图5-10所示。

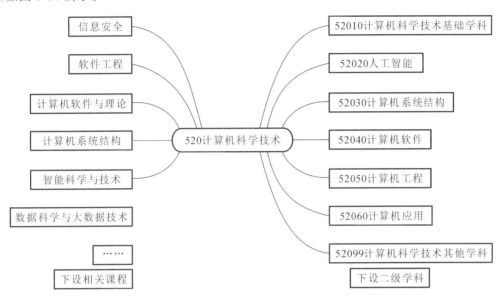

图 5-10　计算机相关学科及专业划分

(二) 学科、专业与产业的关系

学科、专业和产业三者关系紧密，相互影响、相互促进（见图5-11），共同构建了现代高等教育和职业发展的框架。

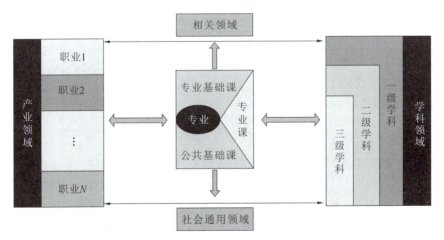

图 5-11　学科、专业与产业三者之间的关系

（1）学科是专业的基础，专业是对学科的选择与组织。一个专业一般在系列的学科中选择一至三个学科作为专业的主干学科，此外，还会对系列学科进行多学科选择与组织。同

样以计算机科学与技术专业为例,其往往在包含计算机科学技术学科的同时,还涵盖数学、信息与系统科学相关工程与技术、动力与电气工程等多个学科的内容。

(2)专业与产业之间紧密对接是高等教育的一项重要任务。产业对某类专业人才产生需求,而后高校开始设置相关专业。专业的培养目标和课程体系制定常重点考虑要符合产业对人才的需求,以满足社会和经济发展的要求。因此,高校专业发展通常会紧跟产业的发展步伐,尽量与其缩小差距。

(3)学科来源于产业,又反过来指导产业的发展。产业的需求和挑战促进了学科的发展和创新,而学科又通过知识创新、人才培养和技术转移等方面支持和推动产业的发展。

(三)专业与职业的关系

我们不仅应看到专业发展的多种可能性,还要厘清专业与职业的关系,从而深入探索专业与职业相结合的多种可能性,拓展自身的职业选择范围。

本科专业课程模块与职业适应关系模型(见图 5-12)显示:一个专业通常包含系列公共基础课程、专业基础课程以及专业课程。公共基础课程锻炼的是学生的通识能力,是所有行业职业都需要的;专业基础课程锻炼的是学生在某些特定行业领域的能力,让学生可以胜任部分行业职业;而专业课程则包含专业理论课程和产品(服务)生产制造课程,锻炼的是学生的技术能力和生产能力,让学生可以胜任相关行业职业以及对口行业职业。这意味着,所有专业的就业渠道并不唯一,如医学专业学生凭借通识能力可以从事销售、记者、作家等职业,凭借领域能力可以从事所有医学相关行业,凭借生产能力和技术能力可以成为医疗技术过硬的医生或者药剂师专家等。

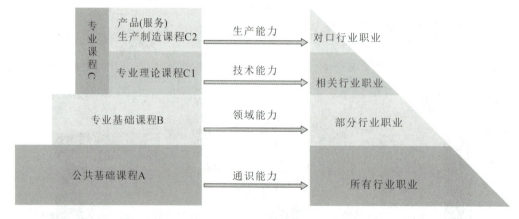

图 5-12 本科专业课程模块与职业适应关系模型

我们针对专业课程,讨论其与职业之间的关系,得到专业课程与职业适应模型(见图 5-13):不同的专业课程可对应不同的职业,如专业理论课程可以让学生胜任专业对应行业的职业、相关研究类职业、相关应用类职业以及创业类职业,而在不同类型的职业中,又有各类不同的岗位。这也意味着,某专业的毕业生可以从事的岗位是多样的。以英语专业为例,想从事专业对应行业的职业时,可做翻译,亦可成为外贸公司外贸员乃至管理层;想从事相关研究类职业时,可以担任外语教师,或成为高校、研究所研究人员;想从事相关应用类职业时,可以考虑公务员岗位或报考选调生等;想创业时,则可从事技术相关创业(如教培)或非技术相关创业(如创办互联网公司等)。

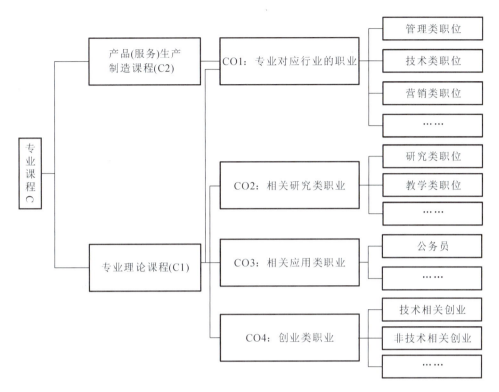

图 5-13 专业课程与职业适应模型

二、大学专业认知主要维度

> **案例**

小林,某财经大学学生,受父母均从事律师行业的影响,在填报专业志愿时选择了法律专业,希望将来毕业后也从事相关行业的工作,却被录取到英语专业,为此他非常苦恼。为了解决这个问题、获得帮助,小林专门进行了生涯发展咨询。在与咨询师深入探讨自己的专业发展路径后,他突然发现专业与职业结合的多种可能,顿时打开了发展视野和思路,豁然开朗。在咨询师的指导下,小林对自己当前所学的英语专业进行了全面的探索,找到了其与自己意向的法律专业的结合点,制订了本科辅修法学双学位并在研究生阶段申请外国法学硕士的计划,充分结合兴趣发挥自身的优势。随后,经过认真准备,小林成功申请辅修某高校的法学专业,作为其第二学位。本科毕业后,小林凭借其在英语和法律两个学位上的优异表现,成功通过了留学申请,前往美国继续攻读法律专业学位。

大学学习中,面临专业与兴趣、性格不相符等问题的"小林们"屡见不鲜。为在一定程度上解决这一问题,当前大部分高校实施了诸如大类招生、转专业、辅修双学位等政策,为学生提供了丰富的资源和途径,帮助学生更好地规划个人学习和发展的路径,实现人生目标。那如果所在学校、专业没有相应的资源和途径,或者自身达不到对应标准,我们该怎么办呢?这个时候我们就需要对自身当前所在的专业进行深入细致的探索了解,形成正确且多维度的专业认识,通过深挖专业培养目标、教学计划、发展前景等内容,全方位了解专业构成,在其中找到当前专业和自身兴趣两者能够互相契合的领域,以其为自己大学期间发展进步的目标,制订完善大学期间的发展规划。

(一)关键维度1:专业定位

专业定位是以学院办学定位为参照,结合社会需要、学院发展规划,为专业发展确定方向、目标、任务等而进行的一系列前瞻性战略构想和规划活动。专业定位服从于办学定位,二者均体现特色。

深入探索专业时,大学生首先可以了解所在专业的定位,包括专业所在学科领域、专业性质及领域、专业特色等。

了解专业所在学科领域,需要明确其在学科体系中的位置,从而更深入地理解所学专业的学术基础和学科内涵。

了解专业性质及领域,需要明确所选专业属于技术型、理论型、管理型还是实践型,明确所在专业涉及的具体领域和应用方向,从而明确其核心任务和应用场景、所要培养的核心素养和能力,为将来的学习和职业发展做好准备。

了解专业特色,则需要了解所在专业相较于其他相关专业的差异化竞争优势,有助于理解所学专业的特点和价值,为个人的学习和职业发展选择合适的方向和领域。

以当前热门专业人工智能(artificial intelligence,AI)为例,它是研究、开发用于模拟、延伸和扩展人的智能的理论、方法、技术及应用系统的一门新的技术科学。人工智能是计算机科学技术学科的一个分支,它企图了解智能的实质,并生产出一种新的能以与人类智能相似的方式做出反应的智能机器,该领域的研究包括机器人、语言识别、图像识别、自然语言处理和专家系统等。人工智能专业旨在探索实践适合中国高等人工智能人才培养的教学内容和教学方法,培养中国人工智能产业的应用型人才。

(二)关键维度2:培养目标

培养目标是指依据国家的教育方针和各级各类学校的性质、任务提出的具体培养要求。

深入探索专业时,大学生需要全面了解专业培养目标,包括专业人才培养所要达到的知识、素质和能力的要求,与其他专业人才培养目标的异同等,从而以终为始,早规划早成长,培养自身适应国家发展和产业进步需求和挑战的能力。

专业培养目标由特定社会领域和特定社会层次的需要所决定,也随着受教育对象所处的学校类型、级别而变化。各级各类学校为培养社会需要的合格人才、完成各自的任务,培养目标均有一定的差异,但亦有一些共同点。总体而言,专业培养目标通常包括六个方面(见表5-5),而不同学历层次的专业培养目标通常会有所不同(见表5-6)。

表5-5 专业培养目标的六个方面

序号	专业培养目标	具体内容
1	学科知识掌握	全面掌握所选专业领域的核心学科知识,具备深入理解和应用学科知识的能力,能够运用所学知识解决实际问题
2	技术和专业能力	具备所选专业领域所需的技术和专业能力,包括掌握相关工具和技术、具备实际操作能力和实践经验、能够运用专业理论和方法解决实际问题等

续表

序号	专业培养目标	具体内容
3	创新思维和问题解决能力	能够独立思考、提出新颖的观点和解决方案,具备分析问题、收集信息、评估选项、做出决策和解决复杂问题的能力
4	团队合作和沟通能力	具备良好的团队合作和沟通能力,能够有效地与他人合作、协调工作、解决冲突,并有效地与不同背景、持不同观点的人进行沟通和交流
5	跨学科和终身学习能力	能够整合不同学科领域的知识和方法,应对复杂多变的问题,具备终身学习的意识和能力,能够不断更新知识、适应新兴技术和行业发展
6	社会责任和职业道德	了解专业领域的伦理要求,能够在职业实践中遵循行业规范和道德准则

表 5-6 不同学历层次的专业培养目标

学历层次	专业培养目标
专科生	培养生产、管理、服务一线需要的高素质技术技能型人才
本科生	较好地掌握本专业的基础理论、专业知识和基本技能,具有从事本专业工作的能力和初步的科学研究能力
硕士研究生	掌握本专业坚实的理论基础和系统的专门知识,具有从事科学研究和独立担负专门技术工作的能力
博士研究生	掌握本学科坚实宽广的理论基础和系统深入的专门知识,具有独立从事科学研究的能力,能在科学或专门技术上做出创造性成果

(三)关键维度 3:课程体系

课程体系是将同一专业不同课程门类按照门类顺序排列而形成的教学内容和进程的总和,课程门类排列顺序决定了学生通过学习将获得怎样的知识结构。课程体系是育人活动的指导思想和培养目标的具体化和依托,它规定了培养目标实施的规划方案。

深入探索专业时,大学生需要了解所在专业的课程体系,包括特定的课程观、课程目标、课程内容、课程结构和课程活动方式等,从而知悉学校会教什么、实践什么,或者说知悉学校不会教什么、实践什么,有意识、有组织、科学地做好课内、课外学业规划,为达到专业毕业条件而努力。

不同专业的课程体系有所不同,但总体目标均是为学生提供全面、系统、有层次的专业学习体验,如前所述,通常包含公共基础课程、专业基础课程和专业(核心)课程三个方面。其中,公共基础课程是与所选专业相关但跨学科的课程,包括通识教育课程、人文科学课程、社会科学课程等,帮助学生全面发展,并为将来的职业发展提供更广泛的支持;专业基础课程是专业学习的起点,包括专业导论、基础科学课程、核心理论课程等,为学生提供所选专业领域的核心概念、理论基础和基本原理,帮助学生建立专业知识的整体框架,形成基础理解;专业(核心)课程是学生在所选专业领域深入学习的核心内容,涵盖了专业领域的各个方面,如专业核心知识、专业技能培养、专业实践和专业案例分析等,帮助学生掌握专业的核心理论、方法和实践技能。

(四)关键维度4:教学管理

教学管理是指管理者通过一定的管理手段,使教学活动达到学校既定的人才培养目标。

深入探索专业时,大学生还需要了解所在专业的教学管理模式,包含课程安排、教学资源配置、教学管理政策等方面,从而更好地利用学校提供的学习平台等资源,为大学四年期间各阶段的发展制订规划。

(1)了解课程安排:可以深入了解专业课程的整体安排和时间分配,明确不同年级不同阶段要接触的课程内容,对不同阶段将要面临的学业压力形成一定的认知,进而制订学习策略,保证自己能够按时完成学业任务。

(2)了解教学资源配置:知悉学校为学生提供的学习指导和学术支持机制,学校最新的教室设备、实验设备、信息技术、实习实践资源等。各专业均有自己的专业实习任务,如医学生需要进行护理见习、临床实习、预防实习等实践环节。部分学校给学生设置了专门的自习室,或面向本科生开放科研资源等。

(3)了解教学管理政策:转专业政策、辅修双学位政策等均是教学管理的重要部分,深入了解这些政策可以避免走弯路。

通过了解教学管理上的各项安排,大学生可以有效地对学校提供的各项资源、设施、政策等进行整合,形成符合自身需求的发展规划。同时,可以进一步结合教学安排,有策略地安排课外补充学习的节奏。比如在学业压力较小的阶段,有出国留学计划的大学生可以集中准备外语的学习,有创业计划的大学生可以集中筹备项目和团队,有求职计划的大学生可以集中提升职业技能,等等。

(五)关键维度5:毕业去向

毕业去向是专业的出口,内容包括未来的工作环境、发展机会和职业轨迹等。

深入探索专业时,大学生需要尽早了解所在专业的毕业去向,从而尽早确定学涯目标,结合自身的兴趣、能力和价值观做出明智的决策。

本科生常见的毕业去向有协议就业、继续深造(国内深造或出国出境深造)、灵活就业、自主创业等四种类型。对于协议就业类型,其有不同地域、不同行业、不同领域、不同岗位的就业区别,对学生的学校、专业、能力素质等要求也不尽相同。对于继续深造类型,如果是国内深造,则有考研和保研两种途径,其中硕士研究生分为学术型硕士和专业型硕士,博士研究生分为直博、直通博、硕转博、硕考博以及科博、专博等多种类型,同时报考的学校层次和类别之间也有区别;如果是出国出境深造,则需要考虑不同国家(或地区)、不同高校的招录流程、语言要求、经济要求等方面因素,需要尽早准备,可充分利用好学校提供的相关资源,如公派出国、联合培养等。灵活就业类型包含的职业多种多样,如科研助理、自由撰稿人等,通常是学生根据自身情况而定。自主创业类型则需要积累创新创业经验、搭建创新创业团队等。

每个专业的毕业去向均有大致范围,学生可通过学校的就业指导与职业咨询、实习和校企合作、创业支持和孵化、志愿者项目和社会服务、校友资源和网络、老师和学姐学长等途径了解所在专业的毕业去向,综合自我认知、专业认知、职业市场、实习和实践经验、他人建议和指导等明确最适合自己的职业方向。同样以计算机科学与技术专业为例,学生如果选择就业,则可考虑在软件企业、国家机关以及各个大中型企事业单位的信息技术部门、教育部门等单位从事软件工程领域的技术开发、教学、科研及管理等工作。

(六)其他

深入探索专业时,大学生还可结合自身需求,了解所在专业的其他维度,如师资队伍、实践平台、评价考核、专业特色等。

各高校的官方网站上均有关于师资队伍的介绍,我们可以从中了解自己所在专业的师资情况。了解师资队伍,一方面可以了解所在专业的实力,另一方面也可以从中找到自身的职业榜样人物。此外,还可依托专业师资力量在专业学习或者继续深造等过程中获得高质量的支持和指导。许多表现优异的大学生在本科期间就跟随导师团队进行学科研究。

各高校实践平台的数量或者质量有所不同,但均围绕人才培养目标而设立,通常包括实验室和工作室、实习和实训基地、校外合作项目、社会实践和社区服务、创新创业平台等。我们可多加运用这些平台,将所学的理论知识应用于实际情境,掌握实践技能,培养职业素养,以收获理想工作。其中,有创新创业意愿的学生在校期间可关注并用好学校各类创新创业平台,如创业孵化器、创新实验室、科技园区等,通过参加创业培训、创新创业大赛等方式,助力将创新理念和创业项目落地实施。

评价考核是指对学生在专业学习过程中的学术表现、知识掌握程度和能力发展情况进行评估和考核的过程。高校的评价考核通常包含三方面:一是学术成绩评估,通常以考试、论文、项目报告、作业等形式进行,衡量学生对专业知识的掌握程度、理解能力、分析和解决问题的能力等,为学生提供参照标准,助力学生了解自己在专业学习中的表现和进步空间;二是实践能力评估,通常以实习、实训、项目实践、实际案例分析等形式进行,考察学生的实际操作能力、解决实际问题的能力、团队合作能力等,助力学生将所学的理论知识应用到实际场景中,提升实践能力;三是综合评价,包括学术表现、实践能力、创新能力、团队合作能力、沟通能力等多方面的评价,通常以综合考核、学科竞赛、课程项目、综合报告等形式进行,助力培养学生的综合素质和能力,从而使学生适应多样化的职业环境和实现全面发展。大学生一方面要了解评价考核本身,助力自身更好地规划学涯、取得更好的成绩;另一方面还要通过评价考核,了解自身在专业学习中的不足和需要改进的方面,从而发现问题、克服困难,并制订个人学习计划和发展目标。

专业特色是指每个专业所独有的特点、核心价值和学科优势。了解专业特色,可以将其转变为自身在各类竞争中的优势和独特魅力、价值。专业特色一般基于专业的学科属性、教学方法、课程设置、实践体验等方面,且因专业而异,通常在专业导论或入学教育中院校会进行专门介绍。每一个专业都有其独特的专业特色,有的专业侧重学术研究,有的专业理论与实践并重,有的专业强调跨学科融合,有的专业强调社会服务价值,有的专业则注重文化保护与传承。比如,计算机科学与技术专业可能在人工智能、大数据分析或网络安全等领域具有明显的专业特色;艺术设计专业强调教学方法和实践教育,注重实践创作和项目驱动的教学模式,鼓励学生在实际项目中锻炼和展示自己的创造力和设计能力;环境科学专业强调跨学科融合,综合利用地理学、生态学、化学等多个学科的知识和方法来解决环境问题;社会工作专业注重培养学生的社会服务意识和实践能力,让学生能够在社会工作领域中有效地帮助和支持社会弱势群体;文化遗产保护专业则强调地域文化和国际化,注重培养学生对本地传统文化的保护和传承能力,该专业在国际文化交流和合作方面具有优势。

第五节　职业世界探索的方法

经过前面的学习,我们可以发现,对职业世界进行探索首先要明确我们所处的时代背景,洞察国际、国内局势,把握宏观经济形势,了解行业发展周期与趋势,搜集企业(组织)信息,掌握职位发展趋势与要求,并充分利用专业优势。在这一节,我们将具体学习职业世界探索的方法。

路径多元:"特种兵式"职业世界旅游

一、职业信息搜集

职业信息搜集在职业世界探索中占据重要地位,是做出明智的职业决策的基石。全面准确的信息搜集,能让规划者了解行业趋势与职业需求,进而合理定位,确定发展策略。

(一)搜集渠道

1. 传统资源渠道

传统资源渠道主要指图书馆、传统出版物,可借助其搜索相关职业信息,例如参考专业书籍、工具书、学术期刊与行业报告,帮助我们构建理论体系、了解最新行业知识、追踪前沿成果、判断市场态势、熟悉专业概念等。

2. 互联网平台

中国知网(CNKI):提供大量学术期刊论文、学位论文、会议论文等,通过关键词搜索可获取行业相关研究文献。

万方:涵盖多个学科领域文献,可用于查找特定行业的市场分析和研究报告。

行业协会与组织官方网站:发布行业政策法规、市场数据、行业动态等信息。

企业官方网站:展示企业产品和服务、商业模式、发展战略、企业文化等,可用于推断行业发展趋势和竞争态势。

新闻资讯网站:有专门的行业频道,及时报道行业重大事件、政策变化和企业动态等。

职业信息网站:如智联招聘、前程无忧、猎聘网等招聘平台,可用于了解职业职责要求、薪资水平等;行业特定网站和论坛,能提供深入的行业信息和职业见解。

社交媒体:关注行业专家、企业官方账号、职业相关群组等,可获取最新行业动态和职业经验分享;利用领英(LinkedIn)可搜索目标职业从业者,查看其履历、技能标签和工作动态,还能与其通过私信交流。

在线课程平台:如国家24365大学生就业服务平台等,部分课程介绍相关职业知识和技能要求,通过课程评价可了解职业受欢迎程度和实用性。

3. 政府部门及行业机构等

政府部门发布行业宏观信息,劳动部门网站涵盖职业基础数据,行业监管机构把控特定行业规则,为职业探索提供政策法规与发展规划指引。

4. 其他资源

行业会议信息平台:通过这类平台可了解行业热点问题和前沿技术,有机会与专家和从业者交流。

学校:职业指导部门可以提供职业规划指导、职业信息库、职业测评等服务;老师和校友可以提供丰富的行业信息、经验和人脉资源,并能给予职业建议,推荐实习或就业机会。

相关网站:

1. 国家统计局(https://www.stats.gov.cn)。
2. 行行查(https://www.hanghangcha.com)。
3. 艾瑞咨询(https://www.iresearch.com.cn)。
4. 艾媒网(https://www.iimedia.cn)。
5. 消费站(https://cbndata.com)。
6. 洞见研报(https://www.djyanbao.com/index)。
7. 友盟(https://www.umeng.com)。
8. 中华人民共和国教育部(http://www.moe.gov.cn)。
9. 中华人民共和国人力资源和社会保障部(https://www.mohrss.gov.cn)。
10. 国家大学生就业服务平台(https://www.ncss.cn)。
11. 技能人才评价工作网(http://www.osta.org.cn)。
12. 中国人事考试网(http://www.cpta.com.cn)。
13. 中国就业网(https://chinajob.mohrss.gov.cn)。
14. 博士研究生招聘网(http://www.100zp.com)。
15. 应届生网(http://www.yingjiesheng.com)。
16. 前程无忧网(https://www.51job.com)。
17. 智联招聘网(https://www.zhaopin.com)。
18. 英才网联(https://www.800hr.com)。
19. 新职业在线学习平台(https://xzy.mohress.gov.cn)。

相关书刊:

1.《中国大学生就业》由教育部主管,教育部学生服务与素质发展中心主办,创刊于1999年。办刊宗旨是解读大学生就业创业政策,推广大学生就业创业工作经验,助力大学生就业创业学科发展,建设大学生就业创业理论研究阵地。

2.《出国与就业》于1993年创刊,由中国国际贸易促进委员会主管,是以开发、培训、交流人才资源,为大众提供就业、出国留学、移民、劳务资讯及在国外学成归来报效祖国的人才服务为主要宣传内容的新闻纪实性、政策指导性、服务实用性、权威性的精品刊物。

3.《职业》创刊于1994年,是由中华人民共和国人力资源和社会保障部主管的职业指导、职业教育、就业服务、人力资源类国家级权威刊物,是全国职业指导工作刊物、国家职业教育核心刊物。依托权威机构和知名专家的优势,以国家政策为导向,以市场需求为依托,捕捉社会热点事件,追踪职场焦点话题,宣传知名企业,颂扬职场英才,搭建人才供需桥梁。

(二)搜集方法

1.文献查阅

专业书籍和杂志:到图书馆或在线书店查找与目标职业相关的专业书籍和杂志。阅读行业研究报告、职业指南、案例分析等内容,获取深入的职业信息和行业分析资料。

学术论文和研究报告:搜集相关的学术论文和研究报告,了解该职业的理论研究和实践应用,关注行业研究机构发布的报告,了解行业趋势和职业发展前景。

2. 网络搜索

运用搜索引擎,使用关键词搜索,查找相关的行业报告、市场分析、学术论文、新闻报道、文献资料等。搜索方式:特定行业名称加上关键词(如"报告""市场分析""竞争对手"等);特定职业名称加上关键词(如"工作职责""职业前景""薪资待遇"等)。

以下是一些可参考的搜索关键词搭配:

(1)行业名称+报告/市场分析/趋势预测;

(2)行业名称+竞争环境/竞争对手/市场份额;

(3)行业名称+风险评估/风险管理/风险控制;

(4)行业名称+创新策略/市场营销/品牌管理;

(5)行业名称+政策法规/法律风险/合规管理。

浏览招聘网站:查看不同职业的招聘信息,分析岗位要求、技能需求和薪资范围。关注热门职位和新兴职业的招聘趋势,了解市场需求的变化。

社交媒体平台:搜索目标职业的从业者,查看他们的职业履历、技能标签和工作动态,还可以尝试发送私信请求交流。加入职业相关群组、微博话题等,参与讨论和获取信息。关注行业专家和企业领袖的社交媒体账号,获取最新的行业观点和职业发展建议。

3. 人物访谈

选定不同层次从业者,经多种途径联络;准备精准问题,涵盖工作各方面;以适宜方式访谈并记录;整理总结,感谢访谈者。

4. 实地考察

参观企业:如果有机会,可以申请参观目标职业所在的企业。在参观过程中,观察工作环境、员工的工作状态、企业的设施设备等,了解职业的实际工作场景。与企业的工作人员交流,询问关于职业的具体问题。

参加行业展会和研讨会:积极参加与目标职业相关的行业展会和研讨会,了解行业的最新动态和技术发展。与参展企业和行业专家交流,收集职业信息,建立人脉关系。参加相关讲座和论坛,听取专业人士的分享和分析。

5. 实习实践

通过实习,我们可以亲身体验行业内的日常工作,了解工作的实际操作和流程。实习不仅能提供宝贵的实践经验,还能帮助我们将理论知识与实际工作相结合,提升解决实际问题的能力。此外,实习有助于我们真正了解行业内的企业文化、团队合作和职业发展路径,为职业选择提供真实信息,增加求职时的竞争力,为未来的职业发展奠定基础。

6. 问卷调研

设计并实施问卷调查,收集行业从业者和消费者的观点和需求,有助于我们掌握行业内的市场趋势和用户需求,培养研究能力,也能帮助我们更好地理解行业,为未来的职业发展奠定基础。

7. AI 辅助

AI 大模型具有"巨量数据、巨量算法、巨量算力"等特征,为我们进行职业世界的探索提供了新的路径和方法。AI 大模型,有助于我们更高效、更全面、更个性化地获取行业信息与趋势,有助于我们更好地应对快速变化的职场环境和日益复杂的职业发展需求。

适合行业探索的国内 AI 大模型平台:百度文心一言、阿里云通义千问、百川智能百川大模型、科大讯飞星火大模型、字节跳动豆包、智谱华章智谱清言、腾讯混元、昆仑万维天工大模型、华为云盘古大模型等。

二、信息筛选与分析

职业信息的筛选与分析是职业规划中极为关键的环节,在个人职业发展进程里起着举足轻重的作用。面对海量信息,通过筛选与分析,能去伪存真、提取精华,为职业决策筑牢根基,助力我们在职业道路上做出正确选择,实现职业目标。

(一)信息筛选原则

1. 确保信息来源

核查信息来源是否可靠,有针对性地筛选信息。

(1)官方与权威机构:① 政府部门网站,其所发布的职业分类、标准、政策法规、基于国家层面的调研等,信息可信度极高。例如,国家统计局官网公布的各行业统计数据,经过严谨统计流程产出,是可靠的数据源头。② 行业协会网站,其信息由行业内众多企业与专家共同参与整理,通常专业且具权威性。例如,中国软件行业协会官网发布的行业动态、技术标准等信息,较为可信。

(2)行业内专业人士:从业多年的资深人士,凭借丰富实践经验,能提供职业真实工作场景、发展路径等信息;职业规划师,经专业训练且掌握大量职业信息资源,他们的分析与建议基于专业理论与丰富案例,可作为判断信息可靠性的重要参考。

(3)信息发布平台:专业数据库平台,如 CNKI、万方等,收录的学术文献、研究报告经严格审核流程,学术性与可靠性较强;企业官网展示的产品、服务、企业文化等信息,代表企业官方立场,较为真实、准确。社交媒体平台上信息繁杂,需谨慎判断,若信息来自行业知名专家账号、官方认证企业号等,则其可靠性相对较高。

2. 交叉验证信息

从多个不同渠道搜集同一职业信息并进行对比,有利于确保信息的准确性和一致性。例如,对于某企业的招聘岗位,同时在招聘网站、企业官网、社交媒体群组中获取相关内容,若各渠道呈现的信息对岗位职责、任职要求、薪资待遇等的描述一致,那么该信息的真实性较高;反之,若存在较大差异,则需进一步核实。可咨询行业内的专业人士或机构,获取更深入的见解和建议。

3. 查证企业信息

使用全国组织机构统一社会信用代码数据服务中心、国家企业信用信息公示系统等网站,可查询招聘单位的合法性、企业资质、信用状况等,判断企业的合法性与信誉度。

还可使用天眼查、企查查等平台,获取企业的更多详细信息,如股权结构、融资情况、企业规模等。若企业存在不良记录或信息异常,对其发布的职业信息也需谨慎考量。

4. 分析信息逻辑

应对搜集到的职业信息进行逻辑分析,检查信息内容是否存在矛盾、不合理之处。例如,招聘信息中任职条件极低但薪资极高,或者岗位职责描述模糊不清,这些都可能暗示信息的真实性存在问题。此外,关注信息发布的时间和时效性,过时的信息可能已不符合当前的职业实际情况。

(二)提高信息分析能力

1. 敏锐观察

分析市场趋势、行业动态和公司发展状况等信息,判断哪些信息对个人的职业目标实现有帮助。关注行业的热门话题和新闻,了解行业的最新动态和变化。

2. 理性判断

学会分析和评估信息的可信性和适配性,以便做出更明智的决策。避免盲目跟风或听信小道消息,保持独立思考和判断的能力。

三、职业世界探索步骤

(一)分析职业发展趋势

1. 信息搜集:选择你关注的某个具体的行业

搜集国家和地方政府出台的与该行业相关的政策法规;整理归纳不同时期政策的变化和调整情况;分析政策对行业市场准入条件、竞争格局、技术创新等方面的影响;预测未来政策走向及其可能带来的行业变革。

2. 各抒己见:职业发展趋势

十几年前社会的就业形势和当今社会有相当大的差异。根据趋势来看,未来十年的科技发展将更加日新月异,因此,比较当前的热门职业和十几年前的不同之处,预测十几年后的热门职业,都具有重要意义。对不同年代热门职业的资料进行搜集和分析,了解职业变迁与国家社会宏观环境变化的关系。

活动步骤:

(1) 参照表 5-7 查找资料,初步整理信息并做出预测,填入表中。

(2) 学生以小组为单位进行资料查找或人物访谈,根据获得的信息对上一步填写的表格进行修改。

对未来热门职业的预测要有理有据,结合国家的发展规划和目前的趋势进行合理预测。

表 5-7 职业发展趋势统计及预测

2000—2010 年 热门职业	2011—2020 年 热门职业	2021—2025 年 热门职业	2025—2030 年 热门职业	预测理由

想一想

哪些热门新职业因 AI 而兴起？我们该如何应对由 AI 引发的就业趋势变化、迎接技术发展带来的变革？

（二）通过生涯人物访谈了解真实职业信息

"五步法"解锁职业

第一步，确定访谈目标。清晰的目标是有效访谈的关键。访谈开始前，要清晰你此次访谈的目标，确定你想要在此次访谈中获得哪些信息，比如本专业的就业方向、行业趋势、职业发展路径、日常工作内容等。

第二步，选择访谈对象。合适的访谈对象可以增强针对性。理想的访谈对象是在你感兴趣领域内拥有丰富经验的相关人士，比如专业课教师、校友、企业导师等。通常来讲，选择在某一行业内工作了 5 年及以上的职场人士，他们往往经验丰富，能够获得更多有效信息。最好是选择 2～3 位，比如工作了 5 年、10 年和 15 年的，有所侧重地各选择一位，以便获得更加全面客观的信息。

第三步，准备访谈问题。有效提问可以事半功倍。访谈问题应围绕你的访谈目标展开，尽量设计一些开放式的问题。比如，在这个岗位上，您每天的工作内容都有哪些？您是如何获得这份工作的？您是如何看待该行业的发展趋势的？

第四步，营造良好氛围。良好氛围是建立关系的前提，可以通过简单的寒暄来拉近彼此之间的距离，营造轻松的访谈环境。值得注意的是，面对面访谈、电话访谈、社交软件访谈都是可以的，选择哪种方式应充分尊重访谈对象的偏好与便利。

第五步，及时整理和总结。访谈结束后，及时整理记录（记录表参见表 5-8），总结访谈中的重要信息和观点。

表 5-8　访谈记录表

访谈目的（主题）		
被访谈者基本情况	姓名	
	性别	
	毕业时间	
	毕业院校	
	联系方式	
	所学专业	
	现工作单位	
	现工作职务	
访谈内容		
访谈总结		

分析不同访谈对象的回答,找出共性和差异,形成对目标职业的更全面的认识。

可以给访谈对象写一封感谢信,感谢对方在时间和精力方面的投入。可以在信中写你的收获。

(三)职业信息记录

经过这一系列的产业探索与职业介绍,想必你对职业世界已有了一些了解,是不是有些职业令你印象深刻?现在就请你将它们的相关信息记录下来,见表5-9。

表5-9 职业信息记录表

序号	企业名称	企业性质	企业规模	岗位名称	岗位类别		岗位描述	能力要求	典型工作任务	工作过程
					初始岗位	发展岗位				
1										
2										
3										

拓展阅读

19个新职业来了!这个行业人才需求量暴增

为期三天的全国民政行业职业技能大赛5月31日闭幕。在这次大赛上,有关殡葬、残疾人康复等基本民生保障的一些冷门职业首次集中亮相。

除了上述冷门职业,人力资源社会保障部2024年5月24日发布公示,拟增加网络主播、生成式人工智能系统应用员、用户增长运营师、智能网联汽车测试员、云网智能运维员、文创产品策划运营师、智能制造系统运维员、工业互联网运维员、生物工程技术人员等19个新职业,同时增加移动操作系统应用设计员等29个新工种。人力资源社会保障部职业能力建设司相关负责人介绍,新职业的确定能进一步增强从业者的职业归属感,相关从业者还可以享受国家有关政策待遇,同时促进就业岗位开发等。

相关报道显示,与人工智能(AI)行业直接相关的技术研发人员、人才需求量逐年增长。能熟练将AI技术与专业领域知识相结合的复合型人才,成为市场宠儿。工业和信息化部日前公布的数据显示,中国人工智能企业数量已超过4500家。作为引领未来的战略性技术,AI催生了新产业、新业态,也为就业提供了新选择。对于"AI技术是否会挤占人类的就业岗位"这一问题,中共中央党校(国家行政学院)社会和生态文明教研部教授丁元竹认为,与以往的技术革命一样,人工智能会替代一些工作岗位,但也会创造新的工作岗位。负责人工智能开发、维护、道德监管的工作岗位会变得越来越重要。

(资料来源:央视网,2024年6月3日,《19个新职业来了!这个行业人才需求量暴增》,有删改)

本章小结

本章聚焦于职业生涯规划的外部探索,涵盖行业、企业(组织)、职业与专业四大维度。

行业探索需厘清国民经济行业分类标准,紧跟产业结构随时代变迁的脚步,如数字经济的崛起。同时,深入解读宏观政策,把握行业发展趋势,为选择最具潜力行业提供指引。

企业(组织)探索需区分不同类型企业(组织)的特点与运营模式,从外部观察市场定位、竞争态势、行业趋势、社会声誉与品牌形象,到内部了解企业文化、组织结构、人力资源政策与职业发展路径,全面评估企业(组织)价值与个人发展的契合度。

职业探索则涉及职业概念、分类及能力结构,强调专业知识与技能、通用能力、个人特质与职业素养的综合提升。利用 PLACE 2 方法等搜集信息,精准定位职业方向。

专业探索关注专业与职业的适配性,解析专业课程与职业能力的对应关系,以及从专业定位、培养目标、课程体系等多维度进行认知,为职业规划奠定坚实基础。

本章旨在通过全面而深入的外部探索,为职业生涯规划提供有力支撑。

第六章 自我认知

职业生涯规划的本质是一种基于适应社会环境的自我设计,"我"是生涯的主角。在人生的旅途中,自我认知是导航的重要工具。全面的自我认知不仅能帮助我们了解自己的兴趣、能力和价值观,还能指导我们做出更符合个人需求和愿望的职业选择。通过自我认知活动,我们可以更深入地了解自己,从而做出更符合个人发展意愿的职业选择。

案例

小薇是一名金融专业的大学生,她在校期间成绩优异,毕业后顺利进入一家知名投资银行工作。这份工作在外界看来无疑是光鲜的,但小薇在工作中却感到越来越不快乐。频繁的加班、高压的工作环境,以及枯燥的工作内容,让她感到身心俱疲。尽管收入不菲,但她意识到这并不是她真正热爱的事业。在经历了一段时间的挣扎后,小薇决定停下

启程自我认知之旅

来,深入地了解自己。她开始反思自己的兴趣和价值观,参加职业规划研讨会,并进行了一系列的职业兴趣测试和性格测试。通过这些自我探索活动,小薇发现她对艺术和设计有着浓厚的兴趣,而且在创意活动中总是感到无比的兴奋和满足。她意识到,尽管她的专业是金融,但她的内心深处渴望的是创造性和艺术性的工作。基于自我认知的结果,小薇鼓起勇气,决定转行成为一名平面设计师。她利用业余时间学习了设计课程,并积极创作自己的设计作品。经过一段时间的努力,她成功地在一家小型广告公司找到了一份平面设计师的工作。虽然起薪比之前低,但小薇感到前所未有的满足和快乐,她将创意和热情融入工作,每一天都充满动力。

小薇的案例深刻地展示了自我认知在职业发展中的重要性。尽管她在金融领域的工作看似很好,但她的内心并不快乐。小薇的故事提醒我们,外界对于"好工作"的定义并不总是与个人的内心期望相匹配。社会地位、收入水平和职业声望可能是影响职业选择的重要因素,但个人的兴趣、热爱和长期的职业满意度同样重要。

第一节 自我认知的作用和维度

自我认知在职业生涯规划中扮演着至关重要的角色。它不仅是个体探索自我、理解自我的关键过程,更是制订合理、有效的职业路径的基石。通过深入的自我认知,个体能够明确自己的职业定位与发展方向,为未来的职业生涯奠定坚实的基础。

一、自我认知的定义及内涵

在职业生涯规划的语境下,自我认知被赋予了更为具体和深刻的含义。它指的是个体

通过一系列的内省、反思与实践活动,对自身的兴趣、能力、价值观以及职业倾向等多维度信息进行全面而深入的觉察与理解的过程。这一过程并非简单的自我描述或自我评价,而是需要个体在长期的生活、学习和工作实践中,不断积累、提炼与修正,以形成对自我全面而客观的认识。

自我认知的内涵丰富而多元,涵盖了自我概念、自我认识与自我监控等多个层面,这些层面共同构成了个体职业生涯规划的基石。

1. 自我概念:精准定位,照亮梦想

自我概念是个体对自我形象的总体认知,包括自我认同、自我评价以及自我期望等多个方面。一个清晰的自我概念有助于个体在职业生涯规划中明确自己的定位,树立合理的职业目标,并为之付出努力。

2. 自我认识:洞悉自身,明确方向

在职业生涯规划中,自我认识主要指的是个体对自身兴趣、能力、价值观以及职业倾向的深入了解。通过自我认识,个体能够明确自己的优势与劣势,找到适合自己的职业领域和发展方向,从而避免在职业生涯中走弯路。

3. 自我监控:迎接挑战,抓住机遇

自我监控则是指个体在面对职业生涯中的各种挑战与机遇时,能够对自己的行为进行有效的管理与调整。这包括对职业目标的设定与调整、对职业计划的执行与监督以及对职业成果的评估与反思等多个方面。通过自我监控,个体能够确保自己的职业生涯始终朝着既定的目标前进。

自我认知是一个不断发展变化的过程,我们需要通过持续的自我反思与调整来不断完善自我认知。

二、自我认知的作用

1. 自我认知可打破自我限制

据说幼象被捕捉后会被戴上脚铐,它尝试挣脱却无法挣脱,尝试戴着脚铐逃跑却屡屡失败,久而久之,它会条件反射地形成无法逃跑的认识,之后即便取掉脚铐,它依然不会逃跑。人对于外物的感知能力很强,但是对内在自我的感知能力却较差。很多人的不幸往往都由错误的、非理性的、局限的、受人支配的自我概念所引发。我们带着过去的经验(条件反射)来到大学,长相不够好、性格不够好、自律性差、学不好数学、不善于坚持、没有能力……这些来自过去的认知像枷锁一样束缚着我们的思想和行动,而自我认知是打开枷锁的钥匙,让我们得以重新审视自己,重构自我概念。

2. 自我认知可以塑造积极的自我

改变过去的认知、打破限制是重塑自我的第一步,接下来还需要一系列意识训练。自我认知的重塑就像学习开车或游泳一样,需打破大脑对身体的既有指令,建立一套新的有关呼吸、前进、停止、后退的模式。自我认知有特定的环节和步骤,在实践训练中建立新的神经回路,并通过反复训练形成肌肉记忆,再由意识交付潜意识,无须耗费太多精力即可自主完成。所以,重新建立自我认知的过程,就是用理性替代感性、自我替代他人、清晰替代模糊的自我概念重塑的过程。

3. 自我认知可以促进人的全面发展

突破限制和改造认识是构建积极自我的第一步,认知行为理论告诉我们,认识和行为会双向促进,最终作用于人的自由、全面发展。认识自我,实事求是地评价自己,是自我调节和人格完善的重要前提。如果一个人不能正确地认识自我,看不到自我的优点,觉得自己处处不如别人,就会产生自卑感,丧失信心,做事畏缩不前……相反,如果一个人过高地估计自己,也会骄傲自大、盲目乐观,导致工作的失误。因此,恰当地、全面地认知自己能够避免这些不切实际的想法,在生活中寻找到适合自己的方面。

三、自我认知的主要维度

从认知主体方面区分,自我认知可以分为自我维度和多元维度。自我维度指的是"我"对自己的认识,侧重自我认知的主观改造,常常由内而外地发生。多元维度以周哈里窗和360°评估为代表,是综合他人评价进行自我认识的方法。经典生涯理论的自我认知包含兴趣、能力、价值观和性格四个维度,这里详细介绍前三个。

(一)兴趣

人的兴趣千差万别。日常生活中,有的人对研究自然科学感兴趣,如天文、地理、生物、化学等;有的人热衷于情感世界,活跃于人际关系领域;有的人倾向理性世界,对数学、推理兴致盎然;有的人在读书、写作、设计之类的事情上乐此不疲;有的人针对操作技能如修理、摄影、书画等勤学苦练,且甘之如饴。

1. 兴趣的内涵

兴趣是对事物注意而引起高兴的情绪或有趣味的一种感情状态。从心理学的角度来说,兴趣是个体认识某种事物或从事某项活动的心理倾向,它表现为个体对认识某种事物或从事某项活动的选择性态度和积极的情绪反应。兴趣可以使人集中注意力,产生愉快的心理状态。

兴趣能够使人在从事各种实践活动时,具有高度的自觉性和积极性,促进个人在职业生涯中做出成就。从事自己喜欢的工作,可以带来较为愉悦的感受,让自己更有动力地积极投入工作中,获得成就感与满足感,也因此更为肯定自己的能力表现,对自己更有信心,充分发挥自己的潜能,完成自我实现,从而形成感受愉悦、投入热情、获得成就、感到满意、收获肯定、实现自我的良性循环。

2. 兴趣与职业兴趣

兴趣在职业方面的表现称为职业兴趣,它是指人们对某种职业活动产生的比较稳定而持久的心理倾向,对某种职业有职业兴趣的人会对这种职业给予优先注意并向往之。

"兴趣是最好的老师",兴趣是一种强大的精神力量,可以作为职业选择的重要依据。兴趣可以使人集中精力去获得所喜欢的职业知识,启迪智慧并创造性地开展工作。当一个人对某种职业产生兴趣时,他就能发挥整个身心的积极性,关注该职业的知识、动态,并积极思考、大胆探索,且能情绪高涨,增强克服困难的意志。

兴趣是提高工作效率的重要推力。一个人对某项工作有兴趣时,原本枯燥的工作也会变得丰富多彩、趣味无穷。兴趣使工作不再是一种负担,而是一种享受。据研究,如果一人对某一工作有兴趣,他能发挥他全部才能的80%～90%,并且长时间保持高效率工作而不会感到疲倦;而对工作没有兴趣的人,只能发挥其全部才能的20%～30%,也容易筋疲力尽。

兴趣是保证职业稳定、促进职场成功的重要因素。对某一职业有浓厚的兴趣,是智力开发的"孵化器"。对工作有兴趣,就愿意深入钻研。兴趣可以用于预测工作满意度和工作稳定性。此外,多方面的兴趣可以使人善于应对多变的环境。因此,兴趣是职场成功的一个重要因素,它能使人的潜能最大限度地被调动起来,使个体专注于某一方向,做出全面的努力,取得令人瞩目的成就。

 拓展阅读

兴趣的力量

哥伦比亚大学的法律专业在全球享有盛名,在这所院校学习法律,毕业后做律师,是许多人的梦想。但是,已经在法律系读到了大学二年级的李开复逐渐发现,自己并不真正喜欢这个专业,他在专业课上提不起精神,感觉十分枯燥。李开复意识到自己在法学领域没有什么出众之处,既没有炽烈的热爱,更没有献身的欲望。与此同时,他接触并喜欢上了计算机,每天疯狂地编程,很快引起了老师和同学的注意。终于,大二的一天,他做了一个重大的人生决定:放弃此前一年多在法律系已经修成的学分,转入该校计算机系。

后来,担任微软公司副总裁的李开复回忆道:"我告诉自己,人生只有一次,不应浪费在没有快乐、没有成就感的领域。当时也有朋友对我说,改变专业会付出很多代价,但我对他们说,做一份没有激情的工作将付出更大的代价。转专业那天,我心花怒放、精神振奋,我对自己承诺,大学后三年每一门功课都要拿A。若不是那天的决定,我就不会拥有今天在计算机领域的成就,我很可能只是在美国某个小镇上做一个既不成功又不快乐的律师。"

3. 兴趣的产生

兴趣是在生涯实践过程中发展起来的,它的形成与个人的实践活动、所处客观环境、人生经历有着密切关系。兴趣在需要的基础上产生,也在需要的基础上发展。个人对于某项事物越有需要,认识就越深刻,情感就越丰富,兴趣也就越浓厚。家庭环境熏陶对职业兴趣形成具有十分明显的导向作用。家庭因素对职业取向的影响,主要体现为职业趋同性与协商性。个人对于家庭成员特别是长辈的职业比较熟悉,也就产生趋同性。父母的兴趣会对孩子产生直接影响。兴趣和爱好是受社会因素制约的,不同环境、不同职业、不同文化层次的人,兴趣和爱好可能不一样。其中社会对个人职业兴趣的影响主要体现在政府政策导向、传统文化、社会时尚等方面。社会对一种职业的需求可以强化个人对该职业的兴趣,或抑制个人不切实际的兴趣取向,也可以引导个人产生新的兴趣取向。不同时代,不同物质文化和条件,也会对个人兴趣产生巨大的影响。

(二)能力

能力对生涯发展具有较大影响。有的人很喜欢玩游戏,想成为游戏程序工程师,但却不具备设计电脑游戏的能力;有的人喜欢唱歌,梦想成为众人追捧的歌手,却没有漂亮的嗓音和演唱技巧。兴趣可以让人们喜欢做一件事情,而有能力完成想做的事情,才能取得成功。

1. 能力的内涵

能力可以被视为一种内在的心理特质,是直接影响行动效率和行动进程的个性心理特征。这些特征通常是看不见、摸不着的,需要在实践活动中才能展示和发展。

能力是一个多维度的概念。能力可分为先天天赋、后天技能和未来潜能,其中后天技能是通过学习和生活可以习得和训练提升的部分,通常分为专业知识技能、可迁移技能和自我管理技能。能力不仅表现为专业知识积累,还涵盖执行方法和经验,以及学习、反省、提升的主观条件,因此能力综合反映在专业知识、执行能力和学习能力三个方面。此外,我们对自己能力的自信程度即自我效能感,对能力的发挥和发展也有较大影响。

2. 能力与职业

对日常生活和职业活动的观察和研究证明,能力和人的职业活动、个人发展密不可分。人的职业能力各不相同,有人善于言语交谈,有人善于操作,有人善于理论分析,有人善于事务性工作。每个人都有自己独特的能力结构。同时,社会上的职业也是多种多样的,各种职业对从业者的能力要求亦各不相同,有的需要语言能力,有的需要计算能力,有的需要动手能力。大多数职业活动都要求特定的能力组合,具备这种能力组合的人就能很好地胜任这种职业的工作。

如果说职业兴趣能决定一个人的择业方向,以及在该方面所乐于付出努力的程度,那么职业能力则能说明一个人在既定的职业岗位上的任职情况,也能说明一个人在该职业中取得成功的可能性。因此,个人在选择职业发展,以及与之相关的专业学习方向时,应重点考虑能发挥自己最擅长的几种能力的领域。

(三)价值观

价值观是人对经济、政治、道德等所持有的总的看法,是一个人独立做选择和判断的尺子,体现了一个人对生命价值的追求。是什么赋予了人生的意义?是什么让生活充满了价值?有的人看重金钱,而有的人把帮助他人看得更加重要。找工作时薪资和舒适度选哪个?当各种建议充斥耳边,各种榜样围绕着你时,避免跟随他人、复制他人最好的办法就是澄清自己的价值观,拥有自己独一无二的"指南针"。

1. 价值观与职业价值观

职业价值观是价值观在职业方面的体现,是人对工作意义、个人需求的评价和判断,是人对待职业的一种信念和态度,是人生目标和人生态度在职业选择方面的具体表现。职业价值观不仅对大学生的职业选择起着方向引导作用,还对其未来的职业发展起着动力维持作用。职业价值观可以用来回答如下问题:

(1)为什么工作?

(2)工作意味着什么?

(3)工作与个人、他人以及社会有什么关联?

(4)好工作或者所谓有价值的工作,是什么?

(5)工作和金钱有什么关系?

(6) 一个人的经历、成就感和工作有什么关系？

从根本上讲，"工作对我来说意味着什么"是选择职业时要考虑的核心问题。职业不仅是"为稻粱谋"，在每个人的生命中，很多东西可有可无，但也有少数不可或缺，是我们无论如何都难以放弃的。积极心理学家马丁·塞利格曼发现，如果人们在自己的工作和对他们有意义的社会事务之间建立联系，他们就会获得更多的满足感，面对压力时能更好地适应。一个人如果能从职业中得到自己看重的价值，就能获得满足感，即使其他的条件并不如意，也能乐在其中。相反，若组织价值观与个人价值观相悖，则工作会变成痛苦的来源。

2. 个人价值和社会价值

需要强调的是，一个人在满足自我价值的同时，需要将个人价值和社会价值联系在一起，因为价值是一个社会概念，实现价值需要在社会环境中完成。新时代的大学生，是社会发展的希望，也是国家的栋梁，在面临职业选择的时候，不能忘记个人对社会应有的责任感和使命感。在中国特色社会主义制度下，将社会价值与个人价值相结合，做一个有益于社会、有益于国家的人，才能最大限度地实现人生价值。

 拓展阅读

禾下乘凉梦 一梦逐一生

袁隆平，作为中国乃至全球知名的农业科学家，一生致力于解决人类的粮食问题。因从小目睹农民辛勤劳作却常常食不果腹的情景，袁隆平立志要解决中国人的吃饭问题。

"让所有人远离饥饿"，一个当时看起来遥不可及的梦，让袁隆平开始了长达半个多世纪的追逐。

"作为新中国培育出来的第一代学农大学生，我下定决心要解决粮食增产问题，不让老百姓挨饿。"1953年，从西南农学院遗传育种专业毕业后，袁隆平立下誓言。

在职业道路上，袁隆平并没有去追求个人的名利或学术地位，而是将个人的科研追求与社会的实际需求紧密结合。他深知，粮食问题不仅是中国的，也是全球性的挑战。因此，他投身于杂交水稻的研究，希望通过科技手段提高水稻的产量，从而解决更多人的温饱问题。

经过数十年的不懈努力，袁隆平成功研发出了高产、优质的杂交水稻品种，不仅极大地提高了中国的粮食产量，还为世界粮食问题的解决提供了宝贵的经验和技术支持。他的成就不仅使他赢得了国内外的广泛赞誉和尊敬，更为他带来了职业上的巨大成功。

袁隆平的成功，不仅在于他个人的科研能力和努力，更在于他能够将个人的科研追求与社会的实际需求相结合，实现个人价值与社会价值的统一。他的事迹告诉我们，只有将个人的努力融入社会发展的洪流，才能取得更加持久和影响深远的职业成就。

第二节 兴趣探索与发展——寻找心之所向

一、兴趣探索

兴趣探索在职业生涯规划中扮演着至关重要的角色。它如同导航灯塔,引领我们穿越职业选择的迷雾,找到真正适合自己的道路。在现实的职业选择中,我们常常面临专业与兴趣不符的困境,这时,深入探索自己的兴趣所在就显得尤为重要。通过了解自己的职业兴趣类型,我们能更清晰地认识自己,从而做出更明智的职业决策。兴趣不仅关乎个人对职业的热爱与投入,更是实现职业成功与自我价值的重要基石。

案例

小安因高考失利,未能被第一志愿专业录取,被调剂到建筑工程专业。家里人都认为男孩子学这个专业好就业,挺好的,可小安不喜欢,他认为建筑工程专业的未来就是到工地做苦力,不仅辛苦还没什么前途。因此,他入学后情绪低落,上课积极性不高,拒绝参加集体活动,学习探索的兴趣也不强,对该专业的课程设置、就业前景等内容没有深入了解,一心只想转专业,但他对其他专业的理解不深,转专业的申请也未获得通过。

小安十分苦闷,来到咨询室寻求帮助。在聊天的过程中,咨询师发现小安其实也说不出到底为什么对建筑工程专业如此抵触,只是不停地重复"这不是我的第一志愿"。对于自己是否还有其他兴趣,或是对什么事好奇,他更是说不出来。谈及毕业后的职业规划,小安认为自己已经没有职业规划的必要,因为他对于毕业后的专业对口工作,一点兴趣都没有,也没有其他想发展的工作。

小安遇到上述问题,一方面是对自己的兴趣与价值观没有认知和拓展,另一方面是缺少对未来就业环境的全面认知,加之在转专业失败后,丧失了生涯规划目标,心理落差大,未能及时调整自己。不科学的择业心态,盲目担忧专业前景,应变能力差,都是许多大学生会有的问题。

想一想

如果你和小安一样,所学专业并非你所喜欢的或不是你的第一志愿,你会如何安排自己的大学生涯?

在大学阶段,许多学生存在专业认同感不强、职业规划意识弱的问题,这就涉及职业兴趣的探索。

霍兰德将人的职业兴趣分为六种类型,并用六边形模型表示,如图6-1所示。

职业兴趣的六种类型对应六种不同类型的职场人士。

(一)现实型(R):动手操作

特征:具有使用工具从事操作性工作的强烈意愿,动手能力突出,手脚灵活且动作协调;偏好具体任务,更倾向于与物打交道;行事较为保守,态度谦虚;通常热衷于独立完成任务。

职业偏好:适宜从事需使用工具、机器,且需要一定技巧、力量与协调性的职业。例如:技术性职业,如计算机硬件人员、摄影师等;技能性职业,如电工、司机等。此类职业较多地运用到某些设备或工具,处理与物接触的问题比处理人际问题更为重要,例如工程施工、器械操作或维护等。

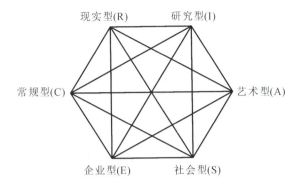

图6-1 霍兰德职业兴趣六边形模型

关键词：循规蹈矩、谦恭、自然、害羞、直率、现实、执着稳重、保守、温和、实用、节俭……

(二)研究型(I)：动脑研究

特征：具有强烈的求知欲，善于动脑思考；抽象思维能力较为突出，喜爱独立且富有创造性的工作；知识储备丰富，富有学识与才能；热衷于逻辑分析和推理，不断对未知领域进行深入探讨。

职业偏好：适宜从事包含较多认知活动的职业，例如科研人员、医生等职业。此类职业者擅长运用心智能力进行观察、分析和推理。他们喜欢与符号、概念、文字或抽象思考相关的活动。研究型的人具备逻辑思考能力，常用数据分析或抽象思考能力来解决问题。其工作形态较为偏向静态且独立工作。

关键词：求知欲强、善思考、善分析、好奇、内向、精算、严谨、独立、有条理、理智、善批判、有书卷气、谦和、内敛……

(三)艺术型(A)：创新创造

特征：富有创造力，热衷于创新；渴望展现自身个性；行事理想化，追求完美；具备一定的艺术才能；善于表达和展示自己。

职业偏好：适宜从事包含大量自我表现、艺术创造、情感表达以及个性化活动的职业，诸如画家、音乐家、设计师等。艺术型的人热衷于借助文字、声音或色彩等表达内心想法与对美的感受。他们喜欢富有创意的工作，思维较偏向跳跃性，具有直觉性以及对美的事物的敏锐洞察力。这类人有时多愁善感，充满浪漫情怀，内心情绪丰富，容易产生创作灵感。

关键词：理想化、独立、冲动、特立独行、不顺从、情绪化、想象力丰富、直觉敏锐、表达独特、复杂……

(四)社会型(S)：服务奉献

特征：喜爱与人交往，善于言辞表达；充满热情，擅长合作，乐于奉献；外向友好，极具耐心；关注社会问题，具有强烈的社会责任心，较为看重社会义务与社会道德规范。

职业偏好：适宜从事包含大量帮助他人的活动的职业，例如教师、咨询师等。这类工作要求工作者能够敏锐察觉别人的感受。在团体中，社会型的人因乐于与人交流、沟通与合作，所以喜欢重视人类核心价值的工作氛围，并且愿意放开自我，从而快速融入群体中。

关键词：善言谈、热情、慷慨、愿意合作、仁慈、友好、负责任、理想化、理解他人、助人为乐……

(五)企业型(E):影响掌控

特征:追求权力与地位,具备影响力和领导才能;喜爱竞争,敢于冒险,富有野心与抱负;习惯以利益、地位等为标准来衡量做事价值,做事具有较强的目的性。

职业偏好:适宜从事包含大量影响他人的活动的职业,诸如管理人员、销售人员、律师等。企业型的人在工作场合常常需要与人交流,力图达成双方共识,交流内容广泛,且较为偏向以促成合作、交易、提升绩效为目标。这一类型的人也倾向于拥有多元兴趣,重视升迁,具备说服力或推销能力与决策能力。

关键词:有影响力、有领导力、有野心、喜欢竞争、敢于冒险、乐于承担风险、雄心勃勃、自信、善于社交……

(六)常规型(C):规则秩序

特征:尊重权威、流程以及规章制度;倾向于按计划办事,具有细心、谨慎、有条理的特质;习惯于接受他人的领导和管理,同时注重实际情况。

职业偏好:适宜从事包含大量结构性且规划较为固定的活动的职业,例如会计、银行职员、行政人员等。这一类型的工作内容通常呈现出较为明显的规律性、流程性和标准性,诸如数据记录、仓储盘点、财务记账、文书归档与管理等。常规型的人在工作场合注重纪律和规划以及进度管控,在工作中也与人有一定程度的沟通和交流。

关键词:严谨、谨慎、有条理、遵守制度、内敛、高效、执着、自我约束、顺从、实际、有板有眼……

通过专业探索研究,我们可以发现,无论我们大学研读何种专业,未来的就业方向都可以与霍兰德职业兴趣六边形模型对应。以地球科学相关专业为例,其职业世界探索六边形模型如图 6-2 所示。

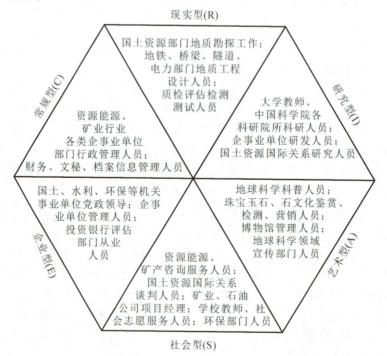

图 6-2 地球科学相关专业职业世界探索六边形模型

练一练

填写表6-1,分析所填项目有哪些共同特点,然后在小组内分享。

表6-1 兴趣探索

序号	项目(感到愉悦的事)	喜欢的理由(吸引你的部分)	备注
1	你学得最好的科目是:_____		
2	你最喜欢的娱乐活动是:_____		
3	最常令你忘记时间的事情是:_____		
4	你一直有的生活习惯是:_____		
5			
6			

想一想

1. 做哪些事情时,你常常感受不到时间的流逝?
2. 做哪些事情时,你希望永远不要停止?
3. 根据霍兰德职业兴趣理论,初步判定你自己的职业兴趣类型。

二、兴趣发展

普雷迪格(D. J. Prediger)以霍兰德职业兴趣理论为蓝本,对数千种职业进行分析,发现职业也可以根据"事务处理-心智思考"和"与物接触-与人接触"两个维度划分为六个基本类型,得到职业世界地图,和霍兰德所称六种职业兴趣类型对应,如图6-3所示。

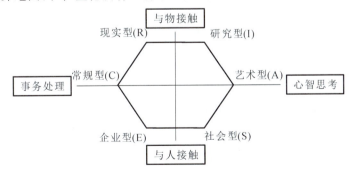

图6-3 职业世界地图

将职业世界地图与工作相关联,如图 6-4 所示,可指导兴趣发展。

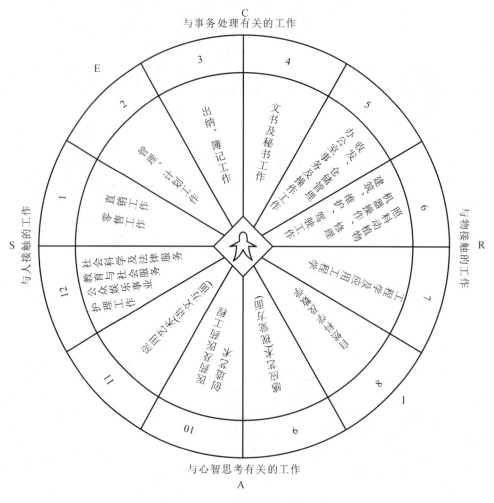

图 6-4 职业世界地图与工作的关联

做一做

以小组为单位绘制完成选定专业的职业世界地图。

步骤:

1. 每组选择一个专业,为该专业设计霍兰德六边形模型。
2. 确认职业可能的霍兰德兴趣类型。
3. 利用霍兰德六边形模型,编制该专业的职业世界地图。
4. 小组成员分享个人感悟与体会。

兴趣并不是一成不变的。很多时候人们认为的"不感兴趣",可能只是因为不知道、不了解、没体会。随着环境的改变,人们接触到不同的人与事后,会产生新的兴趣。社会认知理论强调,兴趣并非固有且不变的,而是可以通过适当学习和环境条件的熏陶进行培养和发展的。在进入大学后,我们往往有更多的机会和时间去尝试一些过去没有机会接触的事物。所以,不要让过去的认知或兴趣阻碍我们尝试新事物,要相信自己有无限的可能性。

在后现代生涯建构理论下,我们可以通过霍兰德职业兴趣理论来了解职业、岗位和自己在兴趣上的大致方向,但也需要更积极地拓展自己的兴趣范畴,让自己察觉到"未知""未开发"的部分,只有这样才有更多机会对未知的新事物进行尝试和探索。

总体来说,我们可以通过各种日常活动的回忆和总结,去探索,去假设,去挖掘更多的可能性。

辩一辩

辩题:"兴趣能不能当饭吃?"
关于兴趣对职业的影响,有以下两种观点,你更认同哪一种?
A:积极肯定——兴趣是最好的老师。
B:完全否定——兴趣不能当饭吃。
辩论规则:
(1) 分为正、反两方,每位成员提出支持本方观点的论据;
(2) 每方选出5位辩手,进行现场辩论;
(3) 一辩立论1分钟,自由辩论3分钟,五辩总结陈词1分钟;
(4) 另有计时员2位。
感悟分享:
(1) 听了双方辩手的发言,你有什么感受?
(2) 你如何理解"兴趣""爱好""特长"这三个词?

想一想

大学阶段你打算培养哪些兴趣?

第三节 能力探索——我有哪些"超能力"

能力如同一把精准的钥匙,可以帮助我们开启职业发展的大门。在现实的职业选择中,我们常常面临能力与职业要求不匹配的困境,这时,深入探索自己的能力就显得尤为重要。通过了解自己的优势和劣势,我们能更清晰地认识自己,从而做出更明智的职业决策。出众的能力不仅关乎个人在职业领域中的表现与成就,更是实现职业成功与自我价值的核心要素。

一、职业技能分类

辛迪·梵(Sidney Fine)和理查德·鲍尔斯(Richard Bolles)把职业技能分成专业知识技能、可迁移技能和自我管理技能。

(一)专业知识技能

专业知识技能是指个人通过教育和培训所获得的特定领域的理论知识,简而言之,就是你所掌握的理论知识,不仅要求全面,还要求系统,主要通过背诵和记忆获得。

(二)可迁移技能

可迁移技能是指可以从一个工作、生活情境中转移到另一个情境中,具有通用性和广泛适用性的技能。可迁移技能主要包括沟通能力、团队合作能力、问题解决能力、时间管理能力、学习能力等。可迁移技能在不同职业间具有很高的通用性和转移性，因而非常有助于个人实现职业转换和发展。可迁移技能主要通过观察、实践、思考等过程掌握。

（三）自我管理技能

自我管理技能是指一个人在工作中表现出的特点和品质，也可以称为品质技能或职业智商（career quotient），这些特质决定了一个人在工作中的态度和行为，是影响职业生涯成功的关键，包括敬业、责任心、协作、忠诚、执行力、诚信以及情绪管理等。自我管理技能主要通过认同、模仿、内化等途径获得。

二、技能认知与有序表达

1. 技能认知——找寻我的"超能力"

（1）头脑风暴。每人准备一张 A4 纸，在左上角写下自己的名字。将自己具备的能力、优势尽可能多地罗列出来。这些能力或才干可以是多方面的，如体现在学习上的、工作中的、生活中的、娱乐休闲甚至是情绪状态中的，等等，不受限制，越多越好。

（2）分类整理。将写出的这些能力、优势进行整理和归类。

第一类：所有经过专门的培训和学习所获得的能力、才干，写在红色便利贴上。

第二类：所有描述自己可以实操运用技术的能力、优势，写在绿色便利贴上。

第三类：所有表述自己性格特质、品格素养、为人处事方式等的能力、优势，写在黄色便利贴上。

注意：每张便利贴写一个能力，并用一句话做简要说明。

每人将一张 A2 白纸横向折成三折，将个人归类后的便利贴分类贴好。

（3）小组内分享，尽可能全面。

（4）反思补充。通过讨论分享，看看是否有新的发现。如果发现自己还具备其他的能力、优势，可补充便利贴。

2. 有序表达

STAR 法则是一种常常被面试官用来收集面试者与工作相关的具体信息和能力的工具，是一种从背景、任务/目标、行动/态度、结果四个方面讲述事件的方法。

发现内在：利用 STAR 法则，找到发光的自己

背景（situation）：事情是在什么情况下发生的？（可以从挑战、危机、重要程度等方面表述）

任务/目标（task/target）：具体的任务是什么？（描述个人承担的角色任务，即具体要达到什么目标）

行动/态度（action/attitude）：针对这样的情况分析，你采用了什么行动？（表述相关行动）

结果（result）：事件结果怎样？（可使用数据或具有显示度的成果进行展示）

> 写一写
>
> 运用 STAR 法则撰写成就故事。

三、技能培养与提升

我们要胜任一项工作,必然要做好三个方面的准备:一是理论背景,二是操作技能,三是该工作要求的品质。

做一做

1. 你的心仪专业需要哪些技能?你的心仪职业需要哪些技能?
2. 对标心仪专业和职业的技能需求,你需要在大学期间提升哪些技能?具体要完成哪些行动?需要哪些资源支持?完成表6-2。

表6-2 职业技能探索

	职业技能	能力要求	目标	具体行动计划
心仪职业或岗位:_____	专业知识技能			
	可迁移技能			
	自我管理技能			

第四节 价值观探索——立志而贤则贤矣

在漫漫人生之旅中,我们常常驻足思索自身存在的意义与价值。职业,作为我们实现自我价值与社会价值的关键平台,其选择与发展无疑备受瞩目。然而,在错综复杂的职业天地里,如何寻觅到那份既能契合内心需求又能助力个人成长的工作,着实成为众多人面临的棘手难题。

小故事

三个泥瓦匠的故事

一位智者在人间传播智慧,看到三个泥瓦匠在一处工地干活、建造学校。

智者问第一个泥瓦匠:"你在干什么?"第一个泥瓦匠满脸疲惫地说:"我在砌墙干活,挣钱养家。"智者给予了他安慰。

智者问第二个泥瓦匠相同的问题,第二个泥瓦匠满脸笑容地说:"我在为人们建造学校。"智者教会了他砌墙的技术。

当问到第三个泥瓦匠的时候,第三个泥瓦匠充满希望地说:"我在为人们建造一个美丽的城市。"智者将自己毕生所学传授给了他。

十年后,第一个泥瓦匠依然在为维持生计而挣扎;第二个泥瓦匠成了一名著名的建筑家;第三个泥瓦匠则成了知名社会活动家。

在这则小故事中,三个泥瓦匠对工作的不同回答恰恰代表了个人所秉持的不同价值观。

第一个泥瓦匠仅仅将工作视为维持生计的手段,关注的只是眼前的经济利益,没有意识到工作背后更深远的意义。这种只注重个人基本生存需求而忽视社会价值的取向,使得他在十年后依然在为生计挣扎,难以实现更大的发展。

第二个泥瓦匠把工作理解为为人们建造学校,他认识到自己的技术所能创造的劳动成果能够为社会带来实际的益处,为人们的教育事业贡献力量。第三个泥瓦匠则站在更高的层面看待自己的工作,他将建造学校的行为与建设美丽城市的伟大目标联系起来,心中充满了对未来的美好憧憬和希望。他们的成功表明,当我们将个人价值与社会价值相统一时,我们不仅能够实现个人的成长和发展,还能为社会发展注入强大动力,推动社会发展与前进。

一、价值观与职业价值观

价值观是人们在做选择和判断时最为看重的原则、标准和品质。价值观对人们自身行为的定向和调节起着非常重要的作用。价值观决定人的自我认识,它直接影响和决定一个人的理想、信念、生活目标和追求方向的性质,反映人们的认知和需求状况,对动机有导向的作用。

职业价值观指的是人生目标和人生态度在职业选择方面的表现,也就是一个人对职业的认识和态度,以及他(她)对职业目标的追求和向往。

二、职业价值观的分类

学界对职业价值观内部结构的分类各有不同,美国学者舒伯将职业价值观分成了十五种类型,可归纳为内在职业价值和外在职业价值两大方面。内在职业价值包括职业的助人利他、创造发明、自我实现、个人发展、利用能力、成就满足;外在职业价值包括领导管理、多样变化、人际交往、经济报偿、安全稳定、工作环境、自主掌控、声望地位、美的追求。

发现内在:明晰职业价值观,找到"最爱"职业

十五种职业价值观都有自己独特的内涵,具体如下。

(1) 助人利他:希望所从事的职业能够给他人和社会提供帮助,能够为大众谋福利。

(2) 美的追求:希望在职业中不断追求美的东西,得到美的享受,进行美的创造,致力于使世界更加美好。

(3) 领导管理:希望在工作中可以控制事情的发展,能分配工作和管理属下,督导他人,并承担责任。

(4) 经济报偿:认为工作的目的和价值在于获得优厚的报酬,使自己有优厚的财力去获得自己想要的东西,生活过得较为富足。

(5) 安全稳定:认为工作的目的和意义在于能提供安定的生活保障,即使经济不景气也不会受到影响,不会被轻易解雇。

(6) 工作环境:希望在良好舒适和自己喜欢的环境下开展工作。

(7) 人际交往:将工作单位的人际关系看得非常重要,渴望能够在一个和谐、友好甚至被关爱的环境中工作,能和各种人交往,建立比较广泛的社会关系。

(8) 多样变化:希望能接触到不同的领域,参与不同的活动,解决不同的问题,在工作中保持新鲜感和热情。

(9) 自主掌控:希望工作有弹性,不受太多的约束,有更多自己做决定的自由。

(10) 创造发明:认为工作的目的和意义在于能发明新事物、设计新产品、发展新观念。

(11) 自我实现:希望职业能提供平台和机会,实现自身的价值。

(12) 声望地位:希望能提高自己的地位和名望,受到他人的推崇和尊重。

(13) 个人发展:看重职业提供的很多培训和锻炼的机会,能够使自己的经验与阅历不断得到丰富和提高。

(14) 成就满足:能看到自己努力工作的具体成果,获得精神上的满足。

(15) 利用能力:希望自己的专业和能力得以全面运用和施展,在很多时候,会拒绝做自己不喜欢、不擅长的工作。

三、课堂活动:职业价值观探索

1. 写一写"我的生命故事"

第一步,在纸上画出一条线段,线段左侧为生命起点,右侧为预期寿命(你所期待的生命终点),找到适当位置标注出你当下的年龄。

第二步,回忆过去的岁月,标注出对你当下生命有重要影响的五件事,写清年龄以及事件。

第三步,总结与反思这五件事,设想一下,如果未来必须要完成五件事,你会想到哪五件事?把这五件事罗列在适当的年龄位置。

第四步,观察自己未来要完成的五件事,看一看背后有什么样的规律和内涵。如果因为种种原因,要从五件事中去掉两件事,你会选择去掉哪两件事?为什么?

第五步,思考如果剩下的三件事中还需要去掉两件事,也就是未来只能做一件事,你觉得是什么?为什么这件事对你如此重要?

说一说

分小组分享生命故事,并谈谈你的感悟。

2. 绘制"我心目中的理想工作"

(1) 闭上眼睛,认真地回忆,在你的生命中你最看重什么?最想送给这个世界的礼物是什么?

(2) 想象一下,我们穿越到若干年后,当你快要离开这个世界的时候,你希望你的墓志铭是什么?

(3) 未来五至十年,你心目中的理想工作状态是什么样的?构思四个或五个具体的场景。

(4) 拿出笔和纸,将你理想中的工作状态和工作场景以绘画的形式展现在纸上,绘画的名字就是"我心目中的理想工作"。画图形式不受限制,不需要画得多么漂亮,只需要用简单的线条把自己向往的工作状态画出来,并签上自己的名字。

(5) 绘制完成后,根据记录的内容和绘画内容,提炼出你的潜在职业价值观,并和你身边的同学分享,向同学描述你理想的职业生活。

想一想

1. 根据课堂活动,对应前面介绍的十五种职业价值观进行总结:你的职业价值观有哪些?

2. 它们对你的职业选择有什么启示?

拓展阅读

总书记"典"亮青年路

一、"立志而贤则贤矣"

志在千秋业,多为青年计。

习近平总书记指出:"青年的理想信念关乎国家未来。青年理想远大、信念坚定,是一个国家、一个民族无坚不摧的前进动力。青年志存高远,就能激发奋进潜力,青春岁月就不会像无舵之舟漂泊不定。"

理想指引人生方向,信念决定事业成败。中国特色社会主义事业是面向未来的事业,需要一代又一代有志青年接续奋斗。"立志而贤则贤矣""后生可畏,焉知来者之不如今也"……这些年,习近平总书记以典兴义,教诲谆谆、期待殷殷。

时代场景变换,中国青年的理想信念不移。

二、功崇惟志

青年兴则国家兴,青年强则国家强。当代中国青年要有所作为,就必须投身人民的伟大奋斗。

行大道,首在立大志。"志之所趋,无远弗届,穷山距海,不能限也",习近平总书记曾引用《格言联璧》中的这句话寄望广大青年。

寄望源自回望,回望黄土高原上的那段立志岁月。

当年的陕北梁家河,半山上的窑洞,透出星星点点的煤油灯灯光。

窑洞里的灯光,映照出理想信念之光——"同人民一起奋斗,青春才能亮丽;同人民一起前进,青春才能昂扬;同人民一起梦想,青春才能无悔。"

功崇惟志,业广惟勤。

"青年的人生目标会有不同,职业选择也有差异,但只有把自己的小我融入祖国的大我、人民的大我之中,与时代同步伐、与人民共命运,才能更好实现人生价值、升华人生境界。"习近平总书记指出。

三、志不求易者成

青年要立大志、立远志、立恒志。

在纪念五四运动100周年大会上,习近平总书记告诫青年:"一切视探索尝试为畏途、一切把负重前行当吃亏、一切'躲进小楼成一统'逃避责任的思想和行为,都是要不得的,都是成不了事的,也是难以真正获得人生快乐的。"

2020年7月,习近平总书记给中国石油大学(北京)克拉玛依校区毕业生回信:"得知你们118名同学毕业后将奔赴新疆基层工作,立志同各族群众一起奋斗,努力成为可堪大用、能担重任的西部建设者,我支持你们作出的这个人生选择。"

志不求易者成,事不避难者进。

四、涵养志气的是信仰

立大志,必须锚定马克思主义信仰、共产主义远大理想、中国特色社会主义共同理想。

新时代的中国青年,生逢其时、重任在肩,施展才干的舞台无比广阔,实现梦想的前景无比光明。

坚定理想信念,离不开对国家的自信。

(资料来源:人民日报客户端,2024年5月3日,《"总书记'典'亮青年路"|立志而贤则贤矣》,有删改)

本章小结

本章深度剖析了自我认知在职业生涯规划中的基石作用,介绍了兴趣、能力与价值观的探索路径与方法。

自我认知,作为职业生涯规划的基石,是个人对自身全面而深入的理解。它助力打破既有束缚,重塑自我形象;构建积极认知,促进人格成熟与职业定位;推动全面发展,实现人格与职业的和谐统一。

自我认知,既包括兴趣、能力、价值观和性格维度的自我审视,也融入周哈里窗和360°评估等多元视角,全面反映个人特质。

兴趣探索,基于霍兰德职业兴趣理论,将职业兴趣细分为六大类型,强调兴趣的可塑性与职业导向性,为职业探索提供新视角。

能力探索,涵盖专业知识技能、可迁移技能与自我管理技能三大方面,通过系统认知与发展计划,明确能力提升路径,为心仪职业铺路。

价值观探索,聚焦于价值观与职业价值观的内在联系,通过生命故事与理想工作描绘,挖掘核心职业价值观,指导职业选择与发展。

总之,我们需要通过多维度、多层次的自我认知探索,深入认识自我,为职业生涯规划奠定坚实基础。

第七章 理性决策

人的生涯发展中最重要的两个问题就是"选择"和"努力"。选择就是决策,努力就是行动。选择决策是人生发展的战略问题,努力行动是人生发展的战术问题。因此,在努力前做好选择非常重要。

在前面的章节中,我们已经通过理论知识和实践探索,对自己、对社会有了充分的了解与认知。而在本章,我们要做出最关键的选择和决策。我们要从哪些方向进行决策?有哪些决策方法?有什么工具可以直接使用?关于这些重要的决策问题,你都可以在本章中找到答案。

案例

小李是一名即将毕业的计算机科学与技术专业的本科生,她对编程、绘画和英语都有浓厚的兴趣和扎实的基础。她在北京的一所重点大学就读,成绩优异,曾多次获得奖学金和竞赛奖项。她的父母都是教师,对她的学习和成长给予了很大的支持和鼓励。她有一个弟弟在读高中,两人感情很好,经常一起玩游戏和看电影。小李是一个积极向上、乐观开朗的女孩,她喜欢结交朋友,参加各种社团活动和志愿服务。她对未来充满信心,希望能够找到一份符合自己兴趣和专长的工作,为社会做出贡献。

小李的父母建议她继续深造,在国内考研,如果她愿意去国外留学,家里也愿意支持。小李的父母认为高学历对未来找一份好工作很有帮助。

小李个人偏向于毕业后直接就业,步入社会体验更丰富的生活。但到目前为止她还没有确定心目中的理想职业方向。

她一方面积极寻找符合自己兴趣和专长的工作,另一方面又担心好的工作需要更高的学历,有些犹豫是否需要在国内考研或准备英文考试出国读研。面临着三个选择,她不知道该如何为自己做一个正确的决定。

小李的案例体现了大学生普遍面临的毕业后是直接就业还是继续深造的迷思。在职业规划里,很多时候我们需要考虑学历这一项重要影响因素,同时,还需要面对父母"望子成龙、望女成凤"的期待。从小李的案例中我们可以看到,她乐观进取,兴趣广泛,从中我们是否可以发现小李在能力或兴趣上的优势呢?

请你试着回答以下问题:

在职业选择上,学历和社会实践经验对你的影响是什么?你会如何选择?

关于案例中这个问题的决策,你会给小李提供哪些建议?

第一节 生涯决策的内容与方向

生活中决策无处不在，小到今天出门穿什么、中午吃什么，大到该如何选择专业、职业，该如何选择想要过的生活，选择和谁共同度过一生。我们都知道，我们的今天是因为昨天的选择，我们的未来由今天的选择造就。

要不要换专业？本科毕业了是继续深造，还是步入社会？是追求自己的梦想，还是接受现实的安排？站在重大决策的十字路口，作为大学生的我们难免感到紧张与迷茫。可以说，衡量一个人的生涯成熟度高低，就看他是否拥有独立而负责地做生涯决策的能力。

一、生涯决策能力的重要性

小故事

两只蚂蚁想翻越一段墙，寻找墙那边的食物。

一只蚂蚁刚来到墙脚就毫不犹豫地向上爬去，当它爬到半高处时，就由于劳累、疲倦而跌落下来。可是它不气馁，一次次跌下来，又一次次迅速地调整，重新向上爬。

第二只蚂蚁观察了一下，决定绕过墙去。很快这只蚂蚁绕过墙来到食物前，开始享受起来。

第一只蚂蚁仍在不停地跌落又重新开始。

大学生面临生涯发展的决策，就像故事中的两只蚂蚁面临翻越墙壁的决策。第一只蚂蚁没有可行的方法，只是盲目地向上爬，最终因劳累、疲倦而跌落下来。而第二只蚂蚁，在思考后选择了最优的前进方向，最终取得了成功。这则故事能够回答"为什么要做发展决策"的问题，也揭露了发展决策的重要性。

发展决策到底为什么重要？

(1) 选择与努力，是许多人一辈子始终在做的两件事。发展方向选择是人生重要的战略决策，关乎人生全局。一个人一生所做的选择，决定了他可以走向哪些可能的未来。选择职业、选择伴侣、选择居住地点……这些选择形成了一个人生活的基本轮廓。相比之下，努力更像是实现已做选择的战术手段。选择非常重要——它关乎一个人最终能否走向心目中理想的未来。

大学期间我们常常面对很多也很重要的选择。作为大学生，我们不仅要从众多专业中选择真正感兴趣的领域学习，把握宝贵的校园时光，也要为未来的职业道路做战略规划。这一系列的选择将对我们的发展方向产生深远影响。

(2) 明确决策方向后按规划努力才有效。如果选择方向出现较大偏差或错误，哪怕勤奋努力最终也可能白费心血。这就是"方向性错误"，即使过程中十分努力，终点也不是自己曾经想去的地方。因此，在做决策选择时一定要慎重，确定正确的大方向，这也是大学生必须学习的。

大学时代是找寻人生方向的黄金期。许多大学生刚进入校园便感到迷茫，不知道该如何努力进步。此时，做出明确的发展决策并制订良好规划便是摆脱这种迷茫的重要途径。

(3) 决策是一种基础性工作，是一切其他工作的基石。正确决策有助于描绘人生的蓝图,它也像是人生这座大厦的地基,其牢固与否决定整栋大厦是否坚固。大学生需要审视自身兴趣和优势,分析环境与趋势,筛选出适合且正确的选择。这是一项复杂且基础性的工作,但重要性却不容忽视。

二、大学生涯发展决策的三大内容

一般可以把大学生涯发展决策的内容分为以下三大类。

(一)选择职业发展方向

> **案例**

农村孩子小海来自偏远山区的小山村,家境贫寒。高中毕业后他考上了省会的重点大学,并靠助学金和暑期辛苦工作赚的钱顺利入学。在大学期间,他对自己的未来去向感到迷茫。大一寒假,他参加了学校组织的支教活动,去往一个偏远贫困镇,成为一群可爱孩子们的老师。他看到那里物质匮乏、文化贫瘠,想到小时候的自己,内心的职业发展方向开始明确:一定要让家乡脱离贫困,改变自己和村民们的命运。

科学决策:用"三个圈"方法思考职业规划

职业发展方向决策,也可以叫职业愿景决策,指大学生对未来职业发展的最终构想。这是大学生在大学阶段需面临的重要决策。确定职业发展方向是明确对未来的期许,它起初往往是一股前进的"精神气",并不一定是量化的目标。它能够成为大学生不断前进的原动力,是前进方向与精神寄托。这种价值驱动能使大学生在漫漫职业道路上走得更远。没有这个职业发展方向的决策,大学阶段的发展目标就难以落地。

在上面小海的案例中,"改变自己和村民们的命运"不能算一个明确的发展目标,但它就像人生导航的指南针,能为小海提供方向,当他面临选择或迷茫时刻,想起自己的生涯愿景,他便更可能快速找到前行的方向。

要想将这种发展方向的驱动力落到实处,使之细化为指引大学生发展的明确目标,我们可以从三个角度出发:一是行业,即你希望在哪个行业工作;二是地域,即你希望在哪个地理位置工作;三是职业,即你希望从事什么具体工作。

(二)确立学涯发展目标

在职业发展方向决策之后,大学生要为整个大学学涯的目标进行决策,这就是学涯发展目标决策,这是大学生面临的另一重大决策,涉及自己大学期间的目标以及大学毕业后的主要去向。

不同的去向决策有不同的优缺点和风险,需要根据自己的兴趣、能力、经验、资源等因素进行权衡和选择。

学涯发展目标决策一般包括:

(1)升学:继续深造,提升自己的学历与学识,以此获得更好的实力来应对社会要求。

(2)就业:步入职场,获得工作,成为"社会人士"。它是获得生存能力的重要渠道,也可以说是最主要的渠道。

(3)创业:大学生自主创办新企业或开展新事业。它是实现个人价值的重要路径之一。

大学生创业是实现创新创业国家战略的重要组成部分,可以促进就业和经济发展,也是锻炼大学生创新创业能力的重要途径。

(三)制订学涯发展计划

真正的决策不仅包括方向选择还包括行动计划。当我们构思好职业发展方向以及学涯发展目标之后,就要开始规划实现这些方向与目标的具体行动方案,制订学涯发展计划。

三、如何做生涯发展决策

绘画需要定下颜色的基调,人生发展也需定下方向。职业发展方向与学涯发展目标便是大学生未来发展最重要的基调。在校大学生羽翼还未丰满,见识尚未广博,到底该如何进行重要的生涯决策?有哪些方法步骤可供我们学习?下面的方法论,有助于大学生确定自己的决策方向。

科学决策:
科学决策三方法

(一)从自身出发,确定五大观念

想要进行职业或学涯的发展决策,等于寻找自己的未来,首先得明确自己到底想要什么样的未来,也就是明确自己的需求。个人的需求,一般体现在下面的五大观念方面。

1. 时代观

时代观是个人对当前时代背景和社会环境的认识。在进行职业或学涯发展决策时,了解当前社会的趋势和发展方向至关重要。当代大学生想要获得长足发展,也必须审时度势,对时代有自己的认识。

2. 地理观

地理观涉及个人对地理位置的偏好和需求。不同地区有着不同的经济发展水平和文化特色,这会对职业或学涯发展产生影响。个人需要对不同地理位置与发展水平有较为清晰的了解,同时结合自身情况考虑自己希望在哪个地区发展,以及该地区的优势和劣势。

3. 家庭观

家庭观强调个人对亲人与家庭关系的看法。家庭的支持与期望对于个人的发展具有重要影响,而个人对家庭的态度也影响其决策。一般来说,在进行决策时,个人需要考虑家庭的需求和期望,并寻求家庭的支持和平衡。

4. 发展观

个人的发展观是指一个人对自己的成长、进步和完善所持有的观念、态度和方法。它反映了一个人的人生目标、价值取向和自我实现的途径。明确的发展观是大学生未来发展的引航灯,也与职业发展方向有着高度联系,有助于个人保持动力和专注,为实现目标而努力。

5. 阶段观

阶段观是一种认为人类的发展是按照一定的顺序和规律,经历不同的阶段和任务的观点。它强调每个阶段都有其特定的特征、需求和目标,以及相应的教育和指导原则。而大学生的阶段观,则是对自己人生每个阶段所做的设想,针对青年、壮年、老年等不同阶段提出不同的挑战。大学生应当想象自己在人生不同阶段的不同样子,找准自己的阶段观。

(二)抓住核心诉求,明确发展方向

时代观、地理观、家庭观、发展观、阶段观这五个重要观念一旦被梳理清晰,大学生对自

己、他人、社会的认识也会变得深刻,这时就可以"乘胜追击",借助五大观念找到自己的职业发展方向,即找到自己终极的生涯愿景。

是追求改变与突破,还是追求安稳平淡?是追求做出巨大社会贡献,还是追求享受天伦之乐?

明确最重要的发展方向,就像为自己找到精神动力,有利于后续制订具体明晰的发展目标。

(三)以方向为基,确定学涯目标

基于五大观念找到了自己的发展方向与愿景后,就应当将其落到实处,制订发展的具体目标。大学生生涯发展具体目标需要具备以下特点。

阶段性:生涯发展是一个持续的过程,需要分阶段进行。例如,大一和大二可以是探索和了解自我兴趣的阶段,大三可以是确定职业方向和提升相关技能的阶段,大四则可以是寻找实习和就业的阶段。

可实现性:目标需要具有实现的可能性,遥不可及的目标可能会导致挫败感。例如,一个学生的目标是成为一名医生,那么他需要确保他有能力完成医学院的学习。

具体性:目标需要具体明确,这样才能更好地付诸行动并衡量进度。例如,"提高我的编程"这个目标就比"变得更聪明"这个目标更具体。

灵活性:随着时间的推移和环境的变化,目标可能需要进行调整。一个灵活的目标可以帮助大学生适应变化,持续发展。

挑战性:目标需要有一定的挑战性,这样才能激发大学生的积极性和动力。但是,挑战性过大的目标可能会导致压力和挫败感,因此需要找到适当的平衡。

第二节 职业发展目标决策工具

从前文中我们已经知道了职业发展决策的重要方向和维度,那么该如何将其落到实处,使之成为发展决策的工具?

为了解决这一难题,我们推出职业决策匹配度评估模型。这套模型工具的原理是,通过对比你的个人特征和职业特征,计算出你与不同职业的匹配度,最终找到"交集点",从而帮助你做出合理的职业选择。

我们以本章第一处案例引入的大学生"小李"为例,介绍如何利用这一模型工具进行职业发展决策。这里需要说明,我们在做职业规划时,一定要分清何为目标、何为路径。考研升学并非目标选项,它仅仅是我们实现职业目标的路径。所以我们在做职业发展目标决策时,不考量升学。

一、确定可选项

确定可选项是第一步,即分别确定行业、地区、职业这三大方向的可选项。

利用思维导图、表格等工具,根据自身和社会的情况,为行业、地区、职业列出各自的可选项。在这一步,你可以天马行空地尽情列举,但可选项数量最好控制在2~5个。

例如,即将毕业的小李,就结合自己的情况在方向选项表(见表7-1)中填写了"可选项"一列。

表 7-1 方向选项表

方向	可选项	评估指标匹配项	数量
行业	计算机行业		
	游戏行业		
	影视特效行业		
	教育行业		
地区	北京(大学就读地)		
	武汉(家乡所在地)		
	上海		
	深圳		
职业	程序员		
	教师		
	游戏原画师		
	产品经理		

注:"评估指标匹配项"与"数量"列暂不填。

二、列举评估指标

列举评估指标是第二步,即根据三大方向的六大维度,思考自身和社会的现状与需求。列举这些考虑因素,并标上相应的序号,作为后续评估的指标。

小李认真地思考了现在社会的需求、自己对行业文化的偏好、地区的资源区别、自己所具有的职业特质和专业特长,填写了行业方向评估表(见表 7-2)、地区方向评估表(见表 7-3)和职业方向评估表(见表 7-4)。

表 7-2 行业方向评估表

方向	维度	评估指标
行业	社会需求	①当前社会需要高新技术人才 ②国家鼓励创新创业 ③鼓励对信息技术的突破与发展 ④鼓励弘扬优秀传统文化 ⑤鼓励教育和"三支一扶"
	行业文化	⑥偏好年轻活泼的文化 ⑦偏好新潮(创新)的文化 ⑧偏好高回报、高收入的行业

表 7-3　地区方向评估表

方向	维度	评估指标
地区	社会资源	⑨开放自由 ⑩经济发达,平均收入高 ⑪气候宜人,冬天不冷 ⑫离家不远,回家方便 ⑬美食丰富
	特殊情况	⑭男友在上海 ⑮家人在武汉 ⑯朋友在北京、上海等地

表 7-4　职业方向评估表

方向	维度	评估指标
职业	职业特质	⑰自己具备较好的管理与领导能力 ⑱自己的性格开朗,擅长团结他人 ⑲自己对游戏与娱乐文化感兴趣 ⑳自己具备良好的创新思维 ㉑自己具备奉献精神,想做出一番事业
	所学专业	㉒计算机科学与技术专业 ㉓编程能力 ㉔图像处理能力 ㉕英语能力

除了行业、地区、职业三个大的考虑方向外,小李还单独列出了一个特殊因素评估表(见表 7-5),列举了一些其他值得考虑的特殊因素。

表 7-5　特殊因素评估表

方向	维度	评估指标
其他	特殊因素	㉖作为教师的父母希望小李继续深造或选择教育行业 ㉗曾经和弟弟约定未来创建游戏工作室 ㉘男友是程序员

三、方向匹配

方向匹配是第三步,即根据实际情况,将评估表里的指标序号与可选项一一对应,并统计每个可选项有多少个匹配指标。匹配指标数量最多的可选项,就是决策者的最佳选择。

比如,小李认真考量了行业方向中的可选项"计算机行业",觉得这个行业符合"社会需求"维度中的"高新技术人才""创新创业""信息技术的突破与发展"指标;符合她对"新潮(创新)"的需求;也和男友的职业相同,能共同扶持;等等。于是,她就将这些指标的序号一一填入方向选项表(见表 7-6)。

表 7-6　方向选项表（填后）

方向	可选项	评估指标匹配项	数量	最佳选择
行业	计算机行业	①②③⑦⑧㉘	6	计算机行业
	游戏行业	②③⑥⑦㉗	5	
	影视特效行业	⑥⑦㉗	3	
	教育行业	④⑤㉖	3	
地区	北京（大学就读地）	⑨⑩⑯	3	上海
	武汉（家乡所在地）	⑨⑫⑬⑮	4	
	上海	⑨⑩⑬⑭⑯	5	
	深圳	⑨⑩⑪⑬	4	
职业	程序员	⑰⑳㉑㉒㉓㉕㉘	7	程序员或游戏原画师
	教师	⑰⑱㉑㉕	4	
	游戏原画师	⑰⑱⑲⑳㉒㉔㉗	7	
	产品经理	⑰⑱⑳㉕	5	

四、加权决策

在表 7-6 中可以看到，在"职业"的选择评估中，"程序员"和"游戏原画师"的匹配指标数量都是"7"，也就是说对这两个职业方向，还需要进行一次决策才能得到最终选项。

遇到匹配指标数量持平的情况时，我们可以增加一个"加权决策"环节。

仍然以大学生小李为案例，加权决策步骤如下：

第一步，找到匹配指标数量持平的决策方向。显然，在进行"职业"方向决策时出现匹配项持平的情况。

第二步，重新分析对应的方向评估表。对小李来说，就是表 7-4"职业方向评估表"。

第三步，重新考量方向维度的重要性，并为其赋值。建议为你觉得更重要的维度赋值"2"，次一级的维度赋值"1"。比如，小李经过深思熟虑后，觉得职业维度里的"所学专业"对自己的影响更大，于是赋值"2"；"职业特质"则赋值"1"；"特殊因素"赋值"2"。

第四步，根据赋值，重新计算匹配项的加权分数并填写表格。所有"职业特质"维度里的评估指标都算为数字"1"，"所学专业"维度里的评估指标算为数字"2"。加权分数见表 7-7。

表 7-7　职业方向加权决策

可选项	评估指标匹配项	加权分数
程序员	⑰⑳㉑㉒㉓㉕㉘	1＋1＋1＋2＋2＋2＋2＝11
游戏原画师	⑰⑱⑲⑳㉒㉔㉗	1＋1＋1＋1＋2＋2＋2＝10

根据加权分数，"程序员"得分为 11，高于"游戏原画师"的得分 10。所以对小李来说，"程序员"脱颖而出，成为她的最佳选择。

五、优化检查

使用职业决策匹配度评估模型,在根据三大方向、六大维度填写完表格后,我们就可以得到最佳选择。如果出现匹配项持平的情况,还可以通过"加权决策"来进一步计算,得到最佳决策结果。

案例中的大学生小李,在选择方向与匹配评估指标后,得到了最佳选择:计算机行业、上海地区和程序员岗位。

不过,在完成表格后,填表人需要根据结果再次回顾心中的想法:是否认同表格的结果?有没有觉得缺少了什么?觉得哪个选项填错了?有没有新的评估指标需要补充?借助职业决策匹配度评估模型的填写过程对自己提问,能帮助我们唤醒自己,找到心中真正想要的那个选择。

第三节 个人决策能力探索与培养

在人生的广阔舞台上,职业决策恰似一场激动人心的冒险征程。它绝不仅仅是一个瞬间的简单抉择,而是一个极为复杂且充满挑战的过程。从信息的搜集伊始,至最终毅然做出决定,再到行动的切实落实,在此期间个人需承担重大责任。

职业决策过程紧密关联个人的价值观、浓厚兴趣以及多元技能。当我们展望未来,在面临冒险或进行重大决策时,我们的反应深受个人性情的深刻影响。有的人由感觉主导,行事果断迅速;有的人则犹豫不决,难以定夺;有的人理性客观,深思熟虑;还有的人依赖他人协助,谨慎前行。

在决策过程中,我们可能会遭遇诸多障碍:

其一,信息层面,信息匮乏、错误或冗杂,都有可能阻碍决策。

其二,经验与知识不足,如缺乏决策经验,相关知识欠缺,或者对决策技巧缺乏信心。

其三,个人因素,如焦虑情绪、价值冲突、兴趣与能力不匹配、执行计划能力缺乏、社交角色复杂以及专业兴趣过淡或过浓等。

影响职业决策的因素主要包括:① 遗传与特殊能力。性别、智力、个人天赋等会在一定程度上对个人生涯发展产生影响。② 学习经验。成长过程中积累的独特学习经验,左右着未来的职业选择。③ 环境与重大事件。家庭的经济条件和期望,会极大地影响个人的求学、就业与发展方向。④ 任务取向技能。面对问题时不同的人有不同的习惯、处理方式、心态和情感等,不同的反应会导向不同的结果。

一、决策风格类型与生涯决策风格

决策风格是个体在面临决策情境时所表现出的相对稳定的决策方式和倾向。

(一)决策风格类型

1. 理性型

特点:以逻辑和分析为基础,搜集大量信息,仔细评估各选项利弊后做出决策。

表现:决策时会花费时间研究思考,权衡不同因素重要性,追求最优解。如购买昂贵电子产品时,会在比较不同品牌和型号产品的性能、价格、售后服务等方面后做出理性选择。

2. 直觉型

特点：依靠直觉做决策，往往快速果断。

表现：凭借第一感觉或内心直觉判断，不太依赖详细分析。例如在选择旅游目的地时，可能因突然对某个地方产生强烈好感而决定前往。

3. 依赖型

特点：倾向于依赖他人意见和建议做决策。

表现：面临决策时会咨询家人、朋友、专家等，然后根据建议做出决定。如在选择职业时，可能听从父母安排或参考同学选择。

4. 回避型

特点：尽量避免做出决策，拖延或将决策责任推给他人。

表现：当面临决策压力时，可能采取拖延策略，或干脆不做决定。比如在面对两个都不太满意的工作邀请时，可能一直拖延而不做选择。

（二）生涯决策风格

生涯决策风格是个体在进行职业生涯规划和决策时所表现出的特定决策方式。

学者丁克里奇根据个体决策时对自己和环境的认知程度，总结出八种生涯决策风格。

（1）冲动型：迅速确定行动方案并立即行动，决策风险较大，容易后悔。

（2）直觉型：依据感觉而非思考做决定，常忽略外在因素，易产生先入为主的偏见。

（3）计划型：既倾听内心声音，又考虑外界因素，从而明智地做出决定。

（4）顺从型：依赖他人而非独立决策，可能导致所做选择不适合自己。

（5）宿命型：不愿自己做决定，将决定权留给境遇或命运，常感无助。

（6）痛苦挣扎型：花费很长时间做选择，反复比较，仍难以放心。

（7）拖延型：知晓问题所在却迟迟不行动，致使问题越发严重。

（8）瘫痪型：知道应该做决定，却无法启动决策过程，也不愿对决策负责。

生涯决策风格并无绝对优劣之分，我们应在充分了解自己和环境的基础上，果断做出生涯决策；若无法做到，就应有意识地提高自己的生涯决策质量。

测一测

决策风格类型测试：填写表7-8，并将测试结果填入表7-9，即可得到你的决策风格类型。结果仅供参考。

表7-8 决策风格类型测试题

题号	内容	符合/不符合
1	我时常草率地做出判断	
2	我做事时不太喜欢自己出主意	
3	遇到难做决定的事情，我通常会把它先放一放	
4	做决定时，我会多方搜集所必需的一些个人及环境的资料	
5	我常凭第一感觉做出决定	

续表

题号	内容	符合/不符合
6	做事时,我喜欢有人在旁边,方便随时商量	
7	遇到需要做决定的事时,我有些紧张不安	
8	我会对搜集到的资料加以比较分析,列出可选择的方案	
9	我经常会改变自己所做的决定	
10	发现别人的看法与我不同,我常常不知该怎么办	
11	我做事老爱东想西想,下不了决心	
12	做决定时,我会认真权衡各项可选择方案的利弊得失,判断出此时最好的选择	
13	做决定之前,我一般不做什么准备,临时看着办	
14	我很容易受别人意见的影响	
15	我觉得做决定是一件痛苦的事	
16	做决定时,我会参考其他人的意见,再斟酌自己的情况,来做出最适合自己的决定	
17	我常不经慎重思考就做决定	
18	我常常在父母家人、老师、同事或朋友的推动下才做出决定	
19	为了避免做决定的痛苦,我现在不想做决定	
20	做决定时,我会经过深思熟虑之后,明确决定一个最佳的方案	
21	我喜欢凭直觉做事	
22	我喜欢让父母家人、师长、同事或朋友为我做决定	
23	我处理事情时常会犹豫不决	
24	如果已经决定了所选择的方案,我会展开必要的行动准备,并全力以赴去执行	

表7-9 决策风格类型测试结果

题号组	1、5、9、13、17、21	2、6、10、14、18、22	3、7、11、15、19、23	4、8、12、16、20、24
得分				
决策类型	直觉型	依赖型	回避型	理性型

注:对应题号结果为"符合"得1分,为"不符合"不得分,分别按"题号组"合计得分填表。

决策并非一蹴而就之事,而是需要基于对问题的清晰认知、目标的明确设立、相关因素的仔细梳理以及对各个选项的全面评估,如此方能做出更为明智且合理的决策。人人皆渴望成功,然而每个人对于成功的定义却不尽相同。因此,决策时就需要对生涯目标进行澄清。

决策澄清有着重大意义,它能够有效降低决策过程中的不确定性与模糊性,提升决策的质量与效果,使人们在面对复杂的决策情境时,能够更加自信、果断地采取行动。

二、决策实践

(一)"为我的成功下定义"

(1) 看到"成功人士"这几个字时,你头脑中最先出现的 10 个人是谁?尽可能快地写下这 10 个人的姓名。

想一想,这些人有没有什么共同点?你为什么觉得这些人是成功的?分析并填写表 7-10。

表 7-10 "成功人士"分析记录表

序号	成功人士	成功的方面(3~5 个词)	比较共同点
1			
2			
3			
4			
5			
6			
7			
8			
9			
10			

(2) 分享讨论:你觉得自己列出的成功人士和别人列出的有何不同?可以把自己的列表和同学的进行对比。

(3) 快速地写下最先浮现在你头脑中的 10 个成功的象征,可以是物品、场景等。

你觉得每个象征对你来说有多重要?它们是不是你在生活中特别希望得到的?你觉得自己列出的成功的象征可能和别人列出的有何不同?可以把自己的列表和同学的进行对比。

(4) 明确个人抱负。

将下面的句子补充完整,补充的时候想一想什么对你来说意味着个人的成功。如果补充句子比你想象的要困难也不用担心。可以在完成后面的内容后再回来把句子补充完整,那时候你可能想修改或者精炼这些句子。

我在学业上的抱负:_____

我在职业生涯上的抱负:_____

我在个人生活上的抱负：_____
_____

想一想

你的决策选项，会让你离你心目中成功的样子更近吗？

决策既是选择，也是行动。决策可能会引起焦虑和压力，我们需要针对正确决策真正行动，从而消除焦虑和压力。

（二）制订符合SMART-F原则的目标

要实现个人在学业、职业和生活上的抱负，制订目标很重要。思考目标的时候可以尝试在心中回答以下问题：

想象一下，实现目标之后会出现什么场景？

如何知道自己已经实现了目标？

目标实现后，自己哪些方面会不一样？

为实现目标自己要付出什么？这种付出是否值得？

想一想你的人生观、价值观等，是你自己制订了这个目标吗？

SMART-F原则是目标管理理论的一项"黄金准则"，好的目标应该符合SMART-F原则。制订了清晰可实现的目标后，你的大部分任务都会更容易解决。利用SMART-F原则，你可把要做的事情看得更清楚，还可以用它来评估成功，它允许恰当的灵活度，你也可以为意外情况做计划。以英语学习为例，SMART-F原则的应用如下：

具体（specific）：在晚饭前完成今天的英语单词背诵目标。

可衡量（measurable）：在晚饭前完成30个英语单词背诵目标。

可实现（achievable）：根据上个星期的时间安排，只要晚饭前抽半个小时就可以完成这个目标。

正相关（realistic）：希望能在本学期认真学习，取得好的成绩，英语单词背诵、记忆可以提升英语成绩。

有时限（time-bound）：每晚8点之前完成。

灵活（flexible）：每周只要有5天完成就算完成本周英语单词背诵目标。

（三）任务挑战

制订符合SMART-F原则的目标。请判断表7-11中各项目标叙述是否符合SMART-F原则。

表7-11 目标判断

目标	具体	可衡量	可实现	正相关	有时限	灵活
	S	M	A	R	T	F
1.这学期我要努力读书						
2.毕业后，我要找一份工作						
3.我要学好英文						
4.我要在3个月内学会弹吉他						

续表

目标	具体 S	可衡量 M	可实现 A	正相关 R	有时限 T	灵活 F
5.今晚 8 点前,我要写完一份 1000 字的读书心得						
6.今年暑假,我要报名参加志愿者活动						
7.我最近要花一些时间陪伴父母						
8.我要戒掉吃夜宵的习惯						
9.我要运动健身						
10.我要每天早上背诵 10 个英文单词						

注:在符合的项下填入"√"。

请修改上述不符合 SMART-F 原则的目标,使所有目标符合 SMART-F 原则。

(四)制订个人生涯目标

你的生涯目标:_____

大三要完成的目标:_____

大二要完成的目标:_____

大一要完成的目标:_____

(五)行动计划与实施

步骤一:列出这一周你必须要做的所有事情(符合 SMART-F 原则)。

步骤二:将所有事情分成四类,即重要且紧急、重要但不紧急、紧急但不重要和不重要也不紧急,依序排列。

步骤三:周复盘。

(1) 根据行动验收结果、分析原因(为什么达成/未达成)。

(2) 下步计划是继续做、停止做,还是开始做。

(3) 把下周计划添加到进度表。

(4) 每周六晚上 10 点前完成本周复盘和下周计划。

步骤四:月复盘。

(1) 本月目标是否完成？是否合理？

(2) 计划具体执行情况,如执行时间、执行内容等。

(3) 检查结果情况,如完成时间、完成结果等。

(4) 问题分析(为什么达成/未达成)。

(5) 本月大事记:写下月度大事记,如自己取得的进步与成就。

(6) 下步计划是继续做、停止做还是开始做。

步骤五：年复盘。

(1) 用一个词或一句话总结自己过去一年。

(2) 复盘过去一年任务完成情况及目标进展。

(3) 回顾过去一年的 10 个高光时刻(让你最有成就感、最快乐且想要记下来的 10 件事情)。

(4) 写下过去一年自己的遗憾，并分析原因。

(5) 用一句话给自己下一年提建议。

 本章小结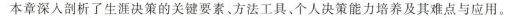

本章深入剖析了生涯决策的关键要素、方法工具、个人决策能力培养及其难点与应用。

生涯决策，作为人生战略的核心，其重要性不言而喻。选择十分重要，往往能决定人生走向，尤其在大学时期，每一个决策都可能深刻影响未来发展。决策内容涵盖职业方向、学涯目标与计划，需全面考量。

做好生涯决策，关键在于明确五大观念，以此为基础，利用职业决策匹配度评估模型，从多个选项中筛选出最佳选择。加权决策与优化检查，能确保决策的科学性与可行性。

个人在决策能力培养过程中，首先需了解自身决策风格，通过测试明确类型。接着，制订符合 SMART-F 原则的目标，确保目标具体、可衡量、可实现、正相关、有时限且灵活。最后，将目标转化为行动计划，通过定期复盘，确保行动的有效性与目标的达成。

生涯决策面临诸多难点，如多因素的综合考量、决策方式的选择、目标制订与实施的挑战等。然而，通过案例分析与原则应用，如了解通过评估模型确定职业选择的方法，不同决策风格在生活中的表现，以及符合 SMART-F 原则目标的执行效果，我们不难发现，理性决策的力量在于其科学性与实践性。

第八章 有效行动

"理想很丰满,现实很骨感"。这句话其实并不含褒贬之意,因为"丰满"和"骨感"都可以给人以美的感受。理想是我们对既定现实进行提取、剪辑、重组和完善时描绘出的一幅美丽图画。我们从现实中汲取经验、教训和灵感,将那些美好的元素组合在一起,勾勒出理想的轮廓。同时,理想不是脱离实际的幻想,而是建立于现实基础之上并有可能实现的。构建理想是一回事,而实现它又是另外一回事;构建理想是一个美好的过程,而实现理想则是一个艰难曲折的过程。我们要行动起来,一步步将理想转化为实际行动,才能在学业与职业生涯中获得实效。

第一节 健康管理——拒绝做"脆皮"大学生

案例

"脆皮大学生"走红背后:年轻人体质之忧何解?(节选)

"打了个哈欠下巴脱臼了""军训踢正步把自己踢成骨折""打游戏太激动导致呼吸性碱中毒""一天一杯奶茶,半夜突然心跳加速、全身麻痹,被送进医院检查出缺钾"……

最近,在各类社交平台上,越来越多的年轻用户分享了自己让人哭笑不得又心惊胆战的意外和疾病经历。由于这类"惨痛案例"实在太多,"脆皮大学生"一词迅速走红网络。

然而,当诸如此类的事件层出不穷,"脆皮大学生"这一话题已不再只是自嘲,也为当代大学生体质健康问题敲响了警钟。

意外和疾病五花八门 辅导员迎"至暗时刻"

看似玩梗,但各种健康问题也真实发生在年轻人身上。

"50岁的爸妈步伐轻盈,20岁的大学生弯个腰都眼冒金星。"在北京某高校读大四的刘影(化名)告诉中新网,她觉得自己越来越"虚"了。10月中旬,刘影突然在半夜惊醒,出现腹泻、呕吐等症状,坚持到白天后,她在室友的陪同下去了医院,诊断出急性肠胃炎,如今,一旦吃了生冷刺激的食物,她总会觉得难受。在最近的一次体检中,她又查出窦性心动过速、胆固醇偏高等问题。"虽然都是小毛病,但确实有点害怕了。"刘影说。

大学生这么"脆",辅导员们也迎来了"至暗时刻"。开学以来,每到晚上,安徽省某高校辅导员阿宛(化名)都会有点心慌。

"因为我带的学生基数较大,三百多人,每周基本上都会有十几个因生病请假的学生。"阿宛向中新网介绍,最常见的是感冒发烧、胃疼等情况,也有一些突发状况,比如着急下楼收衣服结果被垃圾车刮到、半夜呕吐到进医院、因低血糖在课上晕倒等。

最近就有一个学生让阿宛印象深刻。"有天早上六点多,学生的室友就给我发消息说她在寝室晕倒了,好像低血糖犯了,后来说已经醒了。八点半后,我又接到了班长的电话,说这名学生在课上晕过去了,当时的心情真的是'表面冷静处理,内心发出尖锐爆鸣声'。这孩子一天两次晕倒,我真的担心她出什么事。"

类似情况并不罕见。在某短视频平台上,"脆皮大学生"相关话题播放量已达到12.2亿次。据媒体报道,仅今年9月,郑州某医院急诊科就接诊了1700多名18到25岁的年轻人,有外伤、腹痛、胸闷、过度换气综合征等。

(资料来源:中国新闻网,2023年10月20日,《"脆皮大学生"走红背后:年轻人体质之忧何解?》,有删改)

谁偷走了我们的健康?

"每个人是自己健康第一责任人"。世界卫生组织发现,影响健康的因素中,生物学因素占15%,环境影响占17%,行为和生活方式占60%,医疗服务仅占8%。由此可见,获得健康最简单也是最有效的方法、个人健康管理最日常也是最重要的策略,就是培养健康生活方式,把健康融入生活的方方面面。

"口味重"会摄入过多的盐导致高血压,"趁热吃"会损害食道黏膜导致癌症的发生,晚上11点后不睡觉会造成代谢紊乱、肥胖等。过度陷入"宅"生活,长期沉迷虚拟世界,在桌前久坐不起,缺少体育锻炼,都会降低我们对疾病的抵抗能力。

(资料来源:《人民日报》,2019年8月14日,《人民时评:每个人是自己健康第一责任人》,有删改)

党的二十大报告提出"推进健康中国建设"重大任务,强调"重视心理健康和精神卫生"。研究数据显示,大学生身体素质呈现下降趋势。专家建议,大学生身体素质提高已是"迫在眉睫",鼓励大学生群体加强健康管理非常重要。互联网和人工智能技术的飞速进步给我们带来了许多便利,我们的生活方式、社交模式乃至思维模式都正在发生深刻变化。与此同时,这些变化可能也正对我们的健康产生新的影响:足不出户点外卖、不喝开水喝奶茶、赖在床上玩手机。这些不良生活方式正在偷偷损害我们的身体健康。此外,网络依赖、睡眠障碍、社交恐惧、信息焦虑等相关的心理健康问题也越来越常见。这些问题不仅影响我们的日常生活和学习,还可能对我们的未来身心健康产生长远的不利影响。

一、健康管理的基本内容

健康管理是通过对个人的健康状况以及影响健康的风险因素进行全面检查、检测,搜集躯体、精神、心理、社交、环境等多方面的信息,分析影响生理、心理及行为健康的风险因素,对目前健康状况提出评估意见,提供健康咨询和行为干预的行为。其目的在于保持健康,解决亚健康人群的健康问题以及建立健康的生活方式。健康管理的核心是控制健康危险因素,目标是预防疾病和推迟疾病的发生。

健康不仅是身体没有疾病和免于虚弱,还包括良好的生理、心理状态和良好的社会适应能力。预防是促进健康最有效、最经济的手段。世界卫生组织(WHO)提出的这个定义提示我们:健康不仅仅是指身体没有疾病、不虚弱,而是指身体、心理和社会适应三个方面都处于良好状态。

我们的健康管理不仅要包含世界卫生组织提出的人的健康的三个层次,还应该包含道德。因此,健康管理包含以下四个方面(见图8-1)。

第一,生理健康,即机体组织结构完整,生理功能正常、协调。

第二,心理健康,即具有乐观的生活态度,情绪稳定,善于交往,富有同情心、责任心、自信心,人际关系和谐,有较强的社会适应能力和幸福感。

第三,社会适应健康,即能在不同时间、不同环境中适应各种角色。换句话说,就是能胜任各种角色,心理和行为能适应变化的环境,能被周围人群和社会所接受。

第四,道德健康,即积极向上,有辨别真伪、善恶、荣辱的是非观念,能按社会规范准则约束自己的行为。

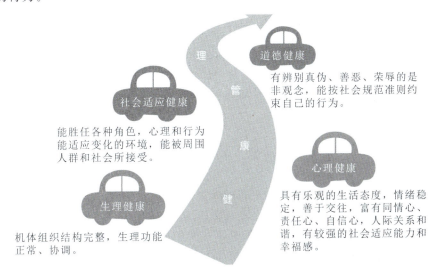

图8-1 健康的四个方面

二、如何进行健康管理

(一)影响健康的因素

世界卫生组织对影响健康的因素进行了总结:健康=60%的生活方式+15%的遗传因素+10%的社会因素+7%的自然因素+8%的医疗因素,如图8-2所示。可见,健康的生活方式至关重要。一项发表在《中华流行病学杂志》的研究,针对我国近50万人调查发现,99%中国人的生活方式不健康,均是"慢慢养病"[①]。

生活方式是决定健康的核心要素,获得健康的基本法则就是改善生活方式,包括起居、膳食、心理、运动、各种嗜好等。可以说,良好的生活方式就是"续命神药",如影响人类寿命的各种慢性病,在很大程度上是由不良的膳食生活方式所造成的。我们自己掌握着最大的主动权,可以通过改善生活方式,延长我们生命的长度,改善生命的质量。

(二)有效健康管理

健康无疑是人的全面发展较重要的基础性条件,人民健康水平是检验中国式现代化建设成效的重要标尺。如果不进行有效的健康管理,我们可能就会面临来自各个方面的健康

---

① 资料来源:《99%国人活得还是不健康》,《人民网—生命时报》,2019年4月26日。

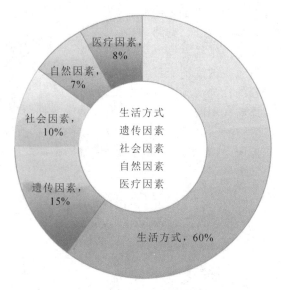

图 8-2　影响人类健康的因素

问题,这些问题又会影响我们的心理健康。如何进行有效健康管理对于我们的成长和发展尤为重要。

第一,作息规律。作息规律与人的身心健康有着密切的关系。作息规律使人精力充沛,延年益寿;作息紊乱对人的身心健康则会造成危害。有规律的生活、科学的作息是使人精力充沛、身心健康、提高活动效率的保证。但是不按时起床、睡觉、用餐,晚上熬夜到凌晨两三点,早上补觉到上午十一二点的情况,在我们生活当中极为常见。作息经常不规律,就会破坏生物节律,导致身体机能减退,负面情绪增加,自主神经功能紊乱,学习效率降低。长此以往,不仅影响学习,还容易使身心受到损害。成年人每天睡觉的时长应保持在 7~8 小时,入睡时间应在晚上 11 点前。

第二,适量运动。生命在于运动。适量运动是保持脑力和体力协调,预防、消除疲劳,防止亚健康和延年益寿的一个重要因素。2021 年世界卫生组织公布的《世卫组织关于身体活动和久坐行为的指南》指出:运动可以显著提升健康水平,久坐是健康的重要独立危险因素。成年人每周应该进行至少 150~300 分钟的中等强度有氧活动,或至少 75~150 分钟的剧烈强度有氧活动,或者等量的中等强度和剧烈强度组合活动,可以获得巨大健康收益。

体育运动与心理健康有着密切联系。如今,青少年学业压力大、节奏快,长时间久坐面对书本成为常态,难免会产生烦躁情绪。国内外大量研究证实,参与体育运动,不仅可以提高免疫力,还能有效缓解学习压力。

第三,健康饮食。身体健康不仅仅来自长期的适量运动,同时也需要营养物质的摄入,因此,健康饮食是大学生健康管理的又一重要因素。目前大学生对饮食的重视程度明显不足,不吃早餐、长期吃外卖、过度节食等现象层出不穷。健康饮食应做到以下几个方面:

(1) 吃好早餐。吃好早餐的标准是,热量要占全天的 30%;早餐中的碳水化合物、脂肪、蛋白质三大营养素要搭配好,以淀粉类食品为主,配以一定量的脂肪和蛋白质。有些同学为了早上多睡一会儿而不吃早餐,看似多了一点睡眠和精力,但是饥肠辘辘的状态也的确会影响上午的课堂学习效果,这种做法是得不偿失的。

(2) 不盲目节食。这一点女生更应重视。女性在发育成熟后,生理上就要求有一定的皮下脂肪积存。如果用控制进食来减少皮下脂肪的积存,求得瘦体型,容易造成营养缺乏,从而导致整个机体抵抗能力下降。

(3) 少吃外卖和快餐。外卖和快餐往往含有高油、高盐、高糖等不健康食材,长期食用对身体不利。学校食品安全且营养健康有保障,我们应该尽量选择在学校食堂用餐,或者选择健康的餐厅就餐,避免经常食用外卖和快餐。

(4) 均衡营养。均衡营养是指摄入适量的各种营养素。我们在饮食中应该注意摄入适量的蛋白质、脂肪、碳水化合物、维生素和矿物质等,如多吃粗粮、蔬菜、奶豆制品等,同时,应该尽量避免摄入过多的油脂和糖分,以免导致肥胖和其他健康问题。

第四,控制吸烟。烟草的烟雾中含有多种已知的致癌物,有充足证据表明吸烟可以导致多种恶性肿瘤,还会导致呼吸系统和心脑血管系统等多个系统方面的疾病。根据世界卫生组织报告,每3个吸烟者中就有1个死于与吸烟相关疾病,吸烟者的平均寿命比非吸烟者短10年。烟草对健康的危害已经成为当今世界最严重的公共卫生问题之一。每年因吸烟患上相关疾病而导致死亡的人数超过100万人,因二手烟暴露导致死亡的人数超过10万人。

第五,心态健康积极。培养健康的生活方式,同样也需要在生活中保持心理健康,保持乐观、开朗、豁达的生活态度,合理设定自己的目标,正确认识重大生活、工作变故等事件对人的心理造成的影响,学习基本的减压知识,学会科学有益的心理调适方法。学会正确看待我与他人、我与世界的关系。生活中,家庭、工作、社交等带来的压力不可避免,这些都可能在心里投下阴影,影响到人的情绪、认知以及行为。培养健康的生活方式,首先要培养正确的世界观、人生观、价值观,涵养理性平和的健康心态,少一些爱慕虚荣的无谓攀比,多一些呼朋引伴的真诚沟通,才能抵达诗和远方。

知识拓展

《中国居民膳食指南(2022)》准则一:食物多样,合理搭配(见图8-3)

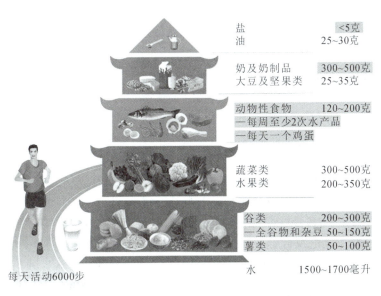

图8-3 中国居民平衡膳食宝塔(来源:《中国居民膳食指南2022》)

食物类别	平均每天摄入的种类数	每周至少摄入的种类数
谷类、薯类、杂豆类	3	5
蔬菜、水果	4	10
畜、禽、鱼、蛋	3	5
奶、大豆、坚果	2	5
合计	12	25

续图 8-3

核心推荐：
- 坚持以谷类为主的平衡膳食模式。
- 每天膳食应包括谷薯类、蔬菜水果、畜禽鱼蛋奶和豆类食物。
- 平均每天摄入 12 种以上食物，每周 25 种以上，合理搭配。
- 每天摄入谷类食物 200～300 克，其中包含全谷物和杂豆类 50～150 克，薯类 50～100 克。

第二节 时间管理——时间都去哪儿了

案例

怎样成为时间的主人

你还记得当年以"最牛学习计划表"（见图 8-4）火遍全网的清华"特奖"双胞胎姐妹吗？马冬晗和马冬昕，博士毕业后赴海外深造，现已学成归国，双双任教于高校。

早上 6 点起床，6:40 开始学习。上午上课，中午两个小时吃饭，下午课程结束后吃晚饭。紧接着又学习，其间还配合跳绳运动，到凌晨 1 点睡觉，每天学习 17 个小时，只睡 5 个小时。严格的时间管理，让双胞胎姐妹迅速"出圈"。

五年后，在化学系直博的妹妹马冬昕，站了清华研究生特等奖学金的答辩会上，获得"双料特奖"。马冬晗在实验室经历了一次又一次的尝试后，终于看到光栅在灯光下衍射出美丽的颜色，实现稳定的曝光，顺利走过读博之路。

2017 年，姐妹俩从清华大学博士毕业后，都选择了继续赴海外深造。从出发到回归，从马同学到马老师，二人秉持着"早日学成归国"的信念，熬过异乡学习、工作的日夜，回归祖国，继续着各自的科研事业，为国家乃至世界发展贡献力量！

（资料来源：光明网，2024 年 01 月 22 日，《清华学霸双胞胎双双回国！这张"学习计划表"曾刷屏全网》，有删改）

一份密密麻麻的时间安排表，带给我们的是震撼更是反思——这么优秀的人都如此努力，我们都是风华正茂的少年，又该怎样规划自己的每一天、每一周、每一月、每一年呢？

"时间都去哪儿了，还没好好看看你眼睛就花了，柴米油盐半辈子，转眼就只剩下满脸的皱纹了"。2014 年中央电视台春节联欢晚会上，歌曲《时间都去哪儿了》平实真挚的歌词引发观众共鸣。

谈到时间，我们往往会脱口而出"时间就是金钱""时间就是生命""一寸光阴一寸金，寸金难买寸光阴"。对我们来说，时间是重要且有限的资源，是财富，是资本，是积累，是千金难

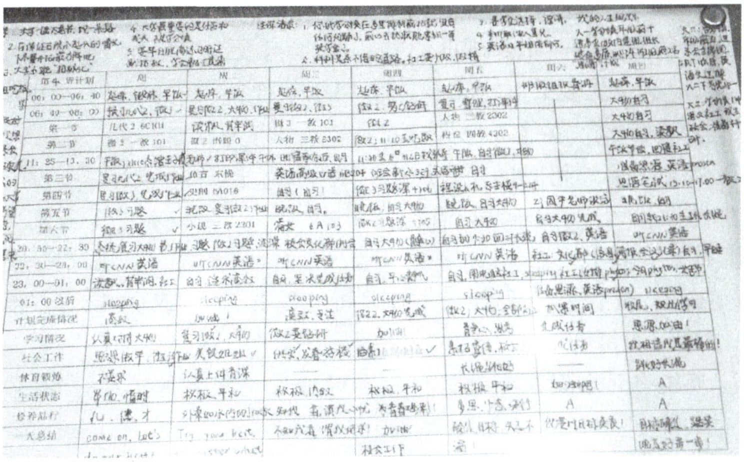

图 8-4 马冬晗、马冬昕的学习计划表

买的无价之宝。面对"时间有限"的压力,我们究竟做得怎么样呢？成功和不成功的人一天都只有 24 小时,区别就在于如何利用每天所拥有的 24 小时。管理学大师彼得·德鲁克说:"不能管理时间,便什么都不能管理。"时间管理与我们每个人的成长、成才关系密切。学会高效管理时间,参加有价值的活动,去充实有限的时间而不是任由时间流逝,是我们应该具备的一项基本技能。

一、为什么我的时间总是不够用

你有没有觉得自己好像总是忙不过来,感觉还有很多事情都没处理完？这种现象不只出现在我们身上。许多人抱怨他们从来没有足够的时间来享受生活,也没有足够的时间专注于家人和朋友,以及他们想做的其他事情。然而似乎总有一些人总能按时完成他们的工作,还有时间做他们想做的事情。如果我们是那些时间总是不够用的人,检查以下几个因素,看看是不是哪个环节没有把握好。

(1) 没有得到足够的休息。好睡眠是过上健康又充满活力生活的必要条件。混乱和不规律的睡眠习惯,会严重影响注意力和工作效率。即使喝大量的咖啡和能量饮料,睡眠不足也会让你的情况变得糟糕。如果觉得自己一整天都做得不够好,不是因为没有时间,而是精力管理不善。

(2) 没有列出待办事项清单。成功涉及很多因素,做计划是其中最重要的影响因素之一。如果没有好好安排时间,我们就会患上"拖延症",成为"小磨蹭",还有可能在一时冲动下决定做什么。每天花几分钟时间坐下来,创建一个待办事项清单,按小时计划我们的每一天,然后在上床睡觉时进行时间清单检查,看看每天的安排是否完成了。通过执行这样的例行程序,我们会发现,停止拖延并完成基本任务要容易得多。

(3) 没有消除干扰。管好手机,终结拖延症。你有没有计算过每天花了多少时间浏览社交媒体、刷短视频、看朋友圈？这些都是妨碍我们按时完成计划的干扰因素。如果想充分利用时间,请尝试在一天内安排几个"勿扰"时间。在这段时间里,把手机调成静音,必要时戴上降噪耳机,专注于学习和工作任务。我们会发现,在没有中断的情况下,学习和工作的效率提高了。

(4) 没有一次把事情做对。面对摆在面前的多项任务,我们总会想着一次完成所有事情并且做得很好。这好像是难以实现的,我们一定会忘记一些事情,或者最终结果低于预期标准,这意味着我们要花更多的时间来核查和纠正前面的错误。如果一开始我们将事情分出轻重缓急,明确时间计划,就能避免将时间浪费在纠错上了。

(5) 没有有效利用碎片化时间。1分钟能做什么?回一条消息,刷一个短视频,浏览两条微博。5分钟能做什么?听一首歌,看一篇文章,发一条朋友圈……我们每天都有很多碎片化的时间,比如下午下课后等晚课,一般会有1小时,大多数人会用这段时间刷短视频、打游戏或者干脆就睡觉;也有一些人会用这些时间来看书、学习或思考。这样,他们一个月就比别人多出来30小时,相当于多3.75个工作日,一年多出来45个工作日。

(6) 没有定期检查日程安排。制订计划和时间表是很好的行动方案,但是如果不定期回顾我们制订的方案,最终可能会做很多重复的工作。你有没有经历过优先处理事项发生变化,但未改变任务来匹配优先处理事项的情况?这可能就是我们花了更多的时间才能看到一直想要的结果的原因。我们应当每周、每月、每年都检查一下自己的计划,确保自己的努力和时间表一致,并根据进度情况进行调整,以达到自己预定的目标。

二、管理好我的时间

为什么我们的时间总是不够用?为什么注意力总是不能集中?为什么付出很多精力却收效甚微?要解决这些问题,需要我们学会运用科学的时间管理工具,科学管理自己的时间。

第一,做好计划。美国行为科学家艾得·布利斯提出布利斯定理,即为一次工作事前计划投入较多的时间,做这项工作所用的总时间就会减少,工作质量提升。换句话说,做计划的时间与工作效能成正比。做事没有计划,行动起来就必然会是一盘散沙。只有事前拟定好了行动计划,梳理了步骤,行动起来才会自如。好的计划是成功的开始。我们可以根据自己要完成的任务制订一个计划管理手册,将任务分为近期、中期、远期三部分,然后根据每阶段希望达到的效果制订日计划、周计划、月计划、学期计划、大学计划、人生计划等,合理实施,并及时进行总结、复盘、反思。根据实施情况适时调整,为以后的计划做好铺垫,以保证时间的高效利用。

第二,四象限管理法。四象限管理法是美国管理学家史蒂芬·柯维提出的一种时间管理理论,即把工作按照重要和紧急两个不同的维度进行划分,基本上可以分为四个象限——重要且紧急、重要但不紧急、不重要但紧急、不重要且不紧急,如图8-5所示。四象限管理法是非常简单易懂且实用的时间管理工具,当然也有不足,比如把事情放在哪个象限里,也是因人、因思维而异。这就需要我们不断提高自己的认知,从而做好选择和判断。

第三,番茄工作法。该方法是弗朗西斯科·西里洛于1992年创立的一种时间管理方法。其基本工作方法是:先设定具体的工作任务列表,然后设置番茄钟,时间为25分钟,从任务列表中挑选一个任务开始计时,等到番茄钟铃响,停止工作,休息5分钟,开始下一个番茄钟循环,直到完成计划任务,并在列表中将任务画掉,如图8-6所示。

第四,GTD方法。GTD方法是戴维·艾伦(David Allen)于2022年提出的管理时间的方法。GTD是getting things done的缩写,意思是"把需要做的事情处理好"。GTD的核心理念就是必须记录要做的事,清空大脑,然后一步步按照设定的路线去努力执行。GTD方

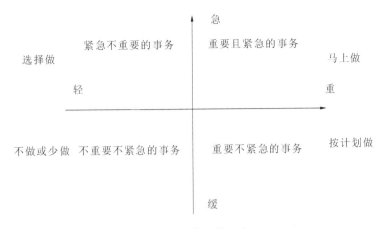

图 8-5 四象限管理法

法的五个核心原则是收集、整理、组织、执行、回顾,如图 8-7 所示。

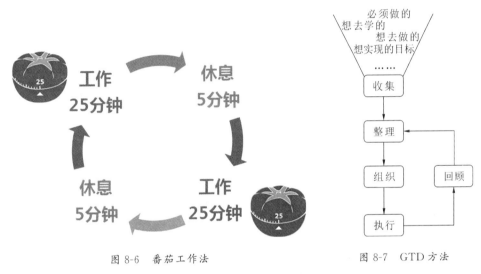

图 8-6 番茄工作法　　　　　图 8-7 GTD方法

第五,清晨六问和静夜六思。没有计划的一天是盲目的,制订今天的计划,列出最重要的"三只大青蛙"(指我们每天、每周、每月、每年最重要的三件事,这是美国作家博恩·崔西做的一个类比,首次出现于他的时间管理著作《吃掉那只青蛙》),平衡工作与生活,以积极的心态开始新的一天。晚上反省白天的行动是十分必要的。作为一个过渡,我们还应该在晚上明确明天的目标。

```
           清晨六问
    1.今天我的目标是什么?
    2.今天我如何安排自己的时间?
    3.今天我最重要的三件事是什么?
    4.今天我准备学习哪些东西?
    5.今天我准备在哪方面进步一点点?
    6.今天我如何使自己活得更健康、更开心?
```

> **静夜六思**
> 1. 我是否完成了今天的目标？
> 2. 我今天的时间安排是否合理？
> 3. 我今天学到了什么？
> 4. 我今天哪方面做得不够好？
> 5. 我如何才能做得更好？
> 6. 我明天的目标是什么？

三、涂一涂我的人生时间表

时间，就像捧在手里的沙子，悄无声息地就这么溜走了……人生不过短短的 900 个月，画一个 30×30 的表格，一张 A4 纸就足够了。如果每过一个月就涂掉一个格子，全部人生就在这张纸上了。

2016 年 4 月，"A4 纸人生表格"在网上传得很火，中央电视台新闻频道的《新闻直播间》节目也介绍了这张表格：

假如你今年 20 岁，那么已经走完了 8 行格子的这段人生；

假如你刚谈完一场 6 个月的恋爱，就涂了 6 个格子；

假如你是一位 30 岁上下的心力交瘁的上班族，你的人生已涂满 12 行格子；

假如你的父母年龄是 50 岁，他们的人生已涂满 20 行格子；

假如你和父母天天见面，你能陪伴他们的时间是 10 行格子；

假如你一个月见父母两次，你能陪伴他们的时间不到 1 行格子；

假如你们一年见一面，就只有 1 个格子；

假如你刚有了孩子，在孩子上幼儿园前你能和他朝夕相处的日子只有 1 行多格子；

在你的孩子考上大学离开家之前，你们大概能相处 7 行多格子……

A4 纸上看人生，人生 900 格，你在哪一格？

时间从来不会等你，努力！改变！让自己成长的速度超过父母老去的速度！

实践步骤：

(1) 教具准备。

每位同学准备带有 30×30 格子的 A4 纸、不同颜色彩笔若干。

(2) 学生涂画。

① 我现在所处的时间格子；

② 我在学校剩下的学习时间；

③ 我能陪伴父母的时间。

以上 3 项必涂，其他可自行设计涂画，时间为 10 分钟。

(3) 学生分享。

请 3 名同学分享涂画的 A4 纸人生表格，并谈谈感受。

(4) 教师点评。

A4 纸人生表格空表见表 8-1。

表 8-1　A4 纸人生表格

A4 纸人生表格示例如图 8-8 所示。实践操作过程中可在同一张表格上用不同颜色彩笔标记。

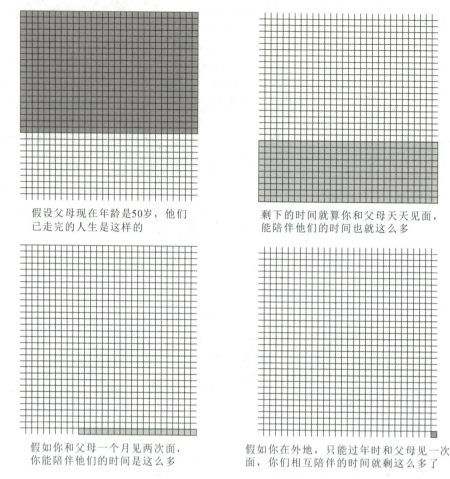

图 8-8　A4 纸人生表格示例

第三节　人际关系——茫茫人海，你是"社恐"还是"社牛"

人际关系（interpersonal relationships）是指人与人之间在一段过程中彼此借由思想、感情、行为所表现的吸引、排拒、合作、竞争、领导、服从等互动关系，主要表现为人们心理上的距离远近、个人对他人的心理倾向及相应行为等。人际关系包含三种成分：认识成分（指相互认识、相互了解）、动作成分（指交往动作）和情感成分（指积极情绪或消极情绪、爱或恨、满意或不满意）。其中，情感成分是核心成分。人际关系反映了交往双方需要的满足程度。若交往双方能互相满足对方的需要，就容易结成亲密的人际关系；反之，则容易形成人际排斥。

建立良好的人际关系，是事业成功的基础。告别"社恐"，建立良好人际关系，需要真诚，需要一颗宽容的心，需要塑造良好的个人形象，也需要积极主动和善于倾听。

>> 案例

戴好口罩,摘掉眼镜,换上墨镜,将耳机声音调到耳朵能接受的最大音量,这是向北最喜欢的出门装备。曾有同学和向北打招呼的时候,觉得她"又聋又瞎"。面对身边人给出这样的评价,向北完全不在乎,因为对于"社恐"的她而言,这并不是一件坏事。面对社交,她的"向式理论"自成一派,"不戴眼镜就看不清,看不清就不用跟人打招呼"。

告别"社恐"
成为更好的自己

和向北一样,武汉某高校的大四学生陈易琦也不喜欢和人打招呼。"如果看到对面有不太熟悉的人走过来,我就会绕一段路。"明明直走就到目的地了,他也总因为不知道怎么打招呼而选择绕路,"假装自己没看到"。

在食堂打饭不敢和阿姨说自己想多要一点辣椒,怕阿姨觉得自己太麻烦;同学聚会时选择坐在最不起眼的地方,如果有人cue(提到)自己会尴尬地脚趾抠地;发言前需要做心理建设,如果预判会冷场就一句话都不说;路上遇到认识的人,总是想办法回避眼神,甚至绕道而行……这样的"社恐"日常,你曾经历过吗?

以"社恐"为关键词在微博检索,相关话题达上百个之多,话题总阅读量突破一亿次,参与话题讨论的人数达数十万。那么大学生中有多少人认为自己是"社恐"呢?他们出现"社恐"现象的原因是什么?他们应该如何面对"社恐"情绪而不影响生活呢?为更好地了解大学生的想法,近日,中国青年报·中青校媒面向全国大学生开展问卷调查,共回收来自255所高校的4854份有效问卷。调查结果显示,80.22%受访大学生表示自己存在轻微"社恐";6.90%受访大学生表示自己有比较严重的"社恐";0.64%受访大学生表示自己有严重的"社恐",被医学上确诊为社交恐惧症。此外,12.24%受访大学生表示自己完全不"社恐",称自己是"社牛本人"。

(资料来源:人民网,2021年11月23日,《超八成受访大学生认为自己轻微"社恐"》,有删改)

生活中,我们会不会遇到这样的情景:

迎面走来一位熟人,想打招呼却不知道说什么,不打招呼又感觉不礼貌。于是,你赶紧拿出黑屏的手机,一边假装有人打电话给你,一边与对方擦肩而过。

走在去食堂的路上,看到隔壁班不怎么熟的同学也在往食堂方向走。为了避免吃饭时相对无言,尴尬不已,于是,你放慢脚步,故意多磨蹭一会儿。

当众演讲时,不管准备得多充分,上台后还是紧张到大脑一片空白……

卡耐基说:"一个人的成功,只有15%靠他的专业知识,而85%要靠他良好的人际关系和处世能力。"那么,我们该如何克服"社恐",主动建立良好人际关系呢?

"社恐",是"社交焦虑""社交恐惧"的通俗说法。社交恐惧症原指的是一种社交焦虑障碍,是一种心理疾病,但现在更像是一种青年人给自己的文化标签。

从某种意义上来说,"社恐"是当代年轻人适应环境的结果。林立的高楼、逼仄的活动空间、满满当当的兴趣班,让不少孩子"无社交"或社交严重不足;智能产品的兴起也助长了"社恐"现象。网络社交替代了现实生活中的社交,我们习惯于在屏幕后输出观点,见字如面。但用文字表达有充分的反应空间,当面交流却需要彼此的即时反应,还要注意社交礼仪,这也加剧了人们对面对面交流的不适感;以往的生活中还有些"不得不"的社交场合,例如去市场买菜、去饭馆吃饭,也可以理解为轻社交,但现在都可以通过手机上的生活服务APP实现不见真人。

一、我们在恐惧什么

不善言辞,是很多"社恐"人的特点。不会说话,害怕说错话,怕给别人带来不好的感觉,留下不好的印象。于是,选择少说或不说,避免到需要自己发言的场合中去;在别人主动闲聊时,尽量用简洁的语言回答,或假装自己很忙;一起聚餐时,一想到需要社交闲聊,便找各种借口推辞;买到了价格高的"雪糕刺客"也默默忍受,因为不敢说出拒绝的话……我们到底在恐惧什么呢?

(1) 社交礼节。面对面交往时,不可避免地要注意自己的言行是否符合当下的情境,例如穿着、言谈、举止等,对于习惯了在屏幕后虚拟社交的人来说,在这些方面花心思确实过于烦琐。

(2) 无话可说的尴尬。面对面社交,想着要有共同话题进行交流,害怕没有共同语言或不能聊到一起而产生尴尬,甚至在谈话过程中引发不愉快。

(3) 担心不被认可。总是担心自己的表现不够好,让对方对自己产生消极评价;还会担心谈话内容对方不感兴趣,被认为无趣;虽然内心渴望得到对方的认可,又怕表现得不尽如人意,适得其反。

二、主动建立良好人际关系

(一)真诚

俗话说:"做事先做人。"真诚就是言行一致、表里如一。用心做事,以诚待人,是对人、对事、对工作的一种负责的态度,更是人生的一种高尚境界。真诚是一个人身上极具闪光点的特征。我们与真诚的人交流时,往往会有一种如沐春风、从内到外的舒适感。真诚的人通常有一颗善良的心,能够充分考虑他人的感受。值得注意的是,真诚也不是去迎合他人,而是从自己内心出发、与人为善,与讨好、没有主见有本质区别。真诚待人的浅层次要求是学会尊重他人,善待他人,用真心换真心;深层次要求是摆正个人利益和集体利益的关系,无论是在工作中还是生活上,都要做到堂堂正正、坦坦荡荡。在事业追求中,将集体的利益放在首位。在这种人生观、价值观的指导下,做到以诚待人,谦虚谨慎,不骄不躁,说老实话,做老实事,事事处处严格要求自己。

(二)学会倾听

倾听他人说话是一种礼貌,是我们获得他人的信任和好感的有效方法。积极倾听是从对方角度出发,聚焦于倾听对方用语言、语音、语调及肢体语言所传达出的信息,捕捉对方的感受、意图,甚至语言背后的价值观、信念等,同时通过全然的陪伴、专注的倾听,鼓励支持对方充分地表达自我。

1. "3F"倾听

"3F"倾听指的是在全方位直觉式倾听时,要听到对方三个方面的信息——事实(fact)、感受(feel)和意图(focus),如图8-9所示。

如图8-10所示,这时我们可得出对方动机是希望我们能认同和赞美他打篮球很厉害。此时,我们自己的动机又是什么,是想赞美他还是打击他?"3F"倾听模型可以为我们找到答案,如图8-11所示。

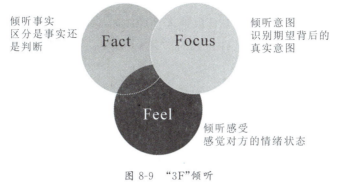

图 8-9 "3F"倾听

图 8-10 听事实、感受和意图示例

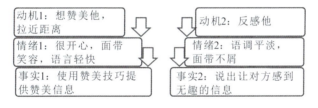

图 8-11 用"3F"倾听模型找答案

2.转移型回应和支持型回应

社会学家查尔斯·德伯通过记录和转录 100 多次非正式的晚餐对话,总结了转移型回应和支持型回应两种回应方式。好的倾听者会通过提问和鼓励对方说下去的方式来帮助说话者厘清思路,是支持型回应者。

转移型回应示例:

约翰:我的狗上周走丢了,我花了三天时间才找到它。

玛丽:我们的狗也总是在栅栏下面挖洞,除非用皮带拴着它,否则不能让它出来。

支持型回应示例:

约翰:我的狗上周走丢了,我花了三天时间才找到它。

玛丽:哦,不。你最后是在哪儿找到它的?

根据德伯的说法,转移型回应通常是自我参照的表述,是会话自恋的症状,会扼杀任何建立关联的机会。而支持型回应通常是以他人为导向的提问方式,这些问题出于真正的好奇和对对方的关心,这种回应方式可以让对方感到受到关心和尊重,进而建立更紧密的关系。

(三)学会赞美

良言一句三冬暖。人人都希望得到赞美,学会赞美他人是我们建立良好人际关系的一个重要法则。人们喜欢与能给自己信心的、真诚地赞美自己优点的人相处。真正的智者,从来都懂得欣赏别人、赞美别人、鼓励别人。会经常运用赞美的人,往往更容易让人喜欢,更容易打动人心,自然也就更容易与他人建立信任的关系。

赞美要注意真诚、适时、适度三个原则。① 真诚。只有名副其实、发自内心地赞美他人,才能显示出赞美的光辉和魅力。② 适时。交际中认真把握时机,恰到好处的赞美是十分重要的。一旦你发现对方有值得赞美的地方,就要善于及时大胆地赞美,千万不要吝啬赞美。③ 适度。赞美的尺度往往直接影响赞美的效果。恰如其分、点到为止的赞美才是最好的赞美。假如你的一位同学歌唱得不错,你说:"你唱歌真是全世界最动听的。"这样的赞美可能使对方难堪,不知如何回应。但若换个说法:"你歌唱得真不错,挺有韵味的。"你的同学一定很高兴,说不定会情不自禁一展歌喉为你再唱一曲呢。

(四)学会尊重

尊重他人是一种最基本也最重要的人际交往原则,包含了对他人权利、尊严和感受的认可与重视,是一个人道德品质的体现,也是为人处世的智慧。只有学会尊重他人,才能让别人更愿意与我们交往,才能获得更多人的尊重,让自己成为一个有价值和受欢迎的人。

(1)守时:与老师、同学约好在某个时间见面,至少要提前5分钟到达,上课、开会也是如此。迟到是浪费别人时间、不尊重人的表现,谁都没有权利浪费别人的时间。若由于特殊原因不能准时到达,一定要及时告知。倘若经常迟到,必定会给人留下"没有时间观念""不靠谱"的不良印象,从而影响人际交往。

(2)问候:在路上遇到老师、同学、长辈、领导都要主动打招呼。打招呼的方式多种多样,微笑、招手、侧身让路等均可。有些同学有时候遇到老师或同学,向对方微笑、招手,发现对方没反应,这时候往往感觉很尴尬,认为对方不在意自己。其实大多数情况是对方没看见你或在思考问题。碰到这种情况,我们一定要有一颗宽容豁达的心,一笑了之,下次见面时还是主动积极问候。另外,我们常常认为老师或领导不认识自己,不打招呼也不要紧。其实,主动向老师或领导打招呼是个人良好修养的体现,遇到不太熟或叫不出称谓的老师或领导时我们可以微笑、招手、侧身让路等。

(3)及时回复:收到别人发给我们的信息后,一定要及时反馈,这是设身处地为别人着想的体现。换位思考下,当你给别人发了一条信息却久久没有收到反馈时,你会不会时不时拿起手机看看,惦记着别人的回复?如果别人一直没有回复你,你会不会觉得很失落?甚至觉得别人对你有成见,从而影响你们的友谊。

(五)丰富课外生活

积极参加各种活动,多与外界接触,是大学生提高社交能力的必要途径。大学里的活动丰富多彩,学生社团、协会为我们提供了交流信息、联络感情的社交平台。担任学生会干部可以有效锻炼我们的社交能力、协调能力、组织管理能力。参加学科竞赛也可以全方位地提升自己。我们要尽可能多地参加活动,加入社团和协会组织,走出自己的小圈子,主动融入外面的世界。

(六)接受失败和不完美

建立良好人际关系的过程中我们总会遇到一些不如意的情况,有可能会遇到挫折和失败。我们要学会接受,并从中反思总结,以提升自己的社交能力。

(七)不给自己贴标签

年轻人自称"社恐"仿佛变成了一种时髦,把自己归到这个圈子里仿佛找到了归属感,但很容易陷入"自我实现预言"的陷阱,即罗森塔尔效应。罗森塔尔效应是指当一个人被期望有良好表现时,他常常表现出所期望的行为;相反,当被预言有不良行为时,这种预言也经常变成现实。当我们给自己贴上了"社恐"的标签时,我们就会把注意力更多地放在与这种特征相符的信息上,慢慢地,自己就真的越来越"社恐"了。

总之,建立良好的人际关系需要时间和努力。以上七种途径,可以帮助我们建立良好的人际关系。同时,我们要记得保持积极的心态,培养主动交往的态度,不断提升人际交往能力。

 拓展阅读

逃避社交的你,真的"社恐"吗?

如今,不少年轻人给自己贴上了"社恐"标签。一项问卷调查显示,超八成受访大学生认为自己轻微"社恐",只有约12%的人认为自己完全不"社恐"。现在的信息技术让社交变得越来越触手可及,可人们却为什么越来越"恐",越来越逃避社交呢?

当下,通过网络社交媒体或者网络社群组织进行社交活动不但更受青睐,甚至一些在线下"社恐"的年轻人,在网络社群中会一跃而起成为"社牛",反差明显。

有专家认为,网络社交可以只输出特定经过选择或美化的内容,比如主播展示其唱歌、演奏等特长就能获得粉丝喜爱,一句字斟句酌的文案就能引发对方共鸣。"扬长避短"的交流更容易满足社交期待,所以在网络空间更容易成为"社牛","足不出户"社交成为一种趋势。但是,网络空间真的能让"社恐"人摆脱烦恼吗?

中南林业科技大学学生工作部心理健康教育研究中心主任袁红梅教授认为:"有些线上社交看起来很热闹,每天都安排得很满、互动很及时,但实际上这种忙碌填补不了空虚。很多学生对我说,其实这种交流一旦停止,内心的孤独感反而更强烈。线上交往是现实交往的延伸和补充,它不能完全代替现实交往。刻意回避现实的社交是不完整的、不利于身心健康的。"但在她看来,"线上咨询"只是一个过渡空间,"我更鼓励学生走出网络社群,更多地从线上走向线下,在现实中多交流多互动"。

1. 别怕出丑,把心态放平

"太'社死'了,尴尬到用脚趾头抠出三室一厅。"这句话听多了,袁红梅也能随口"引用"。

"社死"本来是一个网络流行语,指在大众面前出丑,或在社交圈中做了很丢人的事情,没有办法再正常地与他人进行社会交往。害怕"社死"也成为青年人社交圈中的高频话题。

"有些人从小就被过度保护,或者在不太恰当的鼓励式教育中长大,可以说基本没受过什么挫折,存在'我很棒'的'完美人设'。在这样的自我认知下,如果日常社交表现没有达到想象中的效果,或者出现一些意外、挫折,没有呈现出完美的状态,就成了他们口中的'社死'。"袁红梅告诉记者,现在的大学生平时给自己加了一个"完美"的滤镜,而这个滤镜一旦被打破,面对真实情境的时候,无形中就会夸大自己面临的尴尬和局促,过于放大自己的小瑕疵,只要有一点不好的反馈,就会忽视其他好的反馈。

"把心态放平,我们既要体验到交往的美好时刻,也要不可避免地体验一些交往当中的挫折、失败等,这样才会慢慢形成一个更加稳定的、更好的交往状态,才能游刃有余地去表达、去表现、去社交。"袁红梅说。

2. 人际交往是一个实时互动的过程

30 岁的北京小伙儿张晓南(化名)与相亲对象在线上聊了一个月,几乎觉得找到了"真命天女",看照片觉得对方漂亮可爱,而且两个人兴趣爱好也相似,每天一有时间就互相发信息。满怀期待一个月后两人终于见了面,张晓南觉得对方比照片里普通一些,兴致略低的他在面对面聊天时也有些没话找话。"没了之前那种心有灵犀的感觉"。"回家以后我还给她发了个信息,她没有回我,第二天我就发现我被拉黑了,估计她对我也有点'下头'吧。"张晓南说。

对于这种"见光死"的现象,袁红梅表示,"社死"也好,"见光死"也罢,都是对社交有一个比较高的预期:或觉得自己"自带光环",并希望自己表现完美;或对对方的预期比较高,存在"完美预设"。

"尤其是线上互动交流,对语言文字之外的表情、性格等,有一定想象、美化的成分,很容易把预期提高。其实,既不用过分美化社交行为,也不用把在社交时遇到的挫折过度恐怖化,这本来就是一件再正常不过的事情。"袁红梅说。

"哪有人喜欢孤独,不过是害怕失望罢了。"网上的"鸡汤"文案,道出了不少人面对社交时的复杂心态。

(资料来源:光明日报,2022 年 11 月 19 日,《逃避社交的你,真的"社恐"吗?》,有删改)

第四节　情绪管理——做自己情绪的主人

情绪管理是我们每个人应当必备的基本能力。能够管理自己情绪的人,多半是自己人生的主人。情绪管理效果不仅影响自己的心情,还会影响自己与他人的沟通效果以及事情的发展和结果。良好的情绪管理能力能够成为我们个人发展的内驱力,而经常情绪失控则容易破坏人际关系,甚至损害身心健康。提升自我情绪管理能力在日常人际交往、工作生活中十分重要。

》| 小故事

有个小男孩脾气很暴躁,每天总是大发脾气,不是和班里的同学吵架,就是和邻居家的孩子们打得不可开交,而且他还几次和老师、自己的母亲、外祖父母顶嘴、大声争辩。父亲为了改变他的这种情况,拿来一大堆铁钉和一把小锤子,对他说:"小杰,你以后想发怒的时候就跑到门口的那根粗木桩那里,用这把锤子砸进去一颗钉子。"小男孩很高兴地接过了钉子和锤子。于是每当他想发怒的时候就跑到家门口的木桩那里,狠狠地砸进去一颗钉子,最多的一天他甚至向木桩钉进去100颗钉子。每次他没有钉子了就找父亲要,父亲总是很爽快地就给他了。慢慢地,小男孩对钉钉子感到非常厌烦了。

有一天,父亲对他说道:"小杰,每当你感到心情不错时就从木桩上取出一颗钉子吧!"听完父亲的话,小男孩就走到木桩那儿取出了一颗钉子。他发现,取出钉子要比钉钉子难多了。从那一天开始,小男孩每天向大木桩上钉的钉子越来越少,而取出的钉子则越来越多。终于有一天,他不再向木桩上钉钉子了。那天,父亲亲切地表扬了他,小男孩心里喜滋滋的。

直到有一天,小男孩把所有的钉子都取出来了。父亲带他来到那根大木桩跟前,对他说道:"责备、辱骂一个人好比钉钉子,是一件很简单的事,重新获得友谊好比取出钉子,想要重新获得友谊却很难。你再看看这根木桩,虽然你把所有的钉子都取出来了,可是,你钉钉子留下的伤痕永远去不掉,不要轻易伤害你的亲人和朋友,因为这种伤害即使再怎么弥补,无论再过多少年,也去不掉。"

想一想

1. 在家里,爸爸妈妈说你某件事情做得不好,但你觉得已经尽自己最大努力去做了。这时,你的第一种情绪是什么?与此同时,你会做出什么样的反应?

2. 在学校,老师当众批评你,你的第一种情绪是什么?你会做出什么样的反应?

3. 在寝室,你想坐下来好好学习,室友却一直在煲电话粥,这时你会怎么办?

4. 在洗衣房,你发现自己用来排队的、装着脏衣服的桶被人挪开了,洗衣机里已经有其他同学的衣服在洗了,你会生气吗?接下来你会怎么办呢?

一、探究我们的情绪

(一)情绪和情绪管理的基本概念

情绪是人对客观事物主观、有意识的体验和感受,是人的需要是否获得满足的反映。情绪既可以是对情境的反应,正如恐惧是对危险情境的反应;也可以引发行为,比如愤怒可以导致我们做出攻击性行为;还可以成为行为的目标,比如我们会以特定方式行事,以给自己带来快乐和爱。情绪虽没有好坏之分,但是有积极和消极之分。一般而言,需要得到满足就会引起积极的情绪和情感,需要得不到满足就会引起消极的情绪和情感。情绪管理是指通过研究个体和群体对自身情绪和他人情绪的认识,培养驾驭情绪的能力,并由此产生良好的管理效果。情绪管理的概念最初起源于美国社会学家 Arlie Russell Hochschild 提出的与情绪有关的三个概念,即"情绪工作"(emotion work)、"情绪管理"(emotion management)和"情绪劳动"(emotion labor)。她认为情绪管理是个人"为改变情绪或感觉的程度或质量而采取的行动"。情绪管理的英文是 emotion management,在情商理论的五大构成要素(情绪自我认知能力、情绪管理能力、自我激励能力、认知他人情绪能力、人际交往能力)中占据重要地位。

(二)情绪地图

情绪和情感是复杂多样的,古今中外对如何划分情绪和情感提出了很多观点。比如,我国古代思想家荀子将情绪和情感分为好、恶、喜、怒、哀、乐六大类,倡导"六情说"。我国中医将情绪分为喜、怒、忧、思、悲、恐、惊,即"七情"。美国著名情绪心理学家普拉切克(Plutchik)认为人类的原始情绪有八种:悲痛、厌恶、愤怒、警惕、狂喜、钦佩、恐惧和惊讶。研究发现,任何年代、任何地域、任何人都拥有这八种基本情绪;每一种情绪都具有强度、相似性和两极性的特点。普拉切克用一个倒锥体模型来形象说明其情绪理论,如图 8-12 所示。

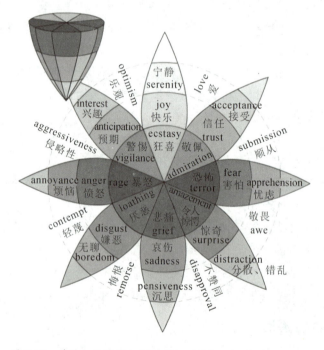

图 8-12 普拉切克情绪轮模型(Plutchik's wheel of emotions)

(三)身体情绪热量图

芬兰科学家研究发现,人们在产生不同情绪的时候,主观感觉到的身体各部位的活跃度会发生相应的变化,如图 8-13 所示。例如,愤怒时,人们感到头部和胸部产生了更强烈的活动(红色),感觉全身都在燃烧;而沮丧时,人们感到四肢的生理活动下降(蓝色),感觉心都凉了。生活中一个显而易见的例子就是,当你感到害羞时,"热"就会集中到脸上,"出卖"你内心的真实想法。

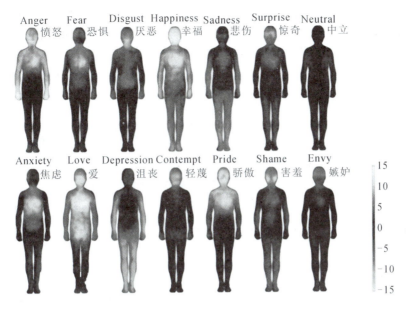

图 8-13 身体情绪热量图

二、常见的负面情绪和状态

(一) 焦虑

"焦虑是因为我们对未来不可把握的情形感到不安和担忧。既然这样,那我们就应该接受意外,承认偶然,并且在整个过程中坦然处之。焦虑烙印在我们的基因里,是一种常见的内心情绪。很多时候我们应该认识到,焦虑并不是一件坏事,它不是我们的敌人。"清华大学社会科学学院院长、中国社会学会副会长王天夫教授 2024 年 6 月 7 日在"人文清华讲坛"上发表演讲,从社会学角度解析焦虑的根源。焦虑是一种特别平常的人类固有的情绪。大学生常见的焦虑主要有学业焦虑、形象焦虑和情感焦虑。焦虑主要的心理表现是忧心忡忡,总感觉有不好的事情要发生,对于没有发生或者将要发生的事情过度揣测,造成强烈的心理负担。学业焦虑在我们的情绪反应中最为强烈。形象焦虑主要是担心自己不够漂亮或不够帅气,没有吸引力,体态过胖或矮小等,青春痘、雀斑、皮肤黑等也会引起形象焦虑。情感焦虑多数是由恋爱受挫而引发的自我否定,认为自己不具备爱别人与被爱的能力,过度担心引起的焦虑。

(二) 悲伤

悲伤是一种低沉的情绪状态,往往持续时间长、破坏性大,通常伴随焦虑一起发生。这种情绪经常发生在性格内向、不爱说话、自卑、依赖性强或者屡屡受挫的同学身上。他们通常对一件事情没有积极的看法,认为注定失败或者将要失败。当这种情绪发生时我们需要及时调整,否则严重时可能发展为抑郁。

(三) 愤怒

愤怒是指由愿望不能实现或者为达目的的行动受到挫折引起的一种紧张而不愉快的情

绪，这是人的一种本能情绪。大学生产生愤怒的生理表现为面部肌肉紧张、血压升高、手出汗增多，行为表现为大喊大叫、跺脚、扔东西，严重时可能与他人大打出手。

(四) 嫉妒

有哲学家认为嫉妒是一种迫害的倾向，而且通常包括疯狂在内的心理想法。嫉妒是自尊心异常的一种表现，在大学生中普遍存在，具体表现为当看到他人学识能力、品行荣誉甚至穿着超过自己时内心产生的不平、痛苦、愤怒等情绪；当别人身陷不幸或处于困境时则幸灾乐祸，甚至落井下石，在背后恶语中伤、诽谤别人。

嫉妒是一种情绪障碍，它扭曲人的心灵，妨碍人与人之间的真诚交往。嫉妒是由别人胜过自己而引起的抵触的消极的情绪体验。英国哲学家弗朗西斯·培根说："在人类的一切情欲中，嫉妒之情恐怕要算作最顽强、最持久的了。"当看到别人比自己强时，自己心里就酸溜溜的不是滋味，于是就产生一种包含着憎恶与羡慕、愤怒与怨恨、猜忌与失望、屈辱与虚荣以及伤心与悲痛的复杂情感。嫉妒者不能容忍别人超过自己，害怕别人得到自己无法得到的名誉、地位等。在他看来，自己办不到的事，别人也不要办成，自己得不到的东西，别人也别想得到。

(五) 冷漠

冷漠是一种对待他人或事物的冷淡态度，是一种消极退缩的情绪体验，主要表现为情感缺乏、行动上不关心他人的需求、以自我为中心地追求利益。具有这种情绪的大学生从表面上看难以接触、疏远集体、平静，实则内心孤寂、痛苦、渴望朋友。这主要是因为大学生来自不同的地方，受不同地方习惯的影响而很难融入集体，从而形成了独来独往的生活模式，与同学缺乏交流，逐渐冷漠。

(六) 孤独

孤独是一种心理封闭的反应，是感受到自身和外界隔绝或者受到外界排斥所产生的孤单、冷寂的情绪。大学生的孤独多数来自社交方面，互联网的发展使他们与他人面对面交流的机会减少，长时间的独处使他们产生心理障碍。一般而言，反弹的或偶然的孤独不会造成心理行为紊乱，但长期或严重的孤独感可能会引发某些情绪障碍，降低人的心理健康水平，久而久之可能导致疏离的个人体格失常。

三、如何管理好我的情绪

(一) 有情绪换视角

绝大多数的情绪取决于我们对事物的看法。我们认为它好，就会产生积极健康的情绪；我们认为它不好，没有朝着预计的方向发展，就会产生焦虑、郁闷等消极情绪。个体的认知、阅历、成长因人而异，所以很难在一件事上产生同一看法。因此，我们看待事件或问题都要注意它的正反两面性，有意识地运用正向的、积极的心理去看待，力争端正自身的认知角度，多维度、全面、灵活地看待，以争取有全面、客观的分析与评价，避免掉进负面情绪的旋涡。当有负面情绪产生时，我们要全面地分析主客观原因，对自己有整体认知，科学有效地管理自己的情绪。我们每个人身体中都蕴藏着一股巨大的能量，那就是自我激励。当身体上出现负面情绪时，我们应充分地利用语言艺术对自己进行自我暗示，缓解不良情绪，保持心理平衡。大多数的心理失衡都是因为自己没能正确地进行自我评价。积极的自我激励能够让自己保持乐观、自信，形成奋发向上的精神状态和豁达的人生态度。

(二)把情绪记下来

美国医学博士、著名心理学家戴维·伯恩斯在他的著作《伯恩斯新情绪疗法》中写到一种情绪疗法——消极思维日志，见表 8-2。当我们什么也不想做时，这种疗法很有用。如果决定使用此方法，请务必将困扰想法写出来。如果只在头脑中将它们过一遍，可能会一无所获。因为这些折磨人的念头错综复杂，转瞬即逝。当我们准备一一反驳它们时，它们就会从四面八方迅猛地涌过来围攻我们，我们还没弄清楚是怎么回事，就被它们"群殴"了一顿。但是，如果能将它们写下来，它们就会在理性之光的照射下无处遁形。这样我们就能够反思，从而找出认知扭曲部分并想出有用的解决方法。

表 8-2 消极思维日志

日期	情景	情绪	下意识思维	理性回应	结果
某月某日	星期天我整天都待在床上，时时睡醒，没兴趣也没力气起来，更没法积极地做任何事	抑郁疲惫不堪内疚痛恨自己孤独	我没心情做任何事	那是因为我什么都没做。记住有行动才会有动力	感觉轻松很多，然后决定起床，至少先洗个澡
			我没力气起床	我可以起床，我又不是残废了	
			我做人真失败	只要我愿意，我就能成功。无所事事会让人烦闷无聊，但这并不意味着"我做人很失败"，因为这世上没有真正失败的人	
			我对什么都没有真正的兴趣	我当然有兴趣，不过无所事事时自然就没有了。如果我开始做事，我很可能会有兴趣	
			我总以自我为中心，因为我对身边的任何人或事都漠不关心	其实我心情好时还是很关心别人的。不过人在情绪抑郁时难免会有点冷漠	
			别人都在外面快快乐乐的	这和我有关吗？只要我愿意，我也可以这样	
			我一点都不快乐	情绪好的时候我也是很快乐的。只要我做点事，就能快乐起来，不过我现在躺在床上就似乎不可能了	
			我总是无精打采	这一说法毫无根据。我现在就做点事，看看结果如何。我情绪好的时候精神是很足的，如果我有事可做的话，劲头就更足了	
			我不想和任何人聊天，也不想见任何人	哦，得了吧。又没人逼着我非聊天不可，所以我决定亲自做点事，至少我可以起床	

(三)紧张时深呼吸

呼吸练习是一种常用的情绪管理方法。这种方法也通常用于缓解人的紧张精神。最简单有效的方式是紧唇呼吸:呼气次数是吸气次数的两倍,帮助我们释放肺部气体并减少呼吸次数。当通过鼻子呼气时,肩膀要放松,正常呼吸约2次。然后,向上噘起嘴唇(想象一下你在吹口哨)并呼气,就像你吸气了4次一样。这样做至少4次。

(四)愤怒时冥想

冥想是一种改变意识的形式,它通过获得深度的宁静状态而增强自我认识和获得良好状态,见表8-3。冥想可以帮助人们放松身心、减轻压力和焦虑,在大脑放空的过程中,调整情绪状态,排解负面情绪。其优点在于提高专注力和自控能力,改善睡眠质量。值得注意的是,冥想练习需要一个安静的环境。

表8-3 冥想

冥想的方式	操作要点
集中式冥想	注意力被引导并维持在选定的物体上,例如呼吸、任意一个物体、图形、声音、无意义的词或短语等,直到排除掉意识中的其他思想为止。这个过程让自己进入一个内心宁静的状态,同时更加了解自己内心的想法和感受
开放式冥想	冥想者不会将注意力集中在一个刺激源(如呼吸或声音)上,而是保持开放,专注于体验每时每刻出现的任何事物。无论是声音、触感、身体中表现出来的情绪,还是其他体验,以一种开放、接受和欢迎的方式来认识它们,欢迎任何体验。注意你意识中出现的任何东西(身体感觉、思想、情绪、声音、冲动),然后让它再次发生。试着放下任何特定的警觉性焦点,只是保持警觉
物体冥想	集中点可以是一个物体或者图形,如蜡烛或者房间里天花板与墙的连接点,其中蜡烛是较常使用的一个冥想物体。较常使用的图形是曼陀罗的圆形,其设计复杂、颜色鲜艳
呼吸冥想	闭上眼睛"看"自己的呼吸,"看着"气体进入鼻子、咽喉、肺部,最后排出去的整个画面。当然可以事前先看一张呼吸系统的图片,然后进行过程的想象。过程中随着空气的流动,使分心状态降到最低
颂歌冥想	颂歌是指一些没有意义的短语。集中点放在一个无意义的词或短语祷语上,不断重复
动作冥想	可在运动、走路时冥想。它对周围的环境是开放的,要求你沉浸在周围的环境当中,排除其他分心的思维和刺激。比如户外运动的时候,让自己去感受大自然的景色,大自然里的声音和空气就可以让自己产生愉悦的情绪

(五)孤独时听音乐

音乐疗法是一种新兴的情绪管理方法。听音乐可以让人们紧绷的神经放松,通过音乐与灵魂的碰撞,完全放松自己的身体和大脑,舒缓情绪。音乐疗法的优点在于可以随时随地开始,不受时间和空间的限制,并且可以根据自己的喜好选择音乐类型。

(六)焦虑时动起来

运动是强效的情绪激动剂。焦虑产生时,不要把自己封闭起来,因为封闭的空间容易让人感觉到孤独,而孤独会加重焦虑情绪。这时,我们可以去公园散步、慢跑,在客厅做做瑜伽,这些都能让你平静下来;也可以去上健身课或做运动量大的有氧锻炼。当然,如果我们平时没有运动习惯,那么刚开始时强度不要太大,速度也不要太快,注意循序渐进,否则急功近利非但不能起到赶跑焦虑的作用,还会因为无法达到预期,或因运动时某项生理特征的反应而产生更严重的焦虑。

(七) 无助时聊起来

许多大学生面对不良情绪的强烈攻势难以调整或者置之不理,结果任其发展到威胁自身生命健康的地步。这是因为自己很难发现不良情绪出现的原因,导致其愈演愈烈。因此,当遇到不顺意的事情时我们应多与身边的老师、朋友、家人谈心,说出自己难以排解的心境,这比一个人待着要好得多。另外,向他人求助也有助于交流思想、沟通情感,增强自己战胜不良情绪的勇气和信心,使自己更加理智地面对负面情绪。

不同的情绪管理工具和方法适合不同的人,每个人需要依照自身的情况来选择。希望同学们可以选择适合自己的方法以有效进行情绪管理,做情绪的主人。

测一测

我的情绪管理能力有多高?

请根据自己的实际感受和体会,用表8-4中的16项指标进行评价和判断,并在最符合的评分处画"√"。"1"表示非常不同意,"2"表示不同意,"3"表示有点不同意,"4"表示不太确定,"5"表示有点同意,"6"表示同意,"7"表示非常同意。总分越高,说明情绪管理能力越强。

表8-4 情绪管理能力评估

评估指标	评分						
	1	2	3	4	5	6	7
1.通常我能知道自己会有某些感受的原因							
2.我很了解自己的情绪							
3.我真的能明白自己的感受							
4.我常常知道自己为什么觉得开心或不高兴							
5.遇到困难时,我能控制自己的脾气							
6.我很能控制自己的情绪							
7.当我愤怒时,我通常能在很短的时间内冷静下来							
8.我对自己的情绪有很强的控制能力							
9.我通常能为自己制订目标并尽量完成这些目标							
10.我经常告诉自己:我是一个有能力的人							
11.我是一个能鼓励自己的人							
12.我经常鼓励自己要做到最好							
13.我通常能从朋友的行为中猜到他们的情绪							
14.我观察别人情绪的能力很强							
15.我能敏锐地洞悉别人的感受和情绪							
16.我很了解身边的人的情绪							

第五节　压力管理——拥抱压力,和动力并行

《2023职场健康需求报告》收集了全球16个区域17000多名员工的意见,发现几乎一半(47%)的受访人在工作生活中备感压力。而《VUCA时代职场新常态——2022招商信诺人寿中国健康指数白皮书》提出,受访职场人的压力发生率达88.1%。其中,Z世代(通常指1995年至2009年间出生的一代人)职场人的压力发生率高达94.1%,高于其他群体。

> **案例**
>
> 导读:现代社会充满求学压力、求职压力、工作压力、房贷压力、逼婚压力……这些压力掐在我们人生中的每个关键节点,很容易令我们不堪重负。
>
> 就在上周日,我无意之间发现了一个短短15分钟的TED演讲,演讲者是美国斯坦福大学的心理学教授Kelly McGonigal(凯利·麦格尼格尔),她彻底颠覆了我对压力的认知:"最幸福的人并不是没有压力的人。相反,他们是那些压力很大,但把压力看作朋友的人。这样的压力,是生活的动力,也让我们的生活更有意义。"
>
> 我为大家整理了Kelly教授的演讲和相关心理研究。带着这层对压力的全新认知,你将不会害怕也不会逃避压力,反而会害怕:"要是我的生活中没有压力,那会是多么可怕的一件事情!"
>
> **压力会杀死人,但压力也只杀得死会这样想的人**
>
> Kelly开展的这项研究历时8年,追踪了3万名美国成年人,在这项研究中,参加者会被问两个问题:去年你感受到了多大压力?你相信压力有碍健康吗?
>
> 8年后,研究人员查看了公开的死亡记录数据,并找出那些已经去世的参与者的数据。
>
> 研究结果令人大吃一惊!
>
> 那些相信压力有害健康的参与者,会经常失眠、内分泌失调,并且患上癌症或心脏病,最终使得死亡的风险增加了43%,严重影响身心健康。
>
> 但是,如果承受极大压力的人,不认为压力有害,死亡的风险就不会升高,甚至比压力较小的参与者的死亡风险更低。
>
> 是的,真正有害的不是压力,而是认为"压力有害"的想法。也就是说,压力并不是导致死亡风险增加的决定因素,如何看待压力才是其决定因素。
>
> 研究人员还估计,在追踪死亡案例的8年中,超过18.2万人过早离世的原因并不是压力本身,而是认为压力有害这个想法。
>
> (资料来源:搜狐网,2018年7月9日,《心理短片|斯坦福心理教授:压力面前,除了逃避和死扛,你还有第三种选择》,有删改)

学业压力、就业压力、人际关系处理压力,还有信息过载、AI带来的技术变革、经济衰退等多重因素造成了现代人高指数的压力和焦虑。在不同的调研报告中,"工作压力大"领先于"金钱压力、领导能力不足、不良企业文化",位列员工压力、职场倦怠原因中的第一名。我们该如何看待压力,如何以正确的心态面对、排解压力呢?

一、正确认识压力

压力是当人们去适应由周围环境引起的刺激时,身体或精神上的生理反应,它可能对人们的心理和生理健康状况产生积极或者消极的影响。

压力可以是一种驱动力。当你有了欲望或出现紧迫感的时候,压力就随之而来。美国《时代》杂志1983年6月提出,在20世纪80年代职业压力已经成为一种流行病了。研究发现,50%~80%的疾病都是与心理疾病和压力有关的疾病。压力是一种非特定的反应,不同的人因压力表现出不同的身体状况。除了对身体的伤害以外,过度的工作压力对组织的消极影响也是巨大的。因为员工的压力过大,会引起工作者的不满、消极以及对工作的不负责任,还会导致高离职、缺勤等问题。

虽然说压力也是动力,但过高的压力会影响我们管理日常事务的能力,如果不及时处理,可能将情绪逼至崩溃的临界点。

二、如何进行压力管理

压力管理是对感受到的挑战或威胁性环境的适应性反应。个人层面的压力来自工作和非工作两方面,工作方面的压力源有物理环境、个人承担的角色及其角色冲突、人际关系等,其管理策略有锻炼、放松、行为自我控制、认知疗法以及建立社会和工作网络等。有效的压力管理是可以帮助个体控制和减轻压力水平,从而改善整体健康的一系列技术和方法,例如前文介绍的冥想、深呼吸、运动、听音乐等,都可以作为减轻压力的方法。下面再从个人行动的角度来介绍几种减轻压力的方法。

1. 学会放松

成年人的生活里没有"容易"二字,学会放松才能让自己积蓄更大的力量。放松就是把自己身上的焦虑放一放,把心里的委屈掏一掏,让脑子的神经松一松。和几个知心朋友嘻嘻哈哈、絮絮叨叨,逛逛街,吃吃美食,还可以大哭一场……总之,放松就是做自己想做的事情,不受这样或那样的约束,看书、看电影、运动、旅游,暂时放空自己,换得身心的放松。

2. 保证充足的睡眠

在快节奏的生活中,睡眠往往是第一个被牺牲掉的。然而,我们会发现,如果睡眠不足,第二天精神状态就会不好,甚至无来由的脾气大,进而影响学习和工作效率。于是我们想完成的计划没完成,便更加焦虑。如此反复,压力就会越来越大。我们每天要保证至少7小时睡眠,保持固定的就寝时间和起床时间,即使在周末和节假日也是如此。随着就寝时间的临近,调暗灯光,并创建一个睡前仪式,无论是阅读还是听轻音乐,向身体发出信号,是时候放松下来了。

3. 数字排毒

数字排毒(digital detox)是指一段时间内不使用智能设备,提供专注于现实世界社会互动的机会,以改善个体的整体福祉和心理健康。数字排毒被认为是对智能手机、新媒体等信息技术入侵所造成伤害的一种隐喻性"治疗",倡导个体从"永远在线"的数字世界中暂时退出,以休养生息。现代世界的双刃剑是我们的数字连接。它虽然让世界触手可及,但也让我们陷入了不断接收通知和无休止滚动的网络中。过度依赖数字设备可能会导致信息过载、面对面社交互动减少,甚至睡眠障碍。我们可以每天指定"不插电"时间,让自己静下心来学习、思考、放松。

4. 拥抱自然

大自然拥有独特的疗愈力量,有助于改善身体和心灵的健康状态。在户外呼吸新鲜空气,欣赏自然美景,听树叶沙沙作响、鸟儿鸣叫、潺潺流水声都可以使心灵平静,有助于减轻压力和缓解焦虑。研究表明,户外活动可以缓解心理紧张,增强情感健康。尤其是森林浴,即在森林中漫步,被树木和大自然包围,被证明能够提高免疫系统功能,降低心率和血压,促进身体的自愈能力;阳光和新鲜空气有助于身体释放内啡肽,提升幸福感。这就是为什么户外运动和户外休闲活动(如骑自行车、散步和野餐)对促进情感健康非常有益。大自然中的景色也常常让人感到愉悦和放松,有助于减轻焦虑和抑郁症状。户外冥想,即找一个宁静的地方坐下,闭上眼睛,聆听大自然的声音,让自己与周围环境融为一体,也是一种非常好的放松方式。

5. 正确看待自己

人生中,每时每刻都是开始,活在当下才最重要。犯错不可怕,只有不断尝试,在失败中总结教训,才能找到正确的路。不要惧怕别人的批评,没有人是不经历挫折就能成功的。只要我们能够动起来,不断完善、充实自己,"小步快走"地规划自己的学习生涯和职业生涯,就能从中获得成就感。成就感会成为内驱力,帮助我们走出自己的精彩人生。

6. 持续学习提升

个人进步和职业发展停滞是一种微妙的、不被人觉察的但又很深的压力源。持续学习提升才是解药。不断打磨和提升已有技能,学习新技能,不仅可以增强自我价值感,还可以帮助我们解决学习、工作中实实在在的问题。每天自主学习几小时,让终身学习成为一种习惯,是我们缓解压力的重要途径。

测一测

压力知觉量表

压力知觉量表(perceived stress scale,PSS)能帮助你梳理最近一个月来个人的感受和想法。在每一个题项上作答时,请指出我们感受或想到某一特定想法的频率。有些问题看似相同,实则是有所不同的,所以每一题项均需作答,且尽量以快速、不假思索方式填答,即不要去思考计算每一题分数背后之含义,以期反映个人真实的压力知觉状况。请回想最近一个月来,表8-5中各状况的发生频率,在表中对应处勾选。每一题项皆有下列5种选择:从不、偶尔、有时、时常、总是。

表8-5 压力知觉量表

最近1个月发生的各状况	频率				
	从不	偶尔	有时	时常	总是
1.因一些无法预期的事情发生而感到心烦意乱					
2.感觉自己无法控制生活中重要的事情					
3.感到紧张不安和压力大					

续表

最近1个月发生的各状况	频率				
	从不	偶尔	有时	时常	总是
4.成功地处理恼人的生活麻烦					
5.感到自己能有效地处理生活中所发生的重要改变					
6.对于有能力处理自己私人问题感到很有信心					
7.感到事情顺心如意					
8.发现自己无法处理所有自己必须做的事情					
9.有办法控制生活中恼人的事情					
10.常觉得自己是驾驭事情的主人					
11.常生气,因为很多事情超出了自己的控制					
12.经常想到有些事情是自己必须完成的					
13.常能掌握时间安排方式					
14.常感到困难的事情堆积如山,而自己无法完成它们					

该量表具有两个维度,分别是紧张感和失控感。采用5点计分方法,最后统计量表的总得分,得分越高说明被试者的心理压力越明显。计算分值的方法:"从不"计1分,"偶尔"计2分,"有时"计3分,"时常"计4分,"总是"计5分,总分范围是14~70分。

结果分析:

14~28分:知觉到的压力较低。

你当前的压力处于低水平,你对自己当前的生活有足够的掌控,不会因为一些无法预期的事情发生而感到心烦意乱和惊慌失措。

29~42分:知觉到的压力适中。

这个分数反映你生活中的兴奋与压力也许是适中的。偶尔会有一段时间压力太大,但你也许有能力去享受压力,并且很快地回到平静状态,因此你面临的压力对你的健康并不会造成威胁。不过做一些松弛的练习仍是有益的。

43~56分:知觉到的压力较高。

你当前经历较高的压力,它可能已经对你的身心健康造成负面影响,需要你采取措施加以调节。

57~70分:知觉到的压力非常高。

你的压力过大,身体可能会有一些症状,急需减压,可以寻求专业人士的帮助。你在面对那些模糊的、难以改变的、长期的压力问题时就会显得更束手无策和焦灼不安。这个分数表示你确实正以极大的压力反应在伤害你自己的心理健康。你需要专业心理咨询师给予一些忠告,他(她)可以帮助你消减你对于压力的知觉,并帮助你改善生活的品质。

本章小结

本章主要介绍了有效行动的路径和方法,涵盖了健康管理、时间管理、人际关系、情绪管理、压力管理5个方面内容。

健康管理从生理健康、心理健康、社会适应健康、道德健康4个健康层次入手,展示了世界卫生组织提出的影响健康的因素(健康＝60％的生活方式＋15％的遗传因素＋10％的社会因素＋7％的自然因素＋8％的医疗因素),总结了作息规律、适量运动、健康饮食、控制吸烟、心态健康积极5个有效的健康管理方法;时间管理部分首先分析了时间不够用的6方面原因(没有得到足够的休息、没有列出待办事项清单、没有消除干扰、没有一次把事情做对、没有有效利用碎片化时间、没有定期检查日程安排),详细介绍了5个时间管理工具与方法(做好计划、四象限管理法、番茄工作法、GTD方法、清晨六问和静夜六思);人际关系部分通过对当代大学生"社恐"原因的分析,介绍了克服"社恐"、建立良好人际关系的7种方法(真诚、学会倾听、学会赞美、学会尊重、丰富课外生活、接受失败和不完美、不给自己贴标签);大学生常见的焦虑、悲伤、愤怒、冷漠、孤独、嫉妒等6种情绪问题和状态,可通过有情绪换视角、把情绪记下来(消极思维日志)、紧张时深呼吸、愤怒时冥想、孤独时听音乐、焦虑时动起来、无助时聊起来7种方法来排解;压力是人生活中的常态,也是一种驱动力,我们可以通过学会放松、保证充足睡眠、数字排毒、拥抱自然、正确看待自己、持续学习提升等方法来拥抱压力,与压力同行。

第九章 求职准备

面试前,精心制作个人简历,熟练掌握面试礼仪及技巧,警惕面试陷阱,能够帮助我们在确保自身安全的基本前提下,在竞争激烈的就业市场中脱颖而出。简历是求职者的名片,需针对目标岗位精准呈现个人优势;面试礼仪体现基本职业素养,是给人力资源顾问(HR)留下良好第一印象的关键;同时,应防范求职陷阱,确保个人信息与权益安全,为顺利走向职场奠定坚实基础。

第一节 简历制作——简历不"踩雷",赢得面试机会

简历是求职的"敲门砖"。曾有调查显示:HR 排除掉一份简历的时间大约是 7 秒,由简历决定是否让求职者来参加面试的时间一般为 25 秒。也就是说,HR 在每份简历上花的时间平均下来不过几十秒。换位思考,如果我们自己每天坐在电脑旁一份一份看简历,重复而又机械,也难免不耐烦。所以,写出一份能让 HR 在快速阅览的情况下眼前一亮的简历至关重要。当前使用人工智能筛选简历已较为常见,机器学习算法可以从历史数据中学习,识别模式并根据资格、经验和其他所需标准对简历进行优先排序。这就要求求职者更加关注简历的针对性和与岗位的匹配度。

打造超级加分的简历

一、简历的基本内容

(一)简历的作用

简历是面试的先导,只有简历筛选通过了,求职者才有可能赢得面试的机会。福布斯(Forbes)和 Glassdoor 的报告显示,1 个职位空缺可以吸引 100~250 名申请人,对于更知名的公司来说,这个数字会更大。

HR 通常要花费大量时间和精力,从海量简历中挑选出合适的候选人,他们每天都要看成百上千份简历。当然,现在越来越多的公司都开始使用 ATS(applicant tracking system),也就是申请人跟踪系统来筛选简历。Jobscan 网站 2024 年的研究数据表明,世界 500 强公司中,已有 492 家公司(占 98.4%)在使用各种不同的 ATS 来辅助招聘。ATS 能够搜索简历中列出的某些技能、职位、学位、证书或关键字,并将其与招聘简章中的要求进行匹配,最终将那些匹配度高的简历留下来。

简历在求职和个人发展中起着至关重要的作用,主要体现在以下几个方面。

1. 求职面试的"敲门砖"

在求职过程中,简历是我们向雇主展示自己的第一份材料。它就像一把钥匙,为我们打

开就业机会的大门。一份优秀的简历能够让我们在众多求职者中脱颖而出,吸引雇主的注意力。简历以简洁明了的形式呈现我们的关键技能、经验和成就,让雇主快速了解我们的价值。

2. 自我展示平台

简历使我们有机会全面地展示自己的能力和优势。简历详细展示了我们的各项能力,呈现了我们的工作、项目和实习经历以及在过去的工作或学习中所取得的成绩,展示了我们的实践能力和解决问题的能力,证明了我们的价值和潜力。

3. 职业规划工具

简历不仅是求职的工具,也是我们进行职业规划的重要工具。在撰写简历的过程中,我们需要思考自己的职业目标和发展方向,从而更加明确自己的职业规划。同时,我们通过回顾自己的经历和成就来发现自己的不足,进而有针对性地进行学习和提升。在撰写简历时,我们还可以根据不同的职业机会和要求,调整职业目标和策略,以更好地适应市场需求和个人发展。

总之,简历是我们在求职和职业发展中不可或缺的重要工具。它能够帮助我们展示自己的优势和价值,获得更多的职业机会,实现自己的职业目标。

(二)简历的主要内容

简历最好不要超出一页,内容的颜色搭配不要超过三种。HR 关注的简历的关键内容主要有以下四个方面:

简历不简单:简历修改实战演练

(1)基本信息:年龄、性别、生源地、政治面貌、联系方式、邮箱、求职意向等;

(2)教育背景:学校、专业、学历、成绩等;

(3)实践经历:实习经历、项目经历、校内外实践等(具体内容包括在工作过程中主要从事的项目或参与了哪些成功的项目,在什么时间做了什么,最终得到了什么效果(STAR 法则));

(4)工作技能:技能证书、相关培训、通用能力等。例如,掌握了哪些技能(不能随便写,要与你所投递的岗位相关),有哪些爱好(有什么兴趣爱好,并且在这个领域取得了什么成果)。

(三)巧用两个工具撰写简历

如何能让我们的简历吸睛出彩呢?我们不妨从用户——HR 的角度出发,想想他们有什么需求。HR 最重要的工作是什么?答案是找到合适的人。某资深 HR 说:"我们一直在寻找最适合某个特定岗位的人。在招聘前,已经有了这个人的轮廓,并详细界定了他的各种素质和能力。招聘要做的,就是找到对号入座的人……"其实,所有公司在招聘之前,都是先进行人才画像,再拟招聘简章。因此,撰写简历最重要的就是根据招聘简章来展示个人能力与目标岗位的匹配度。这里给大家介绍两个方法。

1. 金字塔原理

《金字塔原理》是麦肯锡 40 年经典培训教材,是一本训练思维、使表达呈现逻辑性的实用指南。它介绍了一种能清晰地展现思路的有效方法,简单总结如下:任何事情都可以归纳出一个中心论点,而此中心论点可由 3~7 个一级论据(也称为分论点)支持,这些一级论据又可以被 3~7 个二级论据支持,如此延伸,状如金字塔,如图 9-1 所示。金字塔原理提示我们,与求职岗位高度相关的内容应重点放在简历页上端 1/3~1/2 处,这部分内容应该是最突出的亮点且与岗位匹配度最高。

(1)最突出的亮点、与岗位匹配度最高的内容集中呈现在简历的上半部分,也就是说简历内容可以按与岗位匹配度的高低顺序调整。

(2)简历各个部分的呈现顺序可有针对性地进行调整,即某个具体部分按重要程度排列,如实践多、荣誉多而写不下时,就可以将最有针对性的、含金量最高的内容放在最前面,写不下的可以不写。

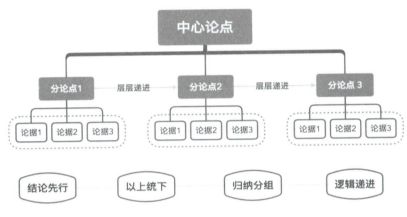

图 9-1 金字塔原理

2. STAR 法则

"STAR"是 situation(情景)、task(任务)、action(行动)和 result(结果)四个英文单词首字母的组合,如图 9-2 所示。STAR 法则是结构化面试当中非常重要的一个理论,常常用于对某件事情的具体描述。采用 STAR 法则来描述经历时,一定要注意量化事实,将主观的描述变成客观的论据。

例如:经过努力,我带领团队成员成功完成公司下达的运营指标,得到了领导们的一致认可,这次活动使我的个人能力也得到了提升。

用 STAR 法则修改后:我带领 3 位团队成员,经过两个星期的策划及一个月的执行,最终使日订单量从 0 增长到 40,活动期间洽谈合作商家有 40 余家,累计沉淀内容有 1700 条。

简历不简单:"数据化语言"赋能大学生简历写作

图 9-2 STAR 法则模型

二、简历常见十大“雷区”

“雷区”1:与众不同的包装/“模板”很重要。

有的同学认为简历版面要精心设计、突出个性,其实不然。HR 初筛简历的平均时间为 25 秒。如果使用 ATS 筛选,个性化的简历反而会增加筛选难度、降低匹配度。所以,除艺术设计类相关专业外,其他专业学生的简历都不宜太复杂,所谓“模板千万种,实用第一条!”

“雷区”2:有没有求职意向无所谓。

岗位那么多,只要能录取,随便哪个都可以,这种认识是错误的。没有意向,过于笼统的表述(如旅游等相关职位),不采用招聘信息里的岗位全称,这是我们很多同学投递简历时出现的问题。求职意向就相当于一篇文章的中心思想和主题论点,确定求职目标,既是成熟的表现,更是与岗位匹配的关键。

“雷区”3:放一张最有个性的美照。

我们常常喜欢在简历中放一些修得漂亮又有个性的照片,但是,照片可以直观地体现我们是否为从“校园人”到“职业人”的角色转变做好了准备。所以,简历上的照片一定要职业化,例如男生可剪发剃须,女生可扎高马尾或盘发,如果是短发可修剪整齐,尽量露出额头。建议同学们穿职业装,化淡妆,面带微笑,用蓝色、白色或指定背景色拍一张正式的登记照。

“雷区”4:经历少没法补救。

校外实践活动、暑期社会实践、勤工俭学、学生会或社团活动策划与组织等活动的参与经历在平时要注意积累。简历中活动经历写法示例如图 9-3 所示。

“武职快点呗”校区负责人　　**武汉八财信息科技有限公司**　　**2021.04-2022.10**

- 沟通全校商户,管理“武职快点呗”整体运营,达成订单量最高 672 单/天,销售额最高 10635 元/天
- 一个月内,上线店铺从 18 家增加至 35 家,使用人数从 3000 人增加至 7000 人

最佳四辩　　**武汉职业技术学院**　　**2021.01-2022.06**

- 饰演四辩角色参加过 12 次辩论赛,经过层层筛选,赢得校级冠军
- 多次于四辩发言环节扭转不利局面,尤其是在校级总决赛当中逆风翻盘,最终赢得比赛

学习发展部负责人　　**旅游与航空服务学院**　　**2021.06-2022.09**

- 在任期间策划组织校、院级活动共计 20 次,如金种子辩论赛、导游大赛等,累计参与人数 1500 人。
- 负责学生会的日常工作,如收集整理学院的各班级考勤、促学风建设等
- 负责各项活动的新闻稿撰写工作,共计 28 篇,应用率达 85%

图 9-3　简历中活动经历写法示例

“雷区”5:学习成绩好就一定能被录取。

优秀并不完全等于优势。展示个人能力与目标岗位的匹配度才是最重要的,雇主要找的是那个能“对号入座”的人。

如图 9-4 所示简历内容,求职岗位是“空中乘务员”,各项荣誉能与目标岗位匹配。

- **主修课程:** 模拟面试、乘务员基础、客舱安全知识、客舱救护、体能课、民航服务心理学等
- **专业成绩排名:** 专业课成绩排名第一,综合成绩专业前三
- **荣誉/奖项:**

全国高等学校民航服务技能大赛主持人及最佳雄鹰奖	国家级	2020年
全国高等学校民航服务技能大赛形象大使及优秀选手	国家级	2020年
首届民航院校空中乘务职业技能大赛中南赛区三等奖	国家级	2021年

图 9-4　个人能力与目标岗位匹配写法示例

"雷区"6：工作经历就是言简意赅的经历。

雇主更关注求职者工作过程中的个人行动，是否做出有价值、独特的贡献。除了采用前面介绍的金字塔原理和 STAR 法则外，恰当而鲜活的表述更吸引人。简单来说，工作经历要采用鲜活事例＋数据的方法描述。

例如：实习期间做问卷调查，拿到有效问卷 40 份，位居本小组第一，锻炼了吃苦耐劳的品质。

用 STAR 法则修改后：在 38 摄氏度的酷暑时节户外持续工作 5 小时，街头拦截访问路人 80 人，拿到有效问卷 50 份，位居本小组第一。

如图 9-5 所示，请挑出这段工作经历描述的不妥之处。

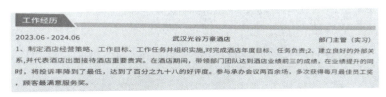

图 9-5　工作经历描述示例

"雷区"7：兴趣爱好要广泛。

唱歌、跳舞、画画、打篮球、听音乐……这些兴趣爱好与岗位有关系吗？雇主不太在意你是否为"斜杠青年"，与岗位匹配的兴趣才能吸引注意。

例 1：求职岗位"新媒体运营"。

我是一名资深游戏玩家，王者段位已到荣耀级别。经常会在某知识分享平台上分享游戏攻略和评价帖子，粉丝量已有 10 万以上。

例 2：求职岗位"图文编辑"。

我爱看书，连续 3 年每月阅读一本励志类书籍，并摘抄读书笔记。

例 3：求职岗位"产品销售"。

我热爱运动，连续 3 年跑完全程马拉松。

"雷区"8：自我评价简单写一下就可以了。

自我评价可写可不写，如果用得好是加分项，但不能写得空洞，不能是岗位职责的描述，要有充分的证据（事例＋数据）。请比较图 9-6 中的两份自我评价，说说哪一份更好。

(a)

> 💡 **自我评价** / Assessment
>
> ➢ 1.学习能力：成绩始终保持年级前 5%（10/220）；在武汉会议中心兼职期间，任职两天成为兼职组长
> ➢ 2.思辨能力：第八届校级辩论赛第一名，"互联网＋创新创业大赛"优秀奖
> ➢ 3.沟通能力：在黄鹤楼旅行社工作期间游客反馈率达 98%，正向反馈率为 100%

(b)

图 9-6　两份自我评价示例

"雷区"9：一份简历走天下。

投递出去的简历应该是对心仪单位和目标岗位的"定制版"简历。招聘简章就是人才画像，根据目标岗位调整简历结构和胜任力关键词，将与岗位匹配的部分移到最上部。例如，若申请行政岗，就将实践经验前移；若申请技术岗，就将项目经历前移。简历中多用与岗位匹配的词汇，根据岗位特点调整个人特色用词。

"雷区"10：内容有编造成分。

在简历中用语言适当包装自己的经历和能力，给 HR 和面试官留下良好的第一印象，是合情合理的；但是在简历中夸大自己的能力，甚至编造不存在的实习、项目经历，是大忌。HR 和面试官都是阅人无数的，经过 5 分钟的交流，他们就能基本判断出候选人的能力水平是否符合岗位要求。面试过程中，面试官也会对简历所描述的内容进行深入挖掘，压力面试及追问细节也是常见的环节，编造的内容往往经不起推敲，容易露馅。简历内容不真实还会带来更严重的后果：面试表现与简历内容严重不符的求职者，可能会被 HR 拉入黑名单，彻底失去进入心仪企业的机会。

简历方面其他需注意的细节包括投递之前没有转成 PDF 格式，导致 HR 收到的简历版式错乱；写错甚至不写联系方式；邮箱使用"非主流"网名；不修改简历文件名；出现错别字等低级错误。曾有求职者把硕士和本科的学校名称写反，给面试官留下了不够认真的第一印象。避免低级错误，从多检查几遍简历做起，可按图 9-7 所示自核表进行检查。

应届毕业生简历自核表

说明：请根据你已经写完的一份简历的真实情况作答。如果还没写过简历，根据你想象中的写出的简历效果作答。

测评题目	选项	
1、在简历的开头，我清晰地写出了自己的求职岗位，HR 一眼就能看到。	是	否
2、在简历中，我只挑选出了与应聘岗位相吻合的经历和能力，而不是罗列了所有经历。	是	否
3、我把与应聘岗位最密切相关的经历/能力放在简历的前面，而不是照搬简历模板填充相应的内容。	是	否
4、在描述每一段经历时，我具体描述了自己都做了哪些事情、取得了哪些成绩/成果，方便 HR 判断我所具备的能力。	是	否

图 9-7　毕业生简历自核表

三、简历点评

（一）大家来"挑刺"

图 9-8～图 9-10 展示了三份简历，请大家来点评。

求职意向：前厅部经理助理

基本信息

期望薪资：8k+
期望城市：湖北省武汉市
性　　别：女
年　　龄：18岁
出生日期：
电话号码：
QQ 号码：
现居地址：武汉市
婚姻状况：未婚
政治面貌：共青团员
民　　族：汉族
籍　　贯：
身高体重：163cm/55kg

职业技能

前台接待

办公软件

兴趣爱好

羽毛球、乒乓球、唱歌

教育经历

2021/09 - 2024/06
武汉　　　学院　　　　　　　　酒店管理（大专）
主修课程：前厅服务与管理、餐饮服务与管理、客房服务、旅游心理学、酒店概论、酒店英语，其中多门课程成绩获得优秀。

奖励证书

- 计算机一级
- 大学英语四级
- 普通话二级甲等

工作经历

2023/07 - 2024/02
全季酒店　　　　　　　　　　　前厅部经理助理（实习）

项目经历

2023/11 - 2024/02
　　　　　　　　　　　　　　　　　　　（准四星级）
　　　　（机场店）是河南中　　　酒店集团管理有限公司在洛阳投资经营管理的一家精品商务酒店。酒店占地6000平方米，是集客房、餐饮、会议与一体的准四星级综合性酒店。
我的职责：全面负责酒店前期的物业租赁谈判，开业前市场定位，装修设计方案确定，装修工程的监管，酒店物品采购，人员招聘培训，证照办理，投资预算的制定和落实，前期市场开发等。

自我描述

1. 本人性格开朗，积极向上，有较强的组织沟通能力，喜欢迎接新的挑战。学习能力很强，能够快速胜任不同领域的工作。
2. 专业知识的系统学习和足够的工作实践，使我具备了更强的工作能力。工作细心，有很强的独立思考和解决问题的能力。
3. 容易接受新知识及理念，善于总结经验教训，能在最短的时间内熟悉新的技能知识，并运用到实际工作当中。务实，工作脚踏实地，有很好的团队精神。
4. 本人性格沉稳，正直忠诚、执行力强；对工作乐观执着，敢于面对困难与挑战。较强的组织领导力，有团队合作精神、敏锐的市场洞察力、责任心强；具备良好的业务能力和心理素质，较强的沟通抗压能力；有两年多仓库主管工作经验。
5. 本人具有良好语言表达能力及沟通协调能力，对工作认真细心用心、积极主动、敬业爱岗，有良好的职业道德和职业操守；其次抗压能力强，具有挑战性，能群策群力，团结同事，以求更好地完成工作。

图 9-8　简历示例（一）

PERSONAL RESUME

性别：女　　　　　　　　　　年龄：20
电话：
邮箱：　　　　@qq.com

求职意向

意向岗位：餐饮　　　　　　　意向城市：重庆
期望薪资：2k-3k　　　　　　　求职类型：实习

自我评价

- 专业背景:谦虚好学，勤奋进取，注重理论修养学习
- 综合素质:吃苦耐劳，敢于创新，勇于突破自己，具有良好的沟通表达能力，抗压能力强，能迅速适应新环境

工作经历

2022.10-2023.6　　武汉＿＿＿术学院　　班长

负责班级各项事务通知及信息汇总收集工作，及时传达学校疫情防控、活动、教务等通知，2年累计审核全班36名同学超100份申报材料和信息，并督促班级36名同学完成疫情防控、课程选修等多类型超100份资料整理和汇总，0出错。

2021.10-2022.10　　武汉＿＿＿术学院　　宣传委员

组织班内同学参加学校举办的各类集体活动，如:安全教育、歌唱100周年等，根据活动内容和亮点，累计完成宣传海报设计10余张，并协助团支书完成工作要求。

在校经历

2021.9-2023.6　　武汉＿＿＿术学院　　酒店管理与数字化运营

- 旅游学院母亲节活动《关于那些感动的信封》登上＿＿＿微信公众号
- 体育节拍摄最美的风景摄影作品被征用
- 旅游学院绘画画展"学习二十大精神"登上＿＿＿微信公众号

荣誉证书

- 2021-2022学年 荣获一次校级"社会工作奖"以及一次校级"厚德风尚奖"奖学金
- 2022年12月 旅游学院优秀入党积极分子

实习经历

2010.6-至今　　＿＿农家乐　　前台

- 协助完善各项规章制度，同比上年度工作效率提高40%，并为公司运行提供行之有效的建议共30条。
- 在职期间，顺利完成团购会、年会等活动累计10余场，每场活动参会人数达200人。

教育经历

2021.9-2023.6　　武汉＿＿＿术学院　　酒店管理与数字化运营 | 大专

主修课程:餐饮服务与管理、酒店英语、客房服务与管理、前厅服务与管理、酒店管理信息系统

相关技能

- 语言能力:全国普通话证书二级乙等，具有良好的沟通能力
- 办公技能:熟练运用Office办公软件,如Word文档、PPT制作

图9-9　简历示例(二)

自我评价

1. 学习能力:成绩始终保持年级前7%(7/219)
2. 沟通能力:在读期间,有做过话务员,一天拨打500通客户电话,有效沟通400通
3. 专业能力:有充分的酒店实习经验,工作扎实。
4. 协调能力:担任班长,多次组织活动无一纰漏。

教育背景

武汉░░░░学院　　　旅游░░░务学院 · 酒店管理 · 专科
2021-09 至 2024-06

教育经历 |

相关课程 | 餐饮服务与管理 / 前厅服务与管理 / 酒店职业英语 / 酒店收益管理 / 酒店督导与实务 / 酒店人力资源管理 / 酒店市场营销 / 酒店财务管理

工作经历

武汉光谷凯悦酒店
中餐厅服务员　2021-07 至 2022-07
1. 负责接待服务客人,熟悉餐品的制作方法、味道特点以及出品的大概时间,了解相关的文化背景,能熟练地为客人介绍茶文化知识。
2. 主动巡台,了解客人需求,根据实际情况控制服务频率,做到客人满意。
3. 主动与客人沟通,征询客人意见,及时向上级汇报。

四堰坪农庄
餐饮部服务员　2020-07 至 2020-09

十堰凯伦酒店
餐厅服务员　2019-12 至 2019-12

在校经历

学生职务

班长　2021-09 至 2023-02
负责管理班级各项事务,每个月给班上同学进行操行评定,积极组织班上同学参加社团活动。也负责处理班上同学的一些矛盾事宜,做好班级档案的管理、更新工作,参与班级考核管理。

奖学金

求实创新奖 2022-12　　笃学进步奖 2022-06

获奖经历

"传爱国建团精神,展青春奉献活力"海报设计大赛优秀奖 2023-01

百生讲坛 2022-04

女
求职意向:中餐厅服务员

基本信息
生日:
居住地:
民族: 汉
政治面貌: 共青团员
婚姻状况: 未婚
籍贯:
身份证:
身高: 162cm
体重: 44kg

求职意向
期望职位　中餐厅服务员
期望地点　武汉市
期望薪资　3000-4000元/月
求职状态　月内到岗

职业技能
Excel | 精通
Word | 精通
PPT | 熟练

图 9-10　简历示例(三)

简历点评示例如图 9-11～图 9-15 所示。

图 9-11 简历点评示例（一）

优点：
· 简历排版简洁清晰，左右对齐
· 主修课程都是与化学专业相关的，且突出成绩
· 基本信息简洁不啰唆
可提升点：增加求职意向

联系方式 | 邮箱

教育背景
华中农业大学   应用化学专业   理学学士   2018.09-至今
- GPA: 3.63/4.0
- 主要课程：分析化学(91分)、分析化学（全英文）(96分)、化学研究进展(91分)、有机化学(92分)、物理化学(95分)、仪器分析(94分)、纳米材料(95分)、化学生物学(93分)、结构化学(90分)、计算机在化学中应用(90分)、化学研究新技术(90分)
- 荣誉奖项：三好学生、优秀团员、优秀学生干部、湖北省化学化工成果报告会二等奖、第二届全国大学生化学实验创新设计大赛"微瑞杯"华中赛区二等奖

科研及实习经历
饲料填充假龙虾壳对鸡蛋健康及鸡蛋品质影响的机理研究
国家级大学生创新创业训练项目   项目成员   2019.03-2020.08
- 学习使用origin、endnote等软件以及万方、维普等中文数据库、Web of science、scifinder等外文数据库进行中英文文献检索；提高自己的文献阅读能力和信息提取能力；
- 对养殖鸡饲料进行改进，提高鸡蛋钙含量，掌握抽滤、称量等基础分析方法。

以碳点为荧光材料检测水样中对硝基苯酚含量
湖北省大学生创新创业训练项目   项目主持人   2019.05-2022.6
- 熟练运用并掌握紫外可见分光光度计、荧光分光光度计、紫外光度计、扫描电镜等分析仪器使用，对荧光光谱、电镜图等分析结果进行准备分析。
- 自主设计条件探究并优化CDs检测PNP的最适条件；利用荧光检测，降低PNP检测的检出限至0.1μm以下。
- 团队协作能力得到加强，分工明确具体，实验进程有条不紊。

湖北宜昌兴发集团   实习生   2021.7-2021.7
- 进行有关化工制品，如草甘膦、甘氨酸等的生产工艺及流程的知识学习与培训。
- 在厂区内进行实地参观，学习化学化工生产设备使用方法。

社团及组织经历
应化1803班   宣传委员   2018.09-2019.06
- 主要工作：举办团生会10余次，参与率达80%以上；组织参与班级设计大赛、元旦晚会等，并及时跟进后续活动执行与安排。
- 班刊编写及出版：负责联系班级同学参与并筛选审核优质稿件，有较好语言文字及设计功底。

应化2003班学生班主任助理   2020.06-2021.06
- 负责新生开学季迎新活动，主要包括档案填写、迎新班会、入学分班英语考试组织、班委选拔等活动的部署。

学术科技部负责人 学院主席团成员   2020.09-2021.06
- 校长杯大学生英语竞赛领队：为参与成员做好后勤保障工作，做好学院与参赛人员对接，联系指导老师，学习并掌握打灯、字幕等技能，提高业务能力。
- 理学院英语四级模拟考试：组织模拟考试3次，参与人数累积达500余人次，组织试卷批改等工作，对活动进行及时分析及复盘，提高组织策划能力和加强planB意识。
- 参与组织学院学代会并代表学生会进行述职报告、党团学新招新宣讲会等，积极锻炼演讲水平。

技能特长
- 语　言：英语（CET-6）能够阅读、翻译外文文献 具备一定英语水平
- 技　能：熟练掌握使用基础化学实验仪器、设备,ChemDraw、Chem3D、EndNote、MathType、Office办公软件熟练运用
- 普通话水平：国家一级乙等
- 爱　好：慢跑、羽毛球、音乐剧、电影（影评50+篇）

优点：
· 简历黄金视线区域是比较重点的项目经历，重点突出

· 项目描述上体现出自己熟悉的方法、工具、仪器等使用操作，突出专业能力

· 有清晰的结果呈现

· 经历选择上把专业不相关的校园经历放在科研项目经历的后面，重点明确

优点：技能描述简洁清晰，条理分明

图9-12　简历点评示例（二）

大学生生涯教育与就业指导

图 9-13　简历点评示例（三）

第九章 求职准备

可提升：
个人信息部分内容过于杂乱，一般个人信息重点体现姓名、电话、邮箱、求职意向，其他的可以不写（院校专业可写在专门的教育背景模块中，爱好可写在技能或者兴趣爱好模块中）

照片不要加边框

简历最好不要加底色或者花纹，正常白色底就可以

注意行间距和字体字号

PERSONAL RESUME

基本信息

姓　名	████	就读院校	华中农业大学（武汉）
性　别	女	专　业	法学
年　龄	22岁	毕业时间	2022.06
籍　贯	广西桂林	爱　好	摄影 写作
电　话	███████	邮　箱	████████@qq.com

教育经历

2018.09—2022.06　华中农业大学　211重点大学 / 世界一流学科建设高校　法学（本科）

主修课程：民法 知识产权法 公司法 商法 经济法 金融法 法律逻辑学 模拟法庭

工作经历

2020.07—2020.09　广西立横律师事务所　　　　　　　　　　　　　　律师助理
协助律师办理案件；负责整合各种案件材料；辅助律师建立客户档案；陪同律师会见当事人，准备立案材料；整理律师的开庭材料；并协助律师签订委托协议；整理文书票据；递送相关案件资料；办理律师交代的其他工作。

2021.04—2021.06　湖北省武汉市东湖新技术开发区人民法院　　　　民庭实习书记员
详细了解法院各类文书的制作过程和格式规范及案卷所包含的材料；学习民事案件的审判流程，接触了很多不同案由的审判实例，拓宽了知识面；理论与实践结合；提高了解决问题的能力，从新手成长为熟悉法院工作的能手。

校园活动

2019.05—2020.11　教学信息中心·采编部部长　　　　　　　　　　　校级
采编部负责华中农业大学本科生院官方公众号狮子山下问教同学们的推文稿件采写，包括文章的撰写和图片的拍摄。作为部长对公众号的每一篇推文进行总体策划及定稿审核，打造了《课程记》《青言青语》、《影调》等校园新闻板块。

2019.11—2020.10　大学生艺术团民乐团·唢响笙声部长　　　　　　　校级
组织声部成员进行早晚训并定期汇报排练成果，参排的《彩云追月》等节目登上学校元旦晚会。

2020.07—2022.05　大学生创新创业训练计划·项目组成员　　　　　　国家级
乡村振兴背景下地理标志的法律保护——以兴湘农产业为例
撰写项目申报书，通过查阅文献、访谈、问卷调查等方法对地理标志农产品的法律保护相关问题进行研究，并对调研总结出的现存问题提出相应切实可行的建议。

工作技能

MS Office（熟练）　短视频剪辑（熟练）　普通话（二级甲等）　CET-6证书　机动车驾驶证

自我评价

学习认真对待，积极进取，做事严谨认真而有责任心
能够吃苦耐劳，坚持到底，工作上踏实负责而持之以恒
性格外向开朗，热爱运动，交往中善于合作而勤于交流
热爱所学专业，对公司法、经济法等方向具有浓厚兴趣

可提升：
工作经历改为"实习经历"

经历描述上采用倒叙的方法，最近的经历最先写

经历描述上不能采用一大段，要分条理描述，最好用项目符号或者序号区分

实际工作的成果没有数据化的体现，比如多少份材料、几个开庭案例材料、与多少当事人沟通等

可提升：
自我评价内容过于空洞，且占位置，可以用关键词+事例的形式写几个跟目标岗位匹配的关键点

图 9-14　简历点评示例（四）

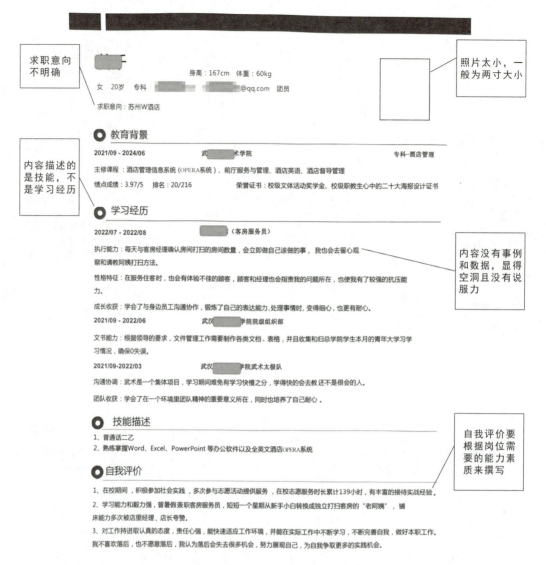

图 9-15　简历点评示例(五)

(二) 优秀简历展示

5 份优秀简历如图 9-16~图 9-20 所示。

优秀简历特点如下:版面设计简洁明快,求职岗位明确,照片突出职业形象,校内外实践经历、自我介绍、受教育经历、荣誉奖励等均紧紧围绕岗位所需能力素质展示,且与岗位最相关的能力素质填写在简历上部 1/3~2/3 处,符合金字塔原理。每个模块的内容都很好地按照金字塔原理和 STAR 法则撰写,体现了求职者清晰的思维特点,且事例和数据清楚,有较强的说服力。

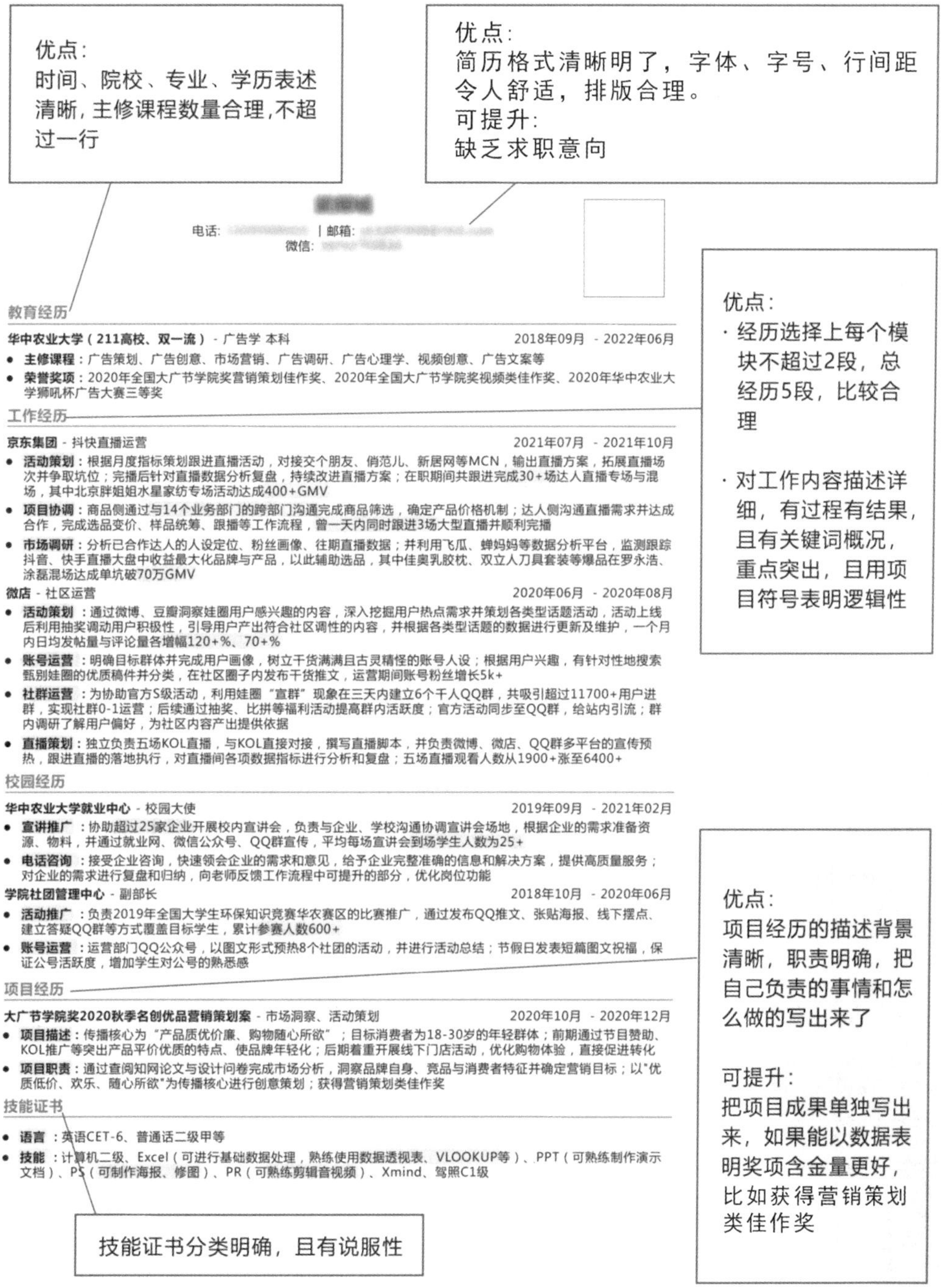

第九章　求职准备

优点：
时间、院校、专业、学历表述清晰，主修课程数量合理，不超过一行

优点：
简历格式清晰明了，字体、字号、行间距令人舒适，排版合理。
可提升：
缺乏求职意向

电话：　　　　　｜邮箱：
微信：

教育经历

华中农业大学（211高校·双一流）· 广告学 本科　　　　2018年09月 - 2022年06月
- **主修课程：** 广告策划、广告创意、市场营销、广告调研、广告心理学、视频创意、广告文案等
- **荣誉奖项：** 2020年全国大广节学院奖营销策划佳作奖、2020年全国大广学院奖视频类佳作奖、2020年华中农业大学狮吼杯广告大赛三等奖

工作经历

京东集团 - 抖快直播运营　　　　2021年07月 - 2021年10月
- **活动策划：** 根据月度指标策划跟进直播活动，对接交个朋友、俏范儿、新居网等MCN，输出直播方案，拓展直播场次并争取坑位；完播后针对直播数据分析复盘，持续改进直播方案；在职期间共跟进完成30+场达人直播专场与混场，其中北京群姐姐水星家纺专场活动达成400+GMV
- **项目协调：** 商品侧通过14个业务部门的跨部门沟通完成商品筛选，确定产品价格机制；达人侧沟通直播需求并达成合作，完成选品变价、样品统筹、跟播等工作流程，曾一天内同时跟进3场大型直播并顺利完播
- **市场调研：** 分析已合作达人的人设定位、粉丝画像、往期直播数据；并利用飞瓜、蝉妈妈等数据分析平台，监测跟踪抖音、快手直播大盘中收益最大化品牌与产品，以此辅助选品，其中佳奥乳胶枕、双立人刀具套装等爆品在罗永浩、涂磊混场成单坑破70万GMV

微店 - 社区运营　　　　2020年06月 - 2020年08月
- **活动策划：** 通过微博、豆瓣洞察娃圈用户感兴趣的内容，深入挖掘用户热点需求并策划各类型话题活动，活动上线后利用抽奖调动用户积极性，引导用户产出可供社区调性的内容，并根据各类型话题的数据进行更新及维护，一个月内日均发帖量与评论量各增幅120+%、70+%
- **账号运营：** 明确目标群体并完成用户画像，树立干货满满且古灵精怪的账号人设；根据用户兴趣，有针对性地搜索甄别娃圈的优质稿件并分类，在社区圈子内发布干货推文，运营期间账号粉丝增长5k+
- **社群运营：** 为协助官方S级活动，利用娃圈"宣群"现象在三天内建立6个千人QQ群，共吸引超过11700+用户进群，实现社群0-1运营；后续通过抽奖、比拼等福利活动提高群内活跃度；官方活动同步至QQ群，给站内引流；群内调研了解用户偏好，为社区内容产出提供依据
- **直播策划：** 独立负责五场KOL直播，与KOL直接对接，撰写直播脚本并负责微博、微店、QQ群多平台的宣传预热，跟进直播的落地执行，对直播间各项数据指标进行分析和复盘；五场直播观看人数从1900+涨至6400+

校园经历

华中农业大学就业中心 - 校园大使　　　　2019年09月 - 2021年02月
- **宣讲推广：** 协助超过25家企业开展校内宣讲会，负责与企业、学校沟通协调宣讲会场地，根据企业的需求准备资源、物料，并通过就业网、微信公众号、QQ群宣传，平均每场宣讲会到场学生人数为25+
- **电话咨询：** 接受企业咨询，快速领会企业的需求和意见，给予企业完整准确的信息和解决方案，提供高质量服务；对企业的需求进行复盘和归纳，向老师反馈工作流程中可提升的部分，优化岗位功能

学院社团管理中心 - 副部长　　　　2018年10月 - 2020年06月
- **活动推广：** 负责2019年全国大学生环保知识竞赛华农赛区的比赛推广，通过发布QQ推文、张贴海报、线下摆点、建立答疑QQ群等方式覆盖目标学生，累计参赛人数600+
- **账号运营：** 运营部门QQ公众号，以图文形式预热8个社团的活动，并进行活动总结；节假日发表短篇图文祝福，保证公号活跃度，增加学生对公号的熟悉感

项目经历

大广节学院奖2020秋季名创优品营销策划案 - 市场洞察、活动策划　　　　2020年10月 - 2020年12月
- **项目描述：** 传播核心为"产品质优价廉、购物随心所欲"；目标消费者是18-30岁的年轻群体；前期通过节目赞助、KOL推广等突出产品平价优质的特点，使品牌年轻化；后期着重开展线下门店活动，优化购物体验，直接促进转化
- **项目职责：** 通过查阅知网论文与设计问卷完成市场分析，洞察品牌自身、竞品与消费者特征并确定营销目标；以"优质低价、欢乐、随心所欲"为传播核心进行创意策划；获得营销策划类佳作奖

技能证书

- **语言：** 英语CET-6、普通话二级甲等
- **技能：** 计算机二级、Excel（可进行基础数据处理，熟练使用数据透视表、VLOOKUP等）、PPT（可熟练制作演示文档）、PS（可制作海报、修图）、PR（可熟练剪辑音视频）、Xmind、驾照C1级

优点：
· 经历选择上每个模块不超过2段，总经历5段，比较合理

· 对工作内容描述详细，有过程有结果，且有关键词概况，重点突出，且用项目符号表明逻辑性

优点：
项目经历的描述背景清晰，职责明确，把自己负责的事情和怎么做的写出来了

可提升：
把项目成果单独写出来，如果能以数据表明奖项含金量更好，比如获得营销策划类佳作奖

技能证书分类明确，且有说服性

图 9-16　优秀简历（一）

优点：
求职目标明确，基本信息简洁明了

简历排版布局商务简洁，模块清晰

求职意向： 互联网/活动策划

联系电话：　　　　　　电子邮箱：

教育背景

2018.09-至今　　　华中农业大学（211 工程/双一流学科）　　　　　　　英语
- 学业情况：GPA：3.53/4.0、TEM-4（专四）、CET-6、CET-4

实习经历

2021.06-2021.08　　　武汉斗鱼瓯越网视公司　　　　　　　　运营实习生
- 执行"英雄联盟峡谷冲分团"方案，协同 20 人团队，利用 Axure 完成页面的设计，推动活动成功上线
- **活动期间专题页 PV 量达 3400w，UV 量达 70w，活动完成人数达 740w，总计完成 68 亿人次**
- 独立分析竞品平台活动，共撰写 8 份活动分析报告，成功催生"英雄联盟峡谷绝活哥"活动方案
- 独立分析竞品平台主播生态环境，整理出 2 个月的相应数据，并针对自身平台不足提出了发展虚拟主播的方案
- 负责主播的引进事宜，成功引进 5 名有潜力的游戏选手，其中新人主播"琳琳猪"在 2 个月内涨粉 1572 名

2020.05-2020.07　　　厚海教育科技有限公司　　　　　　　　　　助教
- 负责课程对接教学计划制定，对接 82 名家长完成 70 余次课程安排和教学计划，保障教学活动有序开展
- 负责学生作业的收集与批改，2 个月内完成 6 个班级 82 名同学的作业批改，并自主整理形成"易错知识点汇编"
- 负责学生教学效果整理反馈，依据学生的课堂与作业表现，完成 42 名学生的教学效果反馈，有效提升续课比例

校园经历

2021.09-至今　　　华中农业大学外国语学院　　　　　　　　　就业助理
- 策划开展**生涯教育和求职指导活动 2 场**，并以主讲人身份宣讲简历撰写与面试技巧，共 200 余人参加
- 负责就业信息的搜集和推送工作，设计就业信息分级推送方案，日均推送就业信息 15 条，已帮助 18 名同学拿到 offer
- 动态开展毕业生就业状态跟踪调查，通过问卷精准定位毕业生求职需求和状态变化，精准施行就业帮扶措施

2018.12-至今　　　华中农业大学电子竞技协会　　　　　　　　　副会长
- 牵头负责社团招新工作，通过路演、线上扫楼等活动，成功吸引 50 余名电竞爱好者加入协会（50/348）
- 组织社团成员参加了 10 余场英雄联盟省内高校联赛，并于"斗鱼彩虹计划英雄联盟竞赛"中取得冠军（1/12）
- 策划校内英雄联盟比赛 2 场，撰写详细的活动方案，通过视频、文案等宣传方式，成功吸引 40 余名同学参加比赛

2018.12-2020.10　　　华中农业大学外国语学院生活部　　　　　　副部长
- 2 年内开展例行卫生检查 84 次，安全抽查 18 次，组织"优秀星级寝室"评选 3 次，营造了良好的寝室氛围
- 协助学院大型活动的开展，如"英语演讲杯"、"英语戏剧表演比赛"、迎新晚会、毕业生晚会等

2018.11-2020.10　　　华中农业大学外国语学院外文 1805 班　　　　心理委员
- 策划心理班会 12 次，通过电影沙龙、心理知识竞赛等多种活动形式，多次缓解了同学们的学业压力
- 设计心理调查问卷 21 次，抓住同学们的心理诉求与生活问题，**协助学院开展"达人心语"心理健康教育活动**

获奖经历
- 2019 外研社杯写作大赛二等奖（20/202）
- 2018 外研社杯阅读大赛二等奖（20/213）
- 2019 年华中农业大学互联网+创业大赛二等奖
- 2020 年华中农业大学外国语学院优秀班委

其他
- 技能：精通 PPT、Word、Excel 等常用办公软件；基本掌握 Axure、XMind 的使用方法

优点：
经历选择详略得当，在 4～6 段之内，且分条理写明工作内容，有做事的方法，有明确的数据和结果

重点内容有加粗，一目了然

图 9-17　优秀简历（二）

教育背景

2018.09 至今	**华中农业大学（211、双一流）**	机械设计制造及自动化
2017.09-2018.07	**华中农业大学（211、双一流）**	水产类

- **专业成绩**：3.58/4.0（GPA） 9/137（6.5%、前七学期）
- **英语成绩**：CET4-560 CET6-533（均已通过口试）
- **主修课程**：互换性与测量技术（96） 模拟电子技术（95） 工程热力学（91）
- **连续两年综合测评成绩班级第一**

获奖情况

- 连续三年获校级"**优秀团员**""**三好学生**"荣誉称号
- **连续四学期获学习成绩优秀奖（前10%）**
- 多次获评校学生通讯社、校青年传媒中心"**优秀文字记者**""**优秀骨干记者**"荣誉称号
- 2020.10 荣获全国大学生机械创新设计大赛**湖北赛区二等奖**
- 2020.10 大学生创新训练项目获评校级"**十佳项目**"
- 2020.11 荣获湖北省高教杯全国大学生数学建模竞赛**全国三等奖**
- 2020.11 获评华中农业大学"**百优青年志愿者**""**百名阅读积极分子**"
- 2020.12 获评华中农业大学工学院"**十佳团支书**"
- 2020.06 荣获华中农业大学工学院时政案例分析大赛复赛**一等奖**（仅一名）

科研经历

2019.04 至今   微纳尺度下生物可降解镁合金腐蚀性能调控   项目负责人

- 开展**跨学科研究**，联合动物医学院本科生组建团队并联系导师，成功申报**校级大学生科技创新基金（SRF）项目、湖北省大学生创新训练项目**；
- 查阅 300 余篇文献，自主选择原始材料并设计试验，探究不同晶粒尺寸下镁合金的微观结构、力学性能、摩擦磨损性能、腐蚀性能及生物相容性；
- 先后采用 4 种配比腐蚀剂、3 种时间长度对 8 种试样金相处理，最终确定最优方案；
- 自学 origin 软件绘制曲线处理硬度值，比较筛选出最优方案进行电化学、腐蚀试验。

2020.10   地下车库（出入口）阻水装置   核心成员

- 针对南方地区降雨量大导致地下车库淹没的情况，现有排水技术难以承担大暴雨期的雨水量，设计出一种**纯机械结构的地下车库出入口阻水装置**；
- 将高分子吸水树脂引入机构作为触发媒介，结构简单实用且安装维护方便。

2020.09   全国大学生数学建模竞赛-中小微企业的信贷决策   队员

- **负责文献查找、数据处理、图表绘制、论文撰写等工作**，学习了计量经济学相关知识；
- 构建"补对数-对数模型"、VECM 模型，解释了稀有事件"企业违约"的偏差现象，且不改变系数的显著性，获湖北赛区三等奖。

2021.05   全国大学生节能减排社会实践与科技竞赛   队长

- 采用布雷顿循环，设计出一套**基于超临界二氧化碳的船舶余热收集发电系统**；
- **负责压缩机叶轮模型建立及设计说明书撰写**，利用 3D 打印机完成实体模型制作。

其他经历

2018.07   新加坡国立大学夏令营——Engineering Innovative Solution

- 设计了一种基于路况拥堵时的城市应急响应模型，并进行相应的建模及仿真分析。

2017.09 至今   校学生通讯社文字记者、校党委宣传部实习编辑

- 负责校内外活动报道、深度报道及编辑、校对等工作，曾采访中央歌剧院老师刘静；
- 在校官方微信公众号、校报等累计发表稿件 60 余篇，达 6 万余字。

张 三

个人信息

出生年月：1999.09
政治面貌：中共预备党员
年级：2018 级（大三在读）

联系方式

电话：
邮箱：

技能特长

计算机：掌握 C、MATLAB、SAS 编程、Solidworks、Office；
语言能力：普通话一乙；有较强的语言表达及沟通能力；
团队能力：具有较强的团队组建、管理能力，有协调经验。

学生工作

2019.09 至今 任班级团支书
2020.09 至今 任新生班主任助理
2019.03 至今 篮球裁判协会会员
2017.09-2019.05 校管弦乐团低音提琴声部团员

图 9-18   优秀简历（三）

张三

电话：　　　　　　　　邮箱：　　　　　　　　政治面貌：

教育经历

中南财经政法大学（教育部直属211）　　　　　　　　　　　　　　　　　　　2022年09月 - 2024年06月
金融 硕士 金融学院　　　　　　　　　　　　　　　　　　　　　　　　　　　　　　　　　　　　　武汉
- 保研至中南财经政法大学（教育部直属211）金融专业（国家重点学科），师从余明桂教授，研究方向为公司金融。

华中农业大学（教育部直属211）　　　　　　　　　　　　　　　　　　　　　　2018年09月 - 2022年06月
财务管理 本科 经济管理学院　　　　　　　　　　　　　　　　　　　　　　　　　　　　　　　　　武汉
- **学业成绩**：GPA: 3.85/ 4.00；专业排名：3/60（Top5%）
- **主要课程**：中级财务会计（95）、财务管理（91）、财务分析（94）、中级计量经济学（95）、证券投资学（93）；
- **荣誉奖项**：国家奖学金、优秀团员、三好学生（2次）、第七届世界军人运动会优秀志愿服务工作者、第七届中国国际"互联网+"大学生创新创业大赛湖北省银奖等。

实习经历

立信会计师事务所（特殊普通合伙）　　　　　　　　　　　　　　　　　　　　2021年12月 - 2022年02月
审计助理　　上海总所
- 负责审计项目细节测试的抽凭工作，针对凭证、发票以及合同中的金额和时间等数据进行一致性核查，累计抽凭500余份；负责部分函证的制作与核查，累计发函60余封，负责国内外发函与回函地址查验、大额查验工作，协助带教老师整理底稿；独立监盘企业部分资产，核实被审计企业的车间半成品及工厂产成品情况，证实存货真实性，涉及资产约50万元；
- 实习期间共参与3项IPO项目与1项上市公司项目，涉及软件与信息技术服务、医疗器械、通用设备制造等不同行业。

中国银行开封分行　　　　　　　　　　　　　　　　　　　　　　　　　　　　　2021年07月 - 2021年08月
大堂经理助理　　　　　　　　　　　　　　　　　　　　　　　　　　　　　　　　　　　　　　宋都支行
- 在大堂区域引导客户，协助客户刷卡或者身份证取号，协助大堂店长检查智能设备、自助设备等机器运转情况；
- 电话通知客户中国银行手机APP每月活动，指导其如何参与，针对客户提出的其他业务问题，将其分流至不同负责人处；平均每天接待客户60人次，累计外呼400余次电话，所在支行7月份的APP用户使用率排名全市第一。

中审众环会计师事务所（特殊普通合伙）　　　　　　　　　　　　　　　　　2021年01月 - 2021年02月
审计助理　　武汉总所
- 独立完成审计底稿中各个科目明细表的数据填写，对费用类科目实施随机抽样，进行细节测试和截止测试，编制相应底稿；实习期间参与2家上市公司年报审计，涵盖房地产、出口贸易等行业，累计编制200余张明细表，抽取凭证300余份。

课外实践

华中农业大学经济管理学院工商管理类2002班　　　　　　　　　　　　　　2020年09月 - 2021年09月
学生班主任助理　　　　　　　　　　　　　　　　　　　　　　　　　　　　　　　　　　　　　　武汉
- 独立编写4000余字入学攻略，内容涵盖报道事项、学习与宿舍生活、校内美食等方面，帮助新生更快适应大学生活；
- 负责工商2002班31位学弟学妹的学习生活，召开新生入学班会、期中总结班会、学长学姐经验分享等10余场主题班会；不定期下寝关怀，及时掌握每位新生的成长状态，日常答疑新生存在的各方面问题，协助班主任处理班级行政工作；
- 所带班级获得华中农业大学十佳团支部荣誉，本人获评华中农业大学2020-2021"优秀学生班主任助理"。

华中农业大学与抗疫一线人员线上手拉手　　　　　　　　　　　　　　　　　2020年03月 - 2020年05月
课程辅导志愿者　　　　　　　　　　　　　　　　　　　　　　　　　　　　　　　　　　　　　　远程
- 疫情期间积极响应校团委号召，担任第一批课程辅导志愿者，对一线医务人员子女进行学业辅导，内容是小学三年级奥数；每周辅导1-2次，共辅导13次，累计时长22小时，志愿对象的数学成绩显著提高，并获得校级"十佳青年志愿者"称号。

第七届世界军人运动会　　　　　　　　　　　　　　　　　　　　　　　　　　2019年10月 - 2019年10月
军运村志愿者　　　　　　　　　　　　　　　　　　　　　　　　　　　　　　　　　　　　　　　武汉
- 入选我校第二批军运会志愿者，服务于军运村的信息技术中心，负责检查户外大屏信息发布功能是否正常运转；
- 赛会期间往返于学校与军运村，志愿服务时长累计96小时，获得"优秀志愿服务工作者"称号（志愿者中的前40%）。

华中农业大学经济管理学院学生会　　　　　　　　　　　　　　　　　　　　　2019年10月 - 2020年10月
新生部副部长　　　　　　　　　　　　　　　　　　　　　　　　　　　　　　　　　　　　　　　武汉
- 参与学院19级男生（约200人）的日常考勤工作，负责每月与各班副班长对接早操假条、编制查操人员值班表等工作；
- 参与学班招聘与考核、开学季迎新等活动，负责20级新生志愿者招聘与管理工作，在职期间被评为"社会工作先进个人"。

其他

- **英语水平**：CET-4: 546，CET-6: 487
- **技能**：Office（已获计算机二级证书）、Python、Stata、Xmind

图 9-19　优秀简历（四）

张三

电话：　　　　　　　邮箱：

教育经历

华中农业大学（211）　　　　　　　　　　　　　　　　　　　　　　2018.09 - 2022.06
广告学 本科 文法学院　　　　　　　　　　　　　　　　　　　　　　　　　　　武汉
- 专业成绩：GPA 3.84/4.00（前10%）
- 荣誉奖项：中国大学生广告艺术节学院奖营销策划类三等奖、"狮吼杯"广告策划大赛一等奖(前4%)、腾讯轻聊产品体验大赛第三名(3/88)、中国大学生广告艺术节学院奖影视广告优秀奖、"劲酒杯"市场营销策划大赛全校二等奖

工作经历

腾讯音乐娱乐　　　　　　　　　　　　　　　　　　　　　　　　　　2021.06 - 至今
qq音乐直播 产品运营　　　　　　　　　　　　　　　　　　　　　　　　　　　深圳
- 营收活动运营：以促进平台营收为目的，从0到1个人主导推出7月"彩虹派对"活动，聚焦业务逻辑，在前期进行方案策划、数值设计、预算估算；中期进行维护运营；后期分析活动数据，推出3k+字活动复盘；活动7日大直播日均收入增长17.42%，完成预期拉收目标，额外拉收ROI较往期提升20.5%
- 礼物运营：①从用户需求出发，制定礼物品类上新框架，梳理空缺品类并进行规划实施；②注重用户体验，针对大R用户制作投放问卷并整理反馈，做出相应改进措施；③负责礼物上新全流程（提需求、对接设计、产品、开发等），顺利上新平台第一款玩法音效礼物；④流程sop文档沉淀及维护，规范礼物上新流程，提升效率
- 产品功能优化：结合10+竞品直播平台，从产品、运营侧（礼物常规运营、产品能力等）分析现有直播平台，生成5k字直播礼物运营分析报告，并通过本报告结论对礼物产品功能提出建议并推动实施

腾讯　　　　　　　　　　　　　　　　　　　　　　　　　　　　　　2021.01-2021.04
PCG-微视 短视频活动运营　　　　　　　　　　　　　　　　　　　　　　　　　北京
- 热点类挑战赛策划运营：为增强站内挑战赛的热点品相，丰富赛道玩法，通过监控搜集短视频平台热点话题，及时结合站内调性做出响应，推出相应挑战赛；实时监控赛道数据，对其进行分析并发现问题，做出相应运营手段；累计推出挑战赛6个，其中4个挑战赛的重点数据指标（播放uv）高于平均数据，最好的赛道数为平均情况的163%
- 赛道复盘：对挑战赛总体情况进行2000字阶段性复盘；收集整理赛道各项数据指标，分析同期所有赛道整体情况，并对极端优、劣case根据数据及业务情况进行问题归因，最后提出可行性建议

字节跳动　　　　　　　　　　　　　　　　　　　　　　　　　　　　2020.07-2020.10
皮皮虾 活动运营　　　　　　　　　　　　　　　　　　　　　　　　　　　　　北京
- 活动运营：为挖掘优质原创作者，提升原创视频数量，共参与推出创作者活动7个；包括活动策划，全程把控运营节奏，实时监测活动效果及数据，进行活动复盘及总结；活动拉新原生原创作者数300+，双月okr完成度110%
- 直播宣发：参与二周年直播活动的宣发；在前期进行活动预热及预约直播落地页宣发，策划制作18条落地页视频，落地页参与渗透率较往年增长5.2%，后期在抖音对直播内容进行二创剪辑，点赞量较同期周年庆宣传视频提高70%
- 短视频策划：为增强活动感知度与参与率，结合实事热点制作活动引导视频；脚本+拍摄+剪辑均自己完成，共制作20+条短视频，点赞量平均4000+，高于同账号发布的其他视频，显著提高活动投稿数量

校园经历

"悦青媒"微信公众号运营（校内十佳新媒体，粉丝3w+）副部长　　　　2018.10 - 2020.06
- 推文策划：结合热点话题策划推文选题，根据推文数据动态调整选题方向；组织策划"最美教官评选"活动，协调其他部门对教官图片、信息进行收集和整理，在往期推文平均阅读量1k左右的基础上，原创推文阅读量1w+

校艺术团活动策划部 副部长　　　　　　　　　　　　　　　　　　　2018.10 - 2020.06
- 策划校级活动：独自撰写"校园十大歌手"策划书，制定宣传方式、大赛制度、现场流程等详细内容，参与2020全校跨年夜、2019年创意之夜等现场活动管控，活动辐射全校师生，近8000人参与

其他

- 技能：Office三件套、Axure RP、PS、PR (创意视频剪辑、创意海报设计)、CET-6、XMind

图 9-20 优秀简历（五）

拓展阅读

如何创建ATS简历

你是否因为没有得到足够的面试机会而在求职中感到气馁？如果是这样，你需要创建一份ATS简历。ATS是"申请人跟踪系统"，它是一款计算机软件，可帮助公司来管理招聘流程。当你申请工作时，你的简历通常会直接进入ATS数据库。问题是，如果你的简历没有针对ATS进行优化，它可能永远不会被招聘经理看到。

这有两个原因：

① 你的简历格式不正确，ATS无法读取；

② 你的简历不包含招聘经理正在寻找的关键字。

无论哪种原因，结果都是一样的：被拒绝。ATS友好的简历是包含高度相关关键字的简历，其格式使ATS可以轻松阅读。这种简历更有可能被传送到招聘经理的手中，从而使求职者获得更多的工作面试机会。

如何针对ATS优化简历？首先确定职位和所需经验；然后确定基本关键字；最后正确格式化你的简历。

1. 确定职位和所需经验并将其添加到你的简历标题中

第一步是查看职位描述的最顶部。在这里，你可以找到所需的职位或所需经验，如图9-21所示。

```
Senior Manager / Manager - Sales (Americas)
RateGain Travel Technologies
Remote · Remote
```

图9-21 职位描述示例

假设你想申请这份工作。在你的简历中，尝试使标题包含关键字"高级经理"（Senior Manager）和"销售"（Sales）。

简历标题是你的职业身份的简要总结。它出现在简历的顶部。

简历标题包含关键字"高级经理"和"销售"很重要，因为招聘经理在搜索合适的候选人时可能会在ATS中输入这些关键字。

此职位的简历标题示例如下：

（1）成就卓著的高级经理和销售主管，专注于提供出色的业绩。

（2）充满活力的高级经理，在销售和业务发展方面具有深厚的背景。

（3）高级经理，具有丰富的销售经验和建立高绩效团队的诀窍。

现在你已经针对ATS优化了简历标题，是时候写简历的其余部分了。

2. 确定基本关键字

这一步要仔细阅读职位描述的其余部分，并突出显示最常出现的技能或关键字。这些通常是硬技能。硬技能是基于经验和培训的特定能力和知识。

硬技能包括技术写作、数据分析、平面设计、项目管理、Python和Java应用。

图 9-22 是一个职位描述的例子，其中强调了最重要的技能之一："营销"。如果你希望获得工作面试机会，则此关键字需要在你的简历中占据突出位置。

Sr. Manager, Digital, App & Game Services Marketing

Job ID: 900593 | Amazon.com Services, Inc.

DESCRIPTION

Amazon's Digital, App, & Game Services (DAGS) team is seeking an experienced marketing leader who is passionate about the mobile space to lead our business on Fire tablet and Android. DAGS is Amazon's conduit connecting mobile app and game developers to our devices, services and customers worldwide. Our vision is to make it easy for customers to discover and engage with their favorite apps, games, and digital content, while helping developers delight, engage, and monetize their customers.

As the marketing lead for this space, you will be responsible for driving revenue, engagement, and go-to-market activities for product features and releases. You will direct a team of product and channel marketers, as well as business analysts to understand our customers, drive new product improvements and innovation, and launch marketing campaigns. You must be able to work collaboratively across multiple teams including Business Development, Product, and Device marketing.

RESPONSIBILITIES

Strategic responsibilities include:
· Understand and grow our user base on Fire Tablets and Android phones
· Run strategic marketing campaigns and tentpoles
· Develop customer segmentation and lifecycle marketing plans
· Establish our product positioning, messaging, and outline our key points of differentiation
· Identify new features and improvements needed and create business requirements for them
· Build partnerships with other Amazon businesses

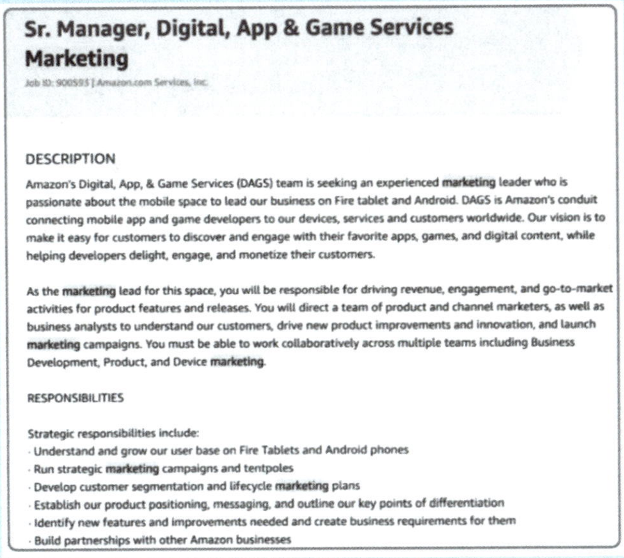

图 9-22 职位描述示例

关键是在简历中使用与招聘经理在职位描述中使用的相同的语言。这将有助于你的简历脱颖而出。

Jobscan 的简历扫描仪简化了这一过程。将简历和职位描述上传到扫描仪后，它会生成匹配报告。此报告重点介绍了你应该尝试添加到简历中的技能和关键字。

图 9-23 是匹配报告的示例。

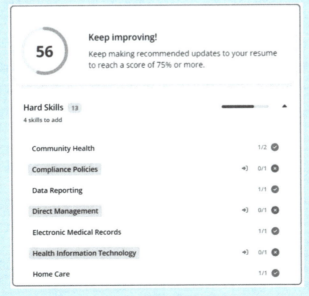

图 9-23 匹配报告示例

根据上述报告,"合规政策"和"直接管理"等硬技能应该添加到你的简历中。但前提是你真的拥有这些技能!

不要仅仅为了添加关键字而添加关键字。正确做法是,调整简历上已经出现的关键字,使它们与职位描述中的关键字完全匹配。

这很重要,因为许多 ATS 无法区分同义词、缩写或类似技能。

例如,如果你有"客户服务"方面的经验,但职位描述要求"客户支持",你的简历可能无法进入下一轮。

同时包含关键字的全称和首字母缩写或简称也很重要。假设你是一名注册会计师(CPA),你应该尝试使简历同时包含"注册会计师"和"CPA"两个关键字。这将确保正在使用 ATS 搜索任一术语的雇主找到你的简历。

3. 正确格式化你的 ATS 简历

你需要做的最后一件事是确保你的简历格式对 ATS 友好。毕竟,如果 ATS 无法正确读取你的信息,招聘经理就不太可能找到你的简历。

许多求职者希望他们的简历看起来很吸引人。这似乎是个好主意,但图形设计元素可能会让 ATS 混淆。

最好的办法是坚持一个易于阅读的简单设计。

请遵循以下提示,以便 ATS 可以正确阅读你的简历:

使用简单明了的语言。使用行业术语或过于复杂的语言只会使系统感到困惑。

坚持使用传统简历的部分标题,如"教育"和"工作经验"。避免使用更具创意的标题,如"我去过的地方"。

使用常见、易于阅读的字体,例如 Times New Roman、Arial 或 Helvetica 字体,以保障最佳可读性。

确保你的简历边距在四面都是 1 英寸,这样你的简历就不会显得拥挤。

避免使用不必要的图形或装饰。它们会使你的简历显得不专业,并可能让 ATS 混淆。

避免使用系统可能误解的特殊字符或符号。

创建简历时使用 Word 文档,确保它看起来不错并且易于 ATS 阅读。

检查你发送的每份简历,以确保其格式正确。毫不夸张地说,只要有一个小错误,就可能阻碍你获得工作面试的机会。

第二节 面试礼仪——打通面试"第一关"

南开中学创始人之一严修先生书写的"容止格言"如下:"面必净,发必理。衣必整,纽必结。头容正,肩容平。胸容宽,背容直。气象:勿傲、勿暴、勿怠;颜色:宜和、宜静、宜庄。"南开校规明确规定:"体态松懈,言语蛮横,奇装异服,光彩华丽,凡一切惹人注目之行为装饰,皆行禁绝。"周恩来毕业于天津南开中学,他一生注重仪表,外交形象令世人崇尚和敬仰。

案例

案例1：小黄去一家外企参加"总经理助理"岗位的最后一轮面试。为确保万无一失,这次她精心打扮:一身前卫的衣服,时尚的手环,造型独特的戒指,亮闪闪的项链,新潮的耳坠,身上每一处都是焦点,光彩照人,靓丽无比。她的对手只是一个打扮普通的女孩,学历也并不比她高,小黄认为胜券在握。

问题:小黄能拿到录用通知吗?为什么?假如你是小黄,你计划怎样准备这次面试?

点评:小黄可能不被录取,因为她缺少面试的基本礼仪。不同的行业和公司对着装的要求有所不同。在面试前,要充分了解所应聘行业的特点以及目标公司的文化氛围。例如,金融、法律等行业通常要求较为正式的着装,男士可以选择西装、领带、皮鞋等,女士可以选择套装、衬衫、高跟鞋等;而在创意、科技等行业,着装可能较为休闲,但也要保持整洁、得体。小黄面试的岗位是外企的总经理助理,这个职位既要协助总经理处理日常事务,又要承担重要项目的跟进工作,需要端庄和稳重的职业素养。小黄的穿着打扮很显然不符合该岗位素养要求。

案例2：曾有一名女生因穿着超短裙参加招聘面试惨败而归。主考官这样评价她:"如果她有职业素养的话,就不会那样做,虽然未必在工作的时候一定要穿得非常正式,但在面试时的标准应该提高。"

点评:关于"面试时应该穿什么"的问题,负责招聘人员的答案几乎是一致的:"穿适合该行业的和该职业的服装参加面试。"面试礼仪是个人在求职过程中所表现出的由里到外的一种涵养,外表的礼仪是对招聘单位和招聘人员最起码的尊重。案例1中的小黄也是由于穿着打扮与场合不符,给人一种张扬、零乱、不庄重的感觉。

案例3：从面试中看工作态度。某家公司的总裁说:"我希望看到对方比较认真、努力,因为那是一种对工作负责的态度。如果有人申请我公司的职位,却不屑于在第一次表现出他们最好的一面,那么他们肯定不会在任职期间做到最好。"有一家公司面试时,先让应聘者填写应聘表,凡是没带笔的一律直接淘汰。公司从这个细节先考核应聘者对面试的重视程度,做事的责任心和认真、细致的态度。

点评:面试前的准备工作要充分,事先确定好要穿的衣服,弄清楚面试的地点,有必要的话,先跑一趟。还应准备好简历、身份证、照片、学历证书、所获奖励证书等求职过程中可能需要用到的原件和复印件。

头脑风暴

对于第一次见面的人,最先吸引你注意力并对其形成初步印象的是什么?请学生分小组接龙,用3个词语快速说出答案,由指定成员整理并分享。

美国心理学家洛钦斯提出首因效应,也称第一印象效应或优先效应,是指第一次交往中给人留下的印象,在对方的头脑中占据着主导地位,并会形成深刻印象。虽然这些第一印象并不都是正确的,但却是最鲜明、最牢固的,它决定着以后双方交往的进程。当一个人在初见时给人留下良好的印象,人们就会更愿意和他接近,这种印象会影响人们对他以后的行为和表现的反应。心理学教授 Albert Mebrabian 提出73855法则:一个人对他人的印象,只有

7%来自他人所说的内容,38%来自他人说话的语调,55%来自他人的外形与肢体语言。

在面试的有限时间里把握每一个细微的言行,展现出自己最好的一面,才能为面试成功赢得机会。我们在面试时通常会因为经验不足而丢掉一些重要的印象分,影响求职成功率。怎样在面试中给面试官留下良好的印象?有哪些细节需要注意?我们要经常训练面试礼仪中的七要素:微笑、发型、妆容、仪态、服饰、眼神、递接物品。

(一) 微笑

微笑是人际交往中最基本、最常用的礼仪,是人类最富魅力、最有价值的体态语言。它传递了愉悦、友好、亲和的信息,给人以亲切、善良、热情、愉快的感受。可是在需要微笑的场合,我们常常感觉很不自在,仿佛控制不了自己的面部肌肉,笑容僵硬做作,感觉很"尬"。这里向大家介绍两种微笑训练方法:"一"字训练法和咬筷子法。

1. "一"字训练法

面部肌肉放松、自然,不紧张;双颊肌肉用力向上抬,嘴里发"一"音,用力抬高嘴角两端,但要注意下唇不要用力过大;喜在眉梢,眼皮、眼角似乎有点收紧的感觉,呈现出两只弯弯的月亮般的笑眼。

2. 咬筷子法

咬筷子法是多数航空公司空乘人员练习微笑的方法,能让你拥有标准的露八颗牙的微笑,经常练习可以让脸部肌肉产生记忆,如图 9-24 所示。训练步骤如下:

(1) 面部肌肉放松,上、下两颗门牙轻轻咬住筷子,嘴角最大限度地上扬,高于筷子。也可以用双手手指按住嘴角向上推,露出上排 8 颗牙齿。

(2) 保持面部肌肉状态,拿下筷子,此时的微笑就是最标准的微笑。请记住此时嘴角的弧度和面部肌肉状态。

(3) 再次轻轻咬住筷子,发出"一"的声音,持续 30 秒。

图 9-24 咬筷子法

(二) 发型

发型应该干净利落。男女生短发时都应前不遮眉后不过领。男生还应该注意修剪鬓角和鼻毛。女生如果留长发,面试时应扎高马尾或盘发髻,用黑色钢丝卡或发胶之类的处理好碎发,露出额头,发髻与两鬓干净,没有一丝乱发。马尾或发髻的位置应合适,过高显得不端庄,过低则显得不精神。头发颜色自然,选择黑色或藏蓝色发夹和发网,不用其他发饰。发型示例如图 9-25 所示。

图 9-25 发型示例

(三)妆容

1. 化妆的重要性

化妆的最高境界是"自然",且妆容与身份匹配,能自然表现个人的气质。化妆能体现一个人的气质,而好气质建立在良好生活方式、充足睡眠、运动与营养的基础上,再加上简单必要的皮肤基础护理,就能让皮肤呈现好的状态,精气神才充足。多读书、多思考、乐观向上、心地善良、关怀别人、自尊自爱,这样也能提升个人气质。

良好礼仪形象:
塑造求职形象
展现自信魅力

2. 面试妆容和职业妆容要求

面试妆容和职业妆容的要求一致,即淡雅、整洁、自然、大方。

(1)底妆。

干净清透:选择与肤色匹配的粉底液或气垫,均匀轻薄地涂抹于面部,遮盖瑕疵的同时要保持肌肤的自然质感,避免过于厚重。可在瑕疵较多的部位,如黑眼圈、痘印处,进行局部的叠加遮瑕,但要过渡自然。

保持哑光质感:为防止出油导致妆容花掉或显得油腻,可用散粉或粉饼进行定妆,使肌肤呈现出细腻的哑光质感,定妆要全面,包括额头、鼻翼两侧等容易出油的部位。

(2)眼妆。

淡雅自然:以大地色系等自然色调的眼影为主,可适当增加眼部的层次感,但避免使用过于鲜艳或夸张的颜色。沿着睫毛根部轻轻画一条细眼线,眼尾不要过长或过于上翘,若担心晕妆,也可只画内眼线。睫毛可使用睫毛膏轻轻刷翘,使眼睛有神,若要贴假睫毛,则选择自然款。面试妆容和职业妆容不建议贴假睫毛。

避免浓重烟熏妆:浓重的烟熏妆会给人夸张、不稳重的感觉,与面试的正式氛围不符合。

(3)眉妆。

修整形状:面试前要提前修整眉毛,去除杂毛,根据自己的脸型和五官特点,打造自然、规整的眉形。

颜色合适:用眉笔或眉粉填充眉毛,颜色要与头发颜色相协调,黑发可选灰黑色、深棕色眉笔,染发者根据发色选择相近色调,如棕色头发可选浅棕色或深棕色眉笔。

(4)唇妆。

柔和色调:选择豆沙色、裸粉色、淡珊瑚色等柔和、自然的颜色,能提升气色又不过于张扬。如果本身唇色较深,可以先用唇部遮瑕或粉底稍微遮盖一下原本的唇色,再涂抹口红或唇釉，使颜色更纯正、持久。

避免亮度过高或用深色系：过于鲜艳的大红色、荧光色或深色系的唇色（如深紫色、黑色等），会给人过于个性化的印象，不太适合面试场合。

（5）腮红。

轻扫自然红晕：选择淡粉色、杏色等自然色系的腮红，用腮红刷蘸取后轻轻扫在"苹果肌"上，以增强面部的立体感和提升气色，让人看起来更有精神和亲和力。

控制用量和范围：腮红避免涂抹过多或范围过大，以免显得妆容过于浓重或不自然。

此外，除了面部妆容外，还要保持头发干净整洁、口气清新、手部干净、指甲修剪整齐等，这些细节都能为整体形象加分。

3. 化妆步骤

（1）深层清洁面部，涂上保湿乳液。根据肤色选择隔离霜（粉底液），在面部点上 5 个点，用粉扑将隔离霜（粉底液）点开，见图 9-26(a) 和 (b)。

（2）将眼影均匀涂抹在眼窝处，注意少量而多次，见图 9-26(c)。

（3）将眼线膏均匀涂于睫毛根部，见图 9-26(d)。

（4）抬起下巴，从睫毛根部开始，用睫毛夹夹住睫毛，再用睫毛膏轻轻刷翘，见图 9-26(e) 和 (f)。

（5）用眉笔从眉头向眉峰轻描，眉头部分用眉刷轻刷，见图 9-26(g)。

（6）用唇刷均匀涂抹口红，见图 9-26(h)。

（7）以"苹果肌"最高点为圆心，打圈刷上腮红，见图 9-26(i)。

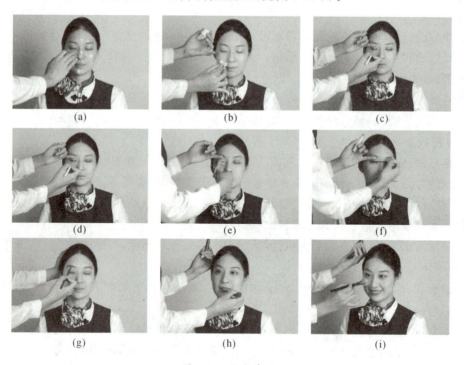

图 9-26 化妆步骤

合适的面试妆容和职业妆容如图 9-27 所示。

图 9-27　妆容示例

（四）仪态

仪态泛指身体所呈现出的各种姿态,包括举止动作、神态表情和相对静止的体态。人们的面部表情、体态变化(行、走、站、立)、举手投足都可以表达思想感情。仪态是表现个人涵养的一面镜子,也是构成个人外在美好形象的主要因素。不同的仪态显示人们不同的精神状态,传递不同的信息,因此仪态又被称为体态语言。

1. 站姿标准

从正面看,全身笔直,精神饱满,两眼平视,两肩平齐,两臂自然下垂,两脚跟并拢,两脚尖张开 60°,身体重心落于两腿正中;从侧面看,两眼平视,下颌微收,挺胸收腹,腰背挺直,手中指贴裤缝,整个身体庄重挺拔。如图 9-28 所示,好的站姿,不仅美观,对于健康而言也非常重要。站姿是一种静态的身体造型,同时又是其他动态身体造型的基础和起点,最易表现人的姿势特征。

(1) 女士标准站姿。

头微抬,面朝正前方,双眼平视,下颌微收。

颈挺直,双肩平正,微放松,呼吸自然,腰部直立,上体自然挺拔。

双脚呈"V"字形或"丁"字形,两脚之间的距离约为一个拳头,膝盖和脚后跟尽量靠拢,不要弓腰驼背或挺肚后仰。

右手在上,虎口相交,轻轻垂放在小腹部。注意提髋部,身体的重量应平均分布在两条腿上。

(2) 男士标准站姿。

双脚稍稍分开,距离与肩同宽或略窄,双手自然垂放于身体两侧(或两手相握放于腹前)。

无论女士、男士,面对上司、长辈、重要嘉宾或向他人介绍、问候时,都应双脚并立,身体挺直。

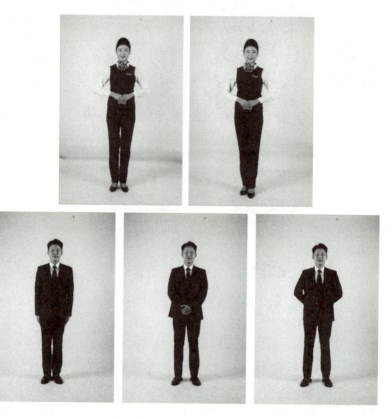

图 9-28　站姿示例

练一练

站姿"五点一线"练习法:背靠墙面,脚后跟、小腿肚、臀部、肩膀、后脑勺五点呈一条直线紧贴墙面。双目平视,下颌微收,双臂自然下垂,膝盖夹紧(可夹一张 A4 纸)。刚开始练习时可先坚持 5 分钟,后面慢慢加长时间,直至每天坚持 15 分钟。

2. 坐姿端庄(见图 9-29)

(1)从座椅的左后侧走到座位前,单手从后腰至大腿处将衣裙稍稍捋一下,不要坐下后再站起来整理衣服,轻稳地坐下;男士若着西装,入座前应解开一粒或全部西装纽扣。着西装时最下面一颗纽扣都不扣。

(2)入座后,上身挺直,头正目平,微收下颌,双肩平正放松,两臂自然弯曲放在膝上;一般落座位置不超过椅面的 2/3。

(3)离座起立时,先将右脚向身后收,而后站立,从座椅的左边离座。

3. 走姿稳健(见图 9-30)

标准的走姿以端正的站姿为基础。行走时上身挺直,双肩平稳,目光平视,下颌微收,面带微笑;手臂伸直放松,手指自然弯曲;摆动时,以肩关节为轴,上臂带动前臂,向前后自然摆动,以前摆 35 度,后摆 30 度为宜;肘关节略弯曲,前臂不要向上甩动。

图 9-29　坐姿示例

行走线迹要成为"一条线"或"两条平行线"。行走时步幅一般以 1.5~2 个脚长（依性别和身高而不同）为宜。

图 9-30　走姿示例

4. 蹲姿优美

（1）女士蹲姿（见图 9-31）。

高低式：一脚在前，一脚稍后，在前的一脚完全着地，在后的一脚脚掌着地，脚跟提起。后腿的膝盖低于前腿膝盖。

交叉式：特别适合穿短裙的女士，右脚在前，左脚在后；右小腿近乎垂直于地面，全脚着地，右腿在上，左腿在下，两腿交叉重叠；左膝由后下方伸向右侧，左脚脚掌着地，脚跟抬起；两腿前后靠近，合力支持身体，身体重心落在双脚之间。

（2）男士蹲姿（见图 9-32）。

下蹲时左脚在前，全脚着地，右脚稍后，脚尖着地。右膝低于左膝，右膝内侧微倾向于左

图 9-31　女士蹲姿示例

小腿内侧,形成左膝高右膝低的姿势,臀部下沉,基本上靠一条腿支撑身体。两腿之间的距离一般不超过两个拳头。

无论是男生还是女生,下蹲时一定注意不要有弯腰、臀部向后撅起的动作。当要捡起落在地上的东西或拿取低处物品的时候,不可只弯上身和翘臀部去捡,而是走到要捡或拿的东西旁边,再使用正确的蹲姿,将东西拿起,如图 9-33 所示。

图 9-32　男士蹲姿示例　　　　　图 9-33　下蹲捡东西示例

(五) 服饰

中国有句古话:"人靠衣装马靠鞍。"英国社会心理学家麦克·阿盖尔(Michael Argyle)做过一个实验:他穿着西装以绅士的模样出现在街上,与他相遇的陌生人,无论是问时间还是问路都彬彬有礼,看上去都很有教养;他装扮成无业游民,接近他的人则以流浪汉居多,或来借打火机或来借钱。从这个实验可以看出,以貌取人的人很多,而服饰在外貌中发挥着重要作用。

(1) 女士服饰:干净整洁,以职业装为主。全身的颜色一般不超过三种,冬天若要系丝巾、搭披肩等,也不宜超过四种颜色。尽量不穿无袖上衣,裙子长度要合适,不能太短或太长。鞋子颜色不要太鲜艳,与衣服相配,不穿露趾鞋,鞋跟高度一般以 3~5 厘米为宜,不宜太细或有破损,鞋面要干净。袜子不穿带花的或鲜艳颜色的,不能有破损。去正式场合时,最好带一双袜子备用。除丝巾、胸针外,不添加任何多余饰品。

(2) 男士服饰:以西装、商务休闲装为主。全身的颜色不超过三种,鞋子、皮带、公文包颜色一致。衣服颜色以藏青、深蓝、灰色、米色、黑色为主。新西装袖口的标签要拆掉。在正式场合,浅色、条纹袜子不能穿。西服要熨烫好,不宜有褶皱。一般西装只扣第一粒扣子,如果是三粒扣的西装,可以扣前两粒扣子。除领带、领带夹外,不添加任何多余饰品。

服饰如图 9-34 所示。

图 9-34 服饰示例

(六) 眼神

请大家看看,图 9-35 中这些眼神传递出哪些情绪?我们能在多长时间里感觉到对方的情绪?

图 9-35 眼神示例

孟子曰:"存乎人者,莫良于眸子,眸子不能掩其恶。胸中正,则眸子瞭焉;胸中不正,则眸子眊焉。"眼睛是心灵的窗户。眼神是人在交往时的一种无声语言,往往可以表达有声语言难以表达的意思和情感。一个良好的交际形象,其目光应是坦然、亲切、和蔼、有神的。眼神礼仪的"大、中、小三角"原则如图 9-36 所示,具体介绍如下。

(1) 小三角区域(公务注视):一般用于洽谈、磋商、面试等场合,注视的位置在对方的双眼与额头之间的三角区域,注视时间为整个交谈时间的 30% 至 60%,以友好地表达对对方的尊重。

(2) 中三角区域(社交注视):一般在社交场合,如舞会、酒会上使用。注视位置在对方的双眼与下颌之间的倒三角区域,注视的时间是交谈时间的 30% 至 60%。

(3) 大三角区域(亲密注视):一般在亲人、恋人、家庭成员等亲近人员之间使用,注视位置在对方的额头与双肩之间。

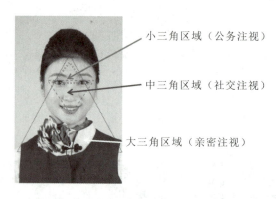

图 9-36　眼神礼仪的"大、中、小三角"原则

（七）递接物品

递接物品是日常生活与工作中常见的举止动作，这一小小的动作往往能给人留下难忘的印象。递接物品的基本原则是尊重他人，方便他人。递物和接物时，都应用双手递送或接过，以示恭敬与尊重，如图 9-37 所示，同时记得说一声符合当时情景的礼貌用语，如"谢谢""麻烦您了"等。即使是我们的晚辈、下级递过来物品，也应欠欠身，表示对对方的尊重。

图 9-37　递接物品示例

当对方站立或虽坐着但欠身将物品递给我们时，我们也要站立起来或欠身接过物品。如果递送的物品是文件、名片等，应将正面朝向对方；如果是剪刀、笔等有利刃或尖头的物品，要将利刃或尖头转过来握在手里后再递出去；如果接过来的是文字材料，我们可先看看，再整齐地放在桌上；如果接过来的是名片，应礼貌地看看，然后放好，切不可随意扔到桌上或抽屉里。

拓展阅读

南开中学的"容止格言"

有一天,学生会召开会议,康岫岩校长应邀出席。会议结束之后,她喊住了学生会主席。她问那个男生:"知道为什么留下你吗?"男生惶惑地摇头。康校长严肃地说:"孩子,刚才我坐在你旁边,我观察到你有个不自觉的小动作——抖腿。显然,你不是因为紧张而发颤,而是下意识地在抖腿。你知道吗?这个小动作非常不雅,非常有损你的风度。所以,我提醒你从今天起要努力改掉这毛病。"

后来,风度翩翩的他回到了母校。他在跟学弟学妹们分享自己成长经历的时候,深情地讲起了康校长当年对他的提醒。他说:"在康校长提醒之前,我从来没有意识到自己有抖腿的毛病,即便意识到了,也感觉不到抖腿有什么不妥。说真的,当时我还觉得康校长有点小题大做。但是,当我在大庭广众之下看到有人公然开启身体的'震动模式',我心里就感觉非常不舒服。抖腿不是讲粗话,不是随地吐痰,但和讲粗话、随地吐痰一样,是一种教养欠缺的表现。后来,我听说民间有句俗语叫'人抖福薄',老百姓对抖腿这毛病的深恶痛绝由此可见一斑。再后来呢,我读到了梁实秋先生的一篇散文,题目是《旁若无人》,先生用漫画般的笔法描写了在电影院看电影时对抖腿者邻座的气愤与无奈。我边读边出汗,仿佛被先生无情唾骂的那个令人生厌的家伙就是我本人……我特别庆幸自己曾是南开中学的一员,这里的'容止格言'我一生都不敢忘怀:'气象:勿傲、勿暴、勿怠;颜色:宜和、宜静、宜庄。'……"

真教育,是不放过花叶上针尖大的虫眼。因为热爱春天,所以热衷提醒。真教育的使命,乃是让人变得更好,让世界变得更好。

(资料来源:《意林杂志》,张丽钧,《南开中学的"容止格言"》,有删改)

测一测

女士仪容仪表自我检测

1. 头发干净整洁,没有过多使用发胶、啫喱水之类的定型产品,发型大方、得体、干练,前发没有遮住眼睛,露出额头。

2. 淡妆,眼亮、粉薄、眉轻、唇浅红。

3. 服饰端庄,不太薄、不太透、不太露。全身上下颜色没有超过3种。

4. 领口干净,不过于复杂和花哨。

5. 饰品不过于夸张突出,款式精致,耳环小巧,项链精巧。

6. 衣袋只放轻薄物品,衣装轮廓不走样。

7. 指甲不太长、不太艳、不太怪。

8. 裙子长短、松紧适宜。

9. 衣裤和裙子及上衣的表面无明显的内衣轮廓痕迹。

10. 鞋洁净,款式大方简洁,没有过多的装饰和色彩,鞋跟不太高、不太尖。

11. 衣服上没有脱落的头发和头皮屑。

12. 丝袜无勾丝、无破洞,包里备一双。

男士仪容仪表自我检测

1. 发型大方,不怪异,头发干净整洁,长短适宜,无异味,无头皮屑,没有使用过多发胶、啫喱水之类的定型产品。

2. 鬓角及胡须已剃干净,鼻毛没有外露。

3. 脸部清洁干净。

4. 衬衣领口整洁,纽扣已扣好。

5. 耳部清洁干净,耳毛不外露。

6. 领带平整、端正。

7. 衣、裤口袋平整伏贴。衬衣袖口清洁,长短适宜。

8. 手部清洁,指甲干净整洁。

9. 衣服上没有脱落的头发和头皮屑。

10. 裤子熨烫平整,裤长及鞋面。

11. 鞋底和鞋面都很干净,鞋跟无破损,鞋面已擦亮。

知识问答

第三节 面试技巧——设计好的面试表现

> 案例

五个"锦囊"助你在面试中脱颖而出

"我叫×××,来自湖北省武汉市。我的性格活泼开朗,喜欢结交朋友。毕业于××大学××专业。大学期间成绩名列班级前茅,曾3次获得奖学金。在校期间,我担任学生会学习部负责人,加入英语协会,举办过多次知识竞赛,并曾在××公司实习过一段时间。这些经历锻炼了我的组织协调能力和沟通能力。如果今天我能顺利通过面试,我会十分珍惜这个机会,用最好的表现来回馈贵公司对我的信任。"

"您好,我是×××大学×××系毕业的,成绩优异。我体重75 kg,身高175 cm。我的爱好非常广泛,我爱看电影、打篮球、打游戏、旅游……"

问题:(1) 请给这两份自我介绍打分(0~100分)。

(2) 请用金字塔原理和STAR法则修改这两份自我介绍。

点评:这两份自我介绍最大的问题是没有针对意向职位进行阐述,没有个人鲜明的特点,千人一面。

简历通过了,我们终于获得了来之不易的面试机会。面试是向面试官推销自我、展示自己符合招聘需求、获得对方认同的过程。在这个有趣、复杂的互动过程中,心理学因素会在一定程度上影响面试结果。比如上一节中讲到的首因效应,求职者在入座、打招呼、谈吐等方面,给面试官留下的第一印象,可能会影响面试官的判断。除了面试礼仪需要特别注意之外,我们还需要从哪些地方去设计面试表现,使自己成为HR眼中的不二人选呢?

一、设计自我介绍

自我介绍是面试时的必要环节。我们大部分同学在参加面试时,都觉得只要清晰地把自己简历中的情况复述出来即可。自我介绍一般涵盖叫什么名字、来自哪里、毕业于哪所学校的什么专业、之前的工作经历等内容。这种对简历的复述,不会给面试官留下深刻的印象,也不会为

面试无惧:如何让面试表达更高效

你的整个面试加分。一个能让我们在众多面试者中脱颖而出、让面试官印象深刻的自我介绍不应该是这样的。面试官最关心的是我们对应聘岗位到底有多感兴趣,以及我们的能力是否匹配应聘岗位。最后拿到录用通知的,不一定是那个最有资格的人,而是最懂得推销自己的人。

自我介绍要注意3个问题:不背简历、不说无用信息、把控好时间。一份优秀的自我介绍,应该是一篇观点鲜明、结构清晰的观点文。核心观点只有一个:我就是最适合的人选。面试过程中要注意倾听,打断面试官是非常不礼貌的行为,同时面试者应具备足够的敏感性,善于从对方的话语中找出潜在的意思,把握谈话关键点。下面介绍几种常用的自我介绍方法。

(一) 3W自我介绍法

3W理论,起源于市场营销学,后经不断实践验证,发展成为事件解决方案的思维理论。3W指what(想要的结果)、where(获得结果的渠道)、way(相对应的方法)。套用到自我介绍里,3W就是who(我是谁)、what(我有什么)和why(我为什么适合这份工作),如图9-38所示。

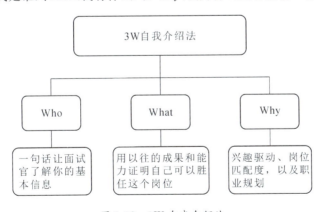

图9-38　3W自我介绍法

(1) who——我是谁? 我们一般都会说籍贯、性格、毕业院校、工作经历之类的基本信息,这些内容简历上都有,挑几点能展示自己长处的地方讲就可以了。最好能根据自己的姓名、性格或其他特点设计个性化的"我是谁"。

(2) what——我有什么? 可以结合应聘岗位要求从知识、经验、能力、性格四个方面中

任取三个谈谈自身优势以及与应聘岗位匹配的地方。

（3）why——我为什么适合这份工作？用简练的语言表达想获得这份工作的意愿，以及为什么自己能够胜任这份工作。

（二）STAR 法则

STAR 法则在简历制作一节中有详细介绍，也同样适用于自我介绍。

S 指 situation，情景，你遇到的挑战是什么？项目是什么？它的背景情况是什么？

T 指 task，任务，在你描述的相关经历和任务当中目标是什么？你的职责是什么？

A 指 action，行动，在某个任务当中你是如何行动的？采取了哪些措施？

R 指 result，结果，基于行动你取得的成果有哪些？获得了哪些经验？

通过这四个步骤，求职者可以将自己的经历有条理地展现出来，让面试官更加清晰地了解其能力和优势。STAR 法则的魅力在于它所创设出的语境能与面试官形成情感共鸣，使用的时候还要记住下面两个小细节。

（1）真实性：要保证所说的是真实发生过的，虚构经历或夸大事实只会让你在面试当中失去诚信。

（2）针对性：要选择与应聘岗位相关的经历来回答问题。

（三）金字塔原理

金字塔原理在简历制作一节中有详细介绍。金字塔原理可以让我们在各种不同要求的自我介绍场景中都游刃有余，如图 9-39 所示。

金字塔原理是一种"先总后分"的思维和表达方式，主要有四个特点：

（1）结论先行，即用一句简单的话概括整个信息的全貌，要求凝练、清晰、易懂。

（2）以上统下，即在整个层级结构中，上面一层是对下面一层的概括和总结，下面一层要支撑上面一层的观点。

（3）归类分组，要按照 MECE（mutually exclusive collectively exhaustive）原则进行，即相互独立、完全穷尽，这体现了金字塔结构的严谨性。

（4）逻辑推进，要求按照逻辑顺序组织信息。

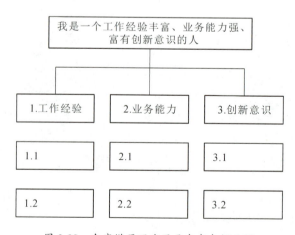

图 9-39　金字塔原理应用于自我介绍示例

（四）万能公式

我是谁＋我能做什么＋我做过什么＋我想做什么＋我能为企业带来什么。

面试无惧：一个万能的自我介绍公式

我是谁：基本信息，包含姓名、学历、性格特征、兴趣特质等，需要与应聘岗位相契合。

我能做什么：需要根据自身的实际情况和应聘岗位的需求进行对应。

我做过什么：包含过往的成绩以及实习的经历，用数据来说明你能够胜任该岗位。

我想做什么：表达对未来的规划和愿景。

我能为企业带来什么：愿意融入企业，让企业看到我们的能力和决心。

五个环节环环相扣、层层递进，构成了自我介绍的完整框架。除此之外，还要注意语言流畅，巧用身体语言，表现得自信大方。

二、如何在无领导小组讨论中脱颖而出

面试无惧：群面中如何脱颖而出

面试有单轮面试与多轮面试、远程面试与现场面试、结构化面试与非结构化面试、单独面试与群体面试等。群体面试过程中，无领导小组讨论是最为常见的模式，这也是常常使我们感到较为紧张的面试方式。

无领导小组讨论是由一组求职者（一般6～9人）组成临时小组，采用情景模拟的方式对指定的问题进行讨论并做出决策。小组是临时组建的，并不指定谁是负责人，也不指定求职者的座次，目的就在于考察求职者的表现。讨论过程由求职者自行安排组织，面试官判断求职者的组织协调能力、口头表达能力、思辨能力等是否达到拟任岗位的要求，以及领导力、自信心、进取心、情绪稳定性、反应灵活性、倾听尊重他人方面等个性特点是否符合拟任岗位的要求，并由此来对每名求职者进行综合评价。

无领导小组讨论常出现的情形："除了自我陈述环节，我就说了两句话，一句套话，一句推荐某某总结发言。""想说话却找不到插话的机会，自己的想法总是被别人抢先说了。"

（一）角色选择

无领导小组讨论不指定角色分工，面试官也不参与讨论，每位求职者有同等的发言权。有哪些角色是可以选择的呢？

（1）领导者：这个角色需要掌控群面的整体流程，确保小组讨论是围绕主题的。但是领导者也是一个极具风险的角色，如果你表现得过于强势和自我，会让面试官认为你太突出个人，缺乏团队意识。

（2）时间控制者：这个角色需要推进任务，确保任务在规定时间内完成。比如，对于思路不清晰、耗费时间的求职者，你要做好引导或者敢于打断。虽然叫时间控制者，但其要做的不仅仅是计时而已。

（3）记录者：记录者需要具备一定的速记和归纳整理能力，在记录的时候也可以适当发言，要不然也容易沦为"隐形人"。

（4）总结者：总结者的大局观要出众，能够在短时间内把握小组讨论脉络，并且能够清晰、流畅地表达出小组的讨论结果。

除了这些常见的角色外,还有破冰者、协调者、参与者。一个人也可以扮演多个角色,既可以是领导者,也可以是总结者,还可以作一个积极的参与者。做好个人定位,选择符合自身性格、能力水平、专业知识的角色。

(二)答题逻辑

不论是何种面试方式,答题都一定要有逻辑性。要知道面试官也是很辛苦的,尤其是前面经过了多轮的面试,往往会有些疲惫,如果我们答题弯弯绕绕、啰啰嗦嗦,只会让面试官听得"云里雾里"。大家可以使用前面介绍的STAR法则和金字塔原理进行答题,也可以按照"第一,第二,第三""其一,其二,其三"或者"首先,其次,最后"这样的逻辑层次进行答题,便于自己梳理,也便于面试官记忆。

(三)答题话术和有效输出

网络上有很多答题模板,我们在面试前可以进行一些梳理,但不要生硬地背诵。在面试中,我们不一定要呈现得非常完美,但一定要展现一个真实的、富有朝气的形象。面对问题结合自己的相关经历来进行陈述会更加出彩。例如,面试官给定一段背景材料,让你作为一个活动组织者策划一场创新活动。这个时候,我们可以说:我在大学期间担任过某学生组织的负责人,组织参与过很多类似活动,我认为应当……

答题要做到有效输出。尽量不要复述他人的内容,当我们觉得想到的观点都被别人说完时,可以在别人的观点中提出一些亮点或改进点,陈述自己的思考和判断。

此外,还要注意"做个情绪稳定的成年人"。遇到突发情况,被扰乱、被插话、被否定时,千万不能情绪激动,不要与其他求职者发生争吵。

台上一分钟,台下十年功。无论哪种面试形式,其目的都是考察求职者是否具备拟任岗位所需的能力。面试前,我们应充分了解招聘单位相关信息,这样才能在短短几分钟的面试里,针对岗位需求逐条在简历和自我介绍中突出亮点和优势,体现自己与该岗位的高匹配度。设计良好的职业形象,交谈时注意观察,保持微笑,化解尴尬氛围,做好职场礼仪的实际运用。这些都是需要反复练习的,这样才能在紧张的面试环节中不显局促、不露怯,在众多竞争对手中脱颖而出。

三、面试中常见问题及应对技巧

(一)关于薪资待遇

在学校组织的校园招聘会上,赵杰带着提前准备好的简历,穿着笔挺的西服去面试。因前期准备充分,赵杰在面试过程中表现很好,基本符合岗位要求。但到最后一个问题,面试官问赵杰期望的工资时,赵杰回答:"鉴于目前的物价情况,我能接受的最低薪资是7000元。"

HR说 在面对毕业生的高薪资要求时,用人单位可能会因为毕业生的经验不足、能力不够或者实习岗位的性质而拒绝。此外,对于刚毕业的大学生来说,他们对职场和实习岗位的实际情况了解不足,导致提出不切实际的薪资要求。

薪资待遇是面试过程中经常碰到的问题,既是HR考察求职者对行业的了解程度和对职位的向往度的问题,也是关系到我们生存生活的首要问题。这个问题到底该如何谈呢?

HR说 遇到薪资待遇相关问题时,可以换个角度去回答,比如:"我相信贵公司有成熟的薪酬系统,不会针对某一个人单列不一样的薪酬。我会用自己的能力、素质和态度去获得属于我的那份薪资"。

刚毕业的大学生在参加面试前应提前了解行业用人需求、能力要求、薪资待遇等相关情况,避免提出不切实际的薪资要求而错失机会。想拿高薪水的心情可以理解,但在面对毕业生的高薪资要求时,用人单位可能会拒绝或淘汰求职者。求职时,毕业生要调整心态,有从基层做起、拿最低薪资的心理预期,同时要不断充实自己、提升专业技能和综合素质,保持开放心态,培养独特的竞争优势。毕竟,经验与品牌的加持才是个人最大的财富。

(二)关于实习经历

小文有三段实习和兼职经历,在面试过程中,HR让她详细说说这三段经历的任职岗位、主要负责的工作领域及取得的主要成绩,而小文描述的内容与简历不符,甚至有的时间前后矛盾、重叠。当面试官问她为何不在原实习单位继续工作时,小文回复原因时也是吞吞吐吐、含含糊糊的。

HR说 候选人面试时应该更新简历,做好充足准备,避免出现类似情况,以免让面试官觉得候选人在弄虚作假,编造从业经历,从而拒绝聘用诚信有问题的候选人。

"请谈谈你的实习实践经历",这也是面试中的必答题,如何谈好呢?

HR说 简历制作的"雷区"10就是"内容有编造成分"。面试也是对简历内容的检核。我们所谈的内容一定要与简历一致,否则很容易让HR觉得求职者在弄虚作假,编造经历,觉得求职者有诚信问题。

毕业生应围绕求职岗位做好充分准备,重点谈与岗位相关的实习实践经历。如有多段实习实践经历,可将与求职岗位最相关的经历放在最前面,从每段经历的任职岗位、主要负责的工作及取得的主要成绩依次展开来谈。务必注意避免所谈内容与简历不符。

(三)关于职业能力

大学期间,小丽充分利用寒暑假、周末和课余的休息时间,担任学生会干部,参加各类实践活动,还去奶茶店和酒店兼职,这些经历锻炼了她的综合能力和职业素养。当面试官提出"面对客户投诉时,你会怎么处理"这一问题时,小丽立刻联想到在酒店接待客房投诉的经历。小丽从容回答:"首先解决客户的情绪问题,第一时间安抚并致歉。我会给客户提供茶水并耐心询问投诉缘由,再根据客诉的等级选择对应的处理层级。如果在我的职责和权限范围内,我会将这起投诉销项。如果超过我的职责和权限范围,我会第一时间平复客户情绪,主动协助其找到解决办法,其间会将问题同步反馈给领导,最后协助完成客诉管理的闭环。"

HR说 小丽通过丰富的校内外实践实习经历,提升了自己的职业素养,该问题的回答着重体现了她的解决问题能力和沟通协调能力,这是企业很看重的核心能力。此外,小丽利用休息时间积极参加校内外实践,体现了她较强的学习能力和吃苦耐劳精神,这也是企业看重的方面。

招聘前,HR都会进行人才画像,招聘过程就是要找到最符合岗位需求的人,虽然多数时候并不能一一对应,但能对应的越多越好。所以,求职者在面试前需仔细研究岗位能力要求,面试过程中谈此类问题时,围绕岗位所需能力展开。

(四)关于跳槽

小超毕业后在本土精品酒店工作了几年,已经做到高级管理人员,但是发现日常工作琐碎,"一末带十杂,烧火带引伢",他既是酒店前台,又是客房服务,还要充当酒店保安指挥车辆,有时候还要帮忙照看客户带来的小孩子,于是决定换到国际连号星级酒店。面试过程中,小超表现出对上一份工作的反感和厌恶。面对国际连号酒店完全不一样的工作模式,他需要学习全新的系统,适应全新的环境,但面试时他直接表示接受不了前台接待的岗位和薪资,要求前台主管的职位。

HR说 候选人对自己的认知不清晰,当被问到他从未涉及的前台主管相关专业技能时,他也无法回答。30间房的酒店和300间房的酒店,在员工人数上就有很大的差别,更别说其他精细化管理方面。他不断"吐槽"现有工作,面试官会对他的工作适应能力和忠诚度产生疑虑。

小磊目前在某星级酒店工作,跳槽面试过程中在面试官问道"为什么想离职"时,小磊说自己希望加入新的集团,学习新的酒店文化,接受新的挑战,并且详细描述了自己未来3~5年的职业规划。

HR说 小磊目前任职的酒店,在行业中口碑并不好,管理很混乱。但面试过程中,小磊并没有提及工作中任何的不合理和负面的事情,面试官觉得他忠诚度高,非常符合酒店行业需求。

"我是不是该换份工作",是我们常常思考并付诸行动的问题。"为什么想离职"是跳槽面试时绕不开的问题。

HR说 这个问题有两种常见的回答:第一种,希望加入新的集团、学习新的文化、接受新的挑战,并制订了3~5年的职业规划;第二种,言语中表现出对上一份工作的不满和反感,负面评价较多。

第一种回答会让HR觉得求职者人品不错、情商在线、忠诚度高,非常符合企业需求。第二种回答则刚好相反,会让HR觉得求职者的工作适应能力和忠诚度有问题。

(五)关于就业选择

大罗之前是某国企在编人员,企业因发展不利而倒闭,导致大罗中年失业。面临近两年的经济危机,上有老下有小的中年人大罗在长时间没有找到工作后,开始选择加入小酒店的保安行业。担任保安期间,大罗发现星级酒店的保安人员也有职业发展通道和路径,便开始自学消防安全知识,并考取了中级消防证书。目前大罗还在学习急救相关知识并备考消防监控证。在小酒店积累了一定的保安工作经验后,现在大罗通过面试拿到五星级酒店保安部主管职位。

HR说 候选人对自己的现状有清晰的认知,选择先就业再择业。加入酒店保安部后,发现自身专业知识的不足,虽已中年,但仍不断学习,提升自己,对自己有清晰的职业规划和目标。

(六)如何看待加班和一线岗位

每个人都想"朝九晚五",不加班不熬夜,最好还能"十指不沾阳春水,双脚不踏四季尘"。

如何看待加班和一线岗位,也是面试中常见的问题。

HR说 任何工作都是从基层做起,从一线做起。某资深酒店HR举了个例子:建议去餐饮部,求职者说不想端盘子,太累;建议去前厅部,求职者说不想熬夜,不想每天站8小时。这种回答直接反映了求职者对自身的认知不清晰、盲目自信。

这个问题有以下两种回答方式。

(1)基础版:"工作需要的加班是可以接受的。我刚毕业,没有家庭和其他方面的负担,时间和精力充裕,完全可以全身心地投入工作。同时,我也会提高工作效率,尽可能减少不必要的加班"。这是最基础的回答版本,即若工作需要则个人愿意加班,不谈条件,同时避免因个人原因导致加班。

(2)高阶版:"每项工作都有时间要求。自己没按时完成工作任务,是工作效率低的表现。如果需要,我会自己主动加班,绝不影响整体进度。当然,我也会提高工作效率,尽量避免这种加班。同时,我还想说,对公司要求或是临时机动的项目,我会全力配合做好"。这种回答体现了积极主动、执行力强的工作态度。

(七)谈谈3~5年的职业规划

这个问题主要考察求职者的稳定性。

HR说 面试时谈到这个问题,一般说明求职者的能力素质已基本符合岗位要求了。这时候HR就要考虑:如果把他招进来了,花费时间和精力培养他,刚好到了能为公司带来更多利益的时候,他会不会选择离职?如果两名求职者实力相当,其中一人未来3~5年内会相对稳定,那这个人便会更受青睐。

回答这个问题的关键在于两点:是否有计划?能否不断努力学习和工作以及有较强的上进心?一般我们可以这样回答:"入职后,我会积极融入团队,尽快适应工作环境,并制订学习计划,努力学习新知识和新技术。在未来3~5年内,首先做到技术上没有弱项,能配合、协同其他同事一起完成各项工作。同时,向公司的优秀同事学习,努力做到能够独挡一面,朝着更高层级发展,为公司做出更大贡献。"

练一练

请运用本章所学知识修改以下内容。

1.张总来电话说他下午3点钟不能参加会议。李总说他不介意晚一点开会,把会放在明天(星期三)开也可以,但10:30以前不行。王总的秘书说,王总明天较晚才能从北京赶回来。会议室明天(星期三)已经有人预订了,但星期四还没有人预订。会议时间定在星期四上午11点似乎比较合适。您看行吗?

修改稿示例:我们可以将今天的会议改在星期四上午11点吗?因为这样对张总和李总而言都会更方便,王总也可以参加,并且本周只有这一天会议室还没有被预订。

2.我有较强的学习能力、思辨能力和沟通能力。在校期间,我一直担任班级学习委员和学院学习发展部负责人,组织策划了多项活动。参加学校金种子辩论赛,被评为最佳辩手。在某国际早教中心兼职时,因工作业绩突出,三次被评为模范销售员。在黄鹤楼实习期间担任讲解员,因工作耐心细致而深得游客好评。

修改稿示例:我有学习能力佳、思辨能力强、沟通能力强三个优势。首先是学习能力,我在校期间一直担任班级学习委员和学院学习发展部负责人,专业综合成绩稳居年级前5%,策划组织活动20场,累计参与人数1500余人,荣获优秀共青团员、优秀学生干部等23项荣誉。再说思辨能力,我曾参加学校金种子辩论赛,多次在四辩发言环节扭转局面,逆风翻盘赢得比赛,被评为最佳辩手;在某国际早教中心担任线上销售,曾三次被评为模范销售员。最后谈谈沟通能力,我曾在黄鹤楼担任讲解员,任职期间无投诉,正向反馈率100%;曾作为学生代表为湖北省博物馆"2021中国旅游日"代言。

3.在某集团兼职期间,与同事一起去街头做问卷调查,拿到有效问卷40份,锻炼了吃苦耐劳的精神,得到领导和同事的好评。

修改稿示例:在某集团兼职期间,我和同事一起在寒冷的冬天去街头做问卷调查,我仅用3小时就完成其他同事5小时才能完成的任务,街头访问路人60人,拿到有效问卷40份,居本小组第一名。

4.STAR法则答题举例:请讲出一件你通过学习尽快胜任新的工作任务的事件。答题思路如下:

(1)这件事发生在什么时候?(S)

(2)你要完成的工作任务是什么?(T)

(3)接到任务后你怎么办?(A)

(4)你用了多长时间获得完成该任务所必需的知识?(深层次剖析学习能力等)

(5)在这个过程中你遇到困难了吗?怎么解决的?(展现坚韧性,以及处理事件的灵活性)

(6)你最后完成任务的情况如何?(R)

第四节 求职安全——警惕求职"陷阱",避免"踩坑"

每到求职季,一些不法分子专门针对涉世未深的毕业生求职者进行欺诈,我们不得不防。求职不易,还需警惕,大家在努力争取录用通知的同时,也要小心"求职陷阱",避开套路和骗局。

案例

案例1:小李是一名即将毕业的大学生,目前正在网上投递简历找工作。一天,他在某知名招聘网站看到了一家公司的招聘信息,薪酬丰厚,岗位与专业对口,上班时间朝九晚五,且上五休二,能保证正常的休息。小李马上投递了简历,不久就接到了面试邀请。面试前,小李突然接到一个陌生电话,对方自称是该公司的HR,要求他提供个人银行账户信息以便进行薪资预存。小李虽然有些疑惑,但想到这可能是公司的新流程,便提供了相关信息。很快小李便发现自己的账户被非法转账,原来他遭遇了招聘诈骗。

案例2:陈某某等人租用固定场所,注册成立某电子科技有限公司,以高薪招聘为幌子,在招聘网站上发布信息,称工作内容为网络游戏推广运营,并按公司规范流程组织面试培训及办理入职手续。覃某、李某等10名大学生在应聘过程中未发现问题,直到在"工作"中接收用户充值时才意识到自己从事的是网络赌博平台推广这一非法工作。然而他们并没有报警,选择继续参与,最终被追究刑事责任。

一些赌博、诈骗、洗钱团伙承诺给员工的工资远远高于市场工资水平,而有些刚刚踏入社会的毕业生很难经受住这种高薪诱惑;而且一些大学生社会经验少,走出校园后想尽快挣钱回馈家庭,犯罪团伙就抓住了这种心理,打出高薪的幌子,诱骗大学生入伙。

那么,作为求职者,我们该如何保证求职安全,防范求职诈骗呢?

求职路上巧避坑
权益守护我先行

一、求职中常见"陷阱"

为帮助求职者有效识别骗局,提高风险防范意识和自我保护能力,人力资源社会保障部、中央网信办、公安部三部门联合梳理汇总求职招聘服务领域四类十个典型陷阱,提供了典型案例和防范提示,已于2023年6月发布。

三部门发布求职招聘十个典型陷阱防范提示

就业是最基本的民生,连着千家万户、百姓冷暖。人力资源市场作为劳动者求职就业的主要渠道,为促进扩大就业、优化人力资源流动配置发挥了积极作用。个别不法分子打着求职招聘的幌子,在人力资源市场中布设骗局、坑害劳动者的现象时有发生。有的求职者刚进入职场,有的急于找到满意工作,防范意识不强,易落入招聘陷阱。为帮助广大求职者有效识别骗局,增强风险防范意识和自我保护能力,人力资源社会保障部、中央网信办、公安部梳理汇总了求职招聘服务领域四类十个典型陷阱,分析了其主要特征及作案手法,并提供了典型案例和防范提示,为高校毕业生等求职者安全高效找到理想工作提个醒、帮把手。

第一类 非法职业中介陷阱

1.招聘"黑中介"。一些没有相关资质、未取得人力资源服务许可或者冒用、伪造相关资质的"黑中介",非法从事职业介绍、工作招聘等中介服务活动,甚至有的公司本身就属子虚乌有。这些"黑中介"大多无法提供真实、合法的"靠谱"工作机会,常打着介绍工作的幌子通过发布虚假招聘信息,以"轻松拿高薪""升职加薪快"等为诱饵,使用各种手段骗取求职者钱财。

【案例】 求职者小周大学毕业后急切想找一份满意的工作。经人介绍,在网上与A中介机构建立了联系。A机构称缴纳6.5万元中介费便可安排小周去B集团做销售,月薪2万元,提成另算。小周在A机构的网页上没有看到其人力资源服务许可证及相关信息,当他询问情况时A机构搪塞说许可证正在办理中,肯定都是没问题的。碍于朋友情面,小周便没有再深究,很快与A机构签署了服务协议并支付了中介费。随后,A机构告知小周,B集团因故不招人了,安排小周去另一家C公司工作。小周入职C公司后,发现工资仅有4千元,日常工作压力非常大,还不给自己缴纳社保,与当初介绍的情况完全不一样。当小周想请A机构再介绍一份工作或退还中介费时,却发现已经联系不上该机构了。

【防范提示】 按照《就业促进法》《人力资源市场暂行条例》《网络招聘服务管理规定》等法律法规规定,相关机构从事职业中介活动、网络招聘服务的,应当依法向人力资源社会保障行政部门申请行政许可,取得人力资源服务许可证;从事网络招聘服务的机构,应在其网站、移动互联网应用程序等首页显著位置,持续公示营业执照、人力资源服务许可证等信息,或者相关信息的链接标识。违反有关规定的,人力资源社会保障行政部门将予以相应处罚;构成违反治安管理行为的,公安部门将依法给予治安管理处罚,对构成犯罪的,将依法追究刑事责任。

未经许可擅自从事职业中介活动的"黑中介",属于典型的违法行为。求职者通过互联网或线下中介服务机构求职,应选择具有正规资质的合法人力资源服务机构,一定要查看其是否取得人力资源服务许可证,最好选择诚信度高、经营规范的服务机构。不要轻信中介机构的口头承诺,一定要在确认相关内容的基础上签订正式服务协议。一旦遇到"黑中介",请及时向人力资源社会保障部门投诉举报,若个人财物、人身安全等合法权益遭受侵害,请保留好相关证据并立即报警。

第二类 招聘收费陷阱

2.入职前先交钱。中介机构还未介绍到工作就以各种名目向求职者收取费用,是最为典型的求职招聘陷阱。不法分子的常用手段,是以押金、保证金、办证费、服装费、资料费等名目收费,之后再以各种苛刻的要求迫使求职者自动放弃求职或离岗,已交纳的费用借故不退还求职者。这类骗局往往有几个特点:对职位许以高薪并承诺工作轻松;对学历、工作经验要求很低;面试过程简单,轻易即可通过;收费要得急且看似各有名目,实际并不合理合法。

【案例】 求职者小李在某招聘平台看到 A 公司的招聘信息,并根据该信息提供的联系方式,加入了用于应聘的 QQ 群。群主声称 A 公司的招聘工作由 B 中介机构承办,抱着对客户负责的态度,B 机构要对所有参与应聘的人员收取一定数额的保证金。小李到网上核查 A 公司资质,是比较正规的公司,也就未再核实 B 机构及相关人员的资质信息,缴纳了保证金、工号费、马甲费、培训费、任务押金,共 2000 余元。可小李一交完钱就被 QQ 群主拉黑了。

3.求职"内推"。个别中介机构或个人宣称与世界五百强、大型国有企业等知名公司合作,具有内部推荐权,求职者只要交纳一定费用,就可以通过其提供的专业辅导或特定途径,顺利获得金融、互联网等热门行业公司的优质 offer。但这些能"内推""保 offer"的承诺往往难以兑现。有的求职者因本身符合相关岗位要求而被录用,这类机构就归功于己;如果求职者没被录用,这类机构就会以种种理由搪塞,拒绝退还求职者相关费用。

【案例】 求职者小刘拥有国外高校硕士学历,回国后由于对国内求职情况不太了解,于是在网上找到一家职介机构。该机构表示"有资源",能确保他拿到一线互联网公司的 offer。为此,小刘支付了 16999 元服务费,但该机构仅为他提供了 2 次修改简历的一般课程,对他尽快入职的要求进行各种敷衍,后期干脆"失联",承诺的 offer 更是不见踪影。

4.招聘"套路贷"。不法分子与不良网贷平台勾结,"挖出"购车贷、美容贷等新型招聘陷阱,主要蒙骗毕业不久、初入职场、找工作心切的求职者。

【案例】 求职者小王在某招聘平台看到招募货车司机的信息"开货车拉货、C1 驾照即可、每月保底收入 28000 元"。面试时公司承诺收入能保底,但前提条件是必须要在该平台购买车厢长度 4.2 米的货车,只要买了车就可以和他们合作的物流公司签订合同。但在缴纳 4 万多元的首付款、办理 36 个月的按揭贷款(共 12 万元)购买了一辆轻型卡车后,小王发现既没货拉,又无活干,最后不仅没挣到钱,还背上了巨额贷款。

5.入职捆绑付费培训。一些培训机构或中介公司,以招聘为名变相招生,以高薪、名企工作岗位为诱饵吸引求职者,面试时则向求职者提出"工作能力不足""岗位有从业资格限制"等理由,要求进行入职培训或考证培训,并承诺完成培训后即可上岗。当求职者交付培训费用后,此类培训机构却不提供承诺的相应工作,或者以不能满足岗位需求等理由,在求职者刚一上岗就予以解雇。更有的企业,一旦收取求职者的培训费后就会即刻"人间蒸发"。

【案例】 A公司在某招聘平台上以"高薪+零招聘条件"招聘程序员,小高被此高薪条件吸引投递简历并参加了面试。面试之后,A公司以所学专业不对口为由,要求小高参加公司组织的自费培训,之后方可正式录用。小高没有多想就在入职前的"实习期"签署了"协议",培训费高达数万元。后来小高逐渐发现,企业提供的培训都是线上视频网站的网课,长时间未安排实质工作,最后以种种理由使自己无法通过实习期。这时,小高才意识到,工作没找到反而花了一笔"培训"的冤枉钱。

【防范提示】 《劳动合同法》第九条明确规定,用人单位招用劳动者,不得以任何名义收取劳动者财物。《人力资源市场暂行条例》第二十七条规定,人力资源服务机构接受用人单位委托招聘人员或者开展其他人力资源服务,不得采取欺诈、暴力、胁迫或者其他不正当手段,不得以招聘为名牟取不正当利益。违反有关规定的,人力资源社会保障行政部门将予以责令改正、没收违法所得、罚款、吊销人力资源服务许可证等处罚;给个人造成损害的,依法承担民事责任或由有关主管部门依法给予处罚。

此类在招聘过程中花样繁多的收费行为,多涉及虚假招聘和骗取财物。用人单位、人力资源服务机构应严格遵守有关法律法规,合法、诚信经营,不得开展和参与虚假招聘等违法违规活动。收费"内推""保offer"等多属虚假宣传,涉嫌违法违规,求职者千万不可抱着"走捷径""靠关系"等心态轻信骗子的话术,应通过正规网络招聘服务平台等人力资源服务机构或用人企业官网求职。求职者对有应聘意向的企业,最好事先通过第三方平台等渠道核查其相关资质,若企业在求职过程中以各种理由要求租用、购买各类工作设备或交钱、贷款才能够安排岗位,应果断拒绝,以免上当受骗。员工培训成本一般应由用人单位承担,对经付费培训可录用、包就业等要求,求职者一定要警惕"挂羊头卖狗肉"陷阱,谨防既被坑骗一笔培训费,又浪费时间精力,最后学不到什么本领,更得不到理想的工作。求职者如果落入骗局,请切记保留好相关证据,及时报警并向人力资源社会保障部门投诉举报。

第三类 以招聘为名诱骗从事违法活动陷阱

6.兼职"刷单"。不法分子通常会在一些知名网站、论坛、各类网络服务平台上发布事先编造好的招工信息,以"高薪急聘""学历不限"等字眼博取关注。求职者一旦点击进入链接后,便会被要求通过加QQ、微信等方式进一步"单聊"或"详谈",逐步暴露更多个人信息并被诱导下载刷单APP。求职者一旦落入陷阱,最初几次刷单会轻松赚得几百元,随后为获得更高比例佣金而垫付更多金额,直到自己相当数额的资金转入了不法分子指定账户,就会被对方迅速拉黑。

【案例】 伪装成正规企业的A公司在招聘平台发布"文员"职位招聘信息,声称"可在家办公,日结高薪,月入过万,工作轻松自由"。求职者小赵在网上向A公司投递简历后,很快就被告知可以进入工作试用期了,并被要求下载一款APP从事"刷单"工作。这项工作需要小赵在各大电商平台购买指定商品,商品大多为充值卡、网络服务等虚拟产品。小赵在购买商品后,需要通过付款截图和订单号联系公司获得收益。起初,小赵还会得到小额收益,但当加大刷单商品价值时则被企业告知,由于系统或银行问题暂时无法返款,需要再多刷几笔订单才可集中返还收益。小赵因为想要拿回支付商品的本金并获得收益而被套取了更多钱款,最终损失达数万元。

7.传销"拉新"。传销组织具有收取入门费、拉人头、金字塔结构的盈利模式等典型特征。近年来,在有关部门的严厉打击下,一些传销组织转为通过布设网上招聘陷阱拉新人、发展下线。这类传销组织在招聘平台发布招聘信息,以"勤工俭学""招聘兼职""高额回报"等为诱饵,吸引求职者应聘。一旦求职者落入圈套,传销组织便会要求缴纳一定费用或购买某种产品,并指派各种"推销任务"。这类传销活动本身就具有一定迷惑性,又往往通过网络招聘等手段实施,更增加了其隐蔽性。

【案例】 一家自称某电信服务代理商的公司,在网络招聘平台广泛发布招聘信息。该公司对所有应聘者一概录用,并要求应聘者入职时办理每月 159 元、押金 1440 元、合约期为 24 个月的 5G 通信套餐员工卡,应聘者唯一的工作就是每月招聘不少于 10 名新人,以此不断发展下线。此案造成很多人员被骗,有的受害者甚至深陷其中,在该公司被打击处理后依然不认为自己已落入骗局并从事了违法活动。对此,有关部门向受害者讲解国家禁止及打击传销活动的法律规定,剖析传销陷阱及其严重危害,让受害者认识到传销活动无论包装成什么样子、变换什么形式,都改变不了其违法犯罪的实质。

8.色情招聘。这类招聘陷阱的目标多为年轻女性,常常以招聘"行政秘书""生活助理"为名,有的还打着招聘网络主播等新兴职业的幌子,或明或暗要求"特殊陪伴""专项服侍"等,实质上是要求女性求职者从事色情服务。

【案例】 A 公司通过某网络招聘平台发布"高薪招聘客房服务员"的信息,且明确"欢迎 26 岁以下、身心健康、能自由支配时间,面临各种困难、需要高收入的佳丽应聘"。青春靓丽的女孩小丽应聘后,被 A 公司负责招聘的人员约至某酒店客房进行"面试",没什么求职经验的小丽虽感觉面试地点及方式有些奇怪,但还是经不住优厚条件的诱惑去参加了面试。面试中,A 公司招聘人员隐晦地说,"我们这边是招高薪岗位,美女应该清楚是做什么吧",并提出了"每月 5 至 10 万起薪,包吃住、日结工资"等具有相当吸引力的"福利待遇",还不断打听"是否已婚""有没有交男朋友"等个人隐私信息。此时,小丽才意识到这份工作"不简单",于是还算机智地找借口及时离开,避免遭受侵害。

9.盗用个人信息。一些不法分子以招聘的名义,打着"高薪兼职""点击返现"等幌子进行电信网络诈骗,诱导应聘者办理银行卡、手机卡或注册 APP 账户。这些银行卡、手机卡或支付账户会被不法分子用于诈骗、洗钱等违法活动,一旦相关信息涉案会直接牵连到持有人,带来个人征信受损或须承担相应法律责任等风险。

【案例】 A 公司在招聘平台发布"轻松兼职,只需身份证,十分钟搞定,工资优厚"等信息。小何抱着试试看的心理,添加 QQ 号码前去应聘。对方告诉他,入职后工资会通过公司内部平台打入其工资卡,但在面试前要先下载某款 APP 并绑定银行卡。小何照办了,但没想到面试迟迟没等来,却接到了公安部门的电话,告知其名下银行卡涉嫌洗钱等犯罪活动,要求其配合调查。这时,小何才恍然大悟,自己的个人信息被不法分子窃取和利用了。

【防范提示】 通过网络、新媒体等信息技术手段,以招聘为名诱骗求职者从事各类违法违规活动,是近年来较为常见的诈骗手法。对此,求职者要树立正确的择业观念,擦亮识别骗局的"慧眼",掌握防范陷阱的"招数",遇到"活少钱多""轻松钱来""躺平赚钱"等"听上去很美"的招聘信息,遇到"天上掉馅饼"的"好事",一定要提高警惕,多查多问多防备,谨防"踩雷""掉坑"。求职者一旦被骗、遭受侵害,请立即报警求助,并可及时向人力资源社会保障部门投诉举报相关中介机构。

各类人力资源服务机构,要严格落实《人力资源市场暂行条例》《网络招聘服务管理规定》有关规定,接受用人单位委托招聘人员,应要求用人单位提供相关材料,并对材料的真实性、合法性进行审查,不得以招聘为名牟取不正当利益,不得介绍单位或者个人从事违法活动;从事网络招聘服务时收集、使用其用户个人信息,应当遵守法律、行政法规有关个人信息保护的规定。违反有关规定的,有关部门将依法给予相应处罚。

第四类 合同陷阱

10. "猫腻"合同。求职者找工作时,还要防范遭遇劳动合同陷阱。有的用人单位以种种借口拒绝与劳动者签订书面劳动合同,有的签订合同后没有给劳动者一份合同文本留存,有的签订合同中缺少工作岗位、劳动报酬、劳动条件等具体信息。劳动者到岗工作后,特别是当出现一些争议时,就可能被用人单位以没有书面劳动合同或者违反合同相关条款为由,拖欠或拒发薪酬。

【案例】 求职者小吴在某招聘平台看到A企业发布的普工职位招聘信息。他来到企业应聘后,有关管理人员明确表示"月薪2万元"。在小吴入职签订劳动合同时,公司却以少缴个税为由,要求在合同中写明月薪0.8万元,并口头承诺会将其余款项以报销住宿费、加油费等方式补齐。小吴因入职心切,签订了劳动合同。在工作了一段时间后,公司认为小吴不能完全胜任岗位,要求他尽快离职。小吴要求公司按照最初明确的2万元月薪支付自己一个月工资作为代通知金并另外支付一个月工资作为经济补偿金,但公司却主张以书面合同为依据,按照0.8万元的月薪标准进行相应补偿。

【防范提示】 《劳动合同法》第十条明确,建立劳动关系,应当订立书面劳动合同。已建立劳动关系,未同时订立劳动合同的,应当自用工之日起一个月内订立书面劳动合同。第十六条规定,劳动合同由用人单位与劳动者协商一致,并经用人单位与劳动者在劳动合同文本上签字或者盖章生效。劳动合同文本由用人单位和劳动者各执一份。劳动者在入职前一定要仔细阅读并认真签订劳动合同,尤其要核实清楚涉及个人权益的重点条款,这是对自己合法权益的有效保护。对于非全日制工作,《劳动合同法》规定可以订立口头协议,但应注意留存当初做出约定时的有关资料。若因故未能签订合同、订立协议,一旦遇到纠纷应及时寻求人力资源社会保障等有关部门帮助,通过正规渠道予以妥善解决。

二、擦亮双眼,避开陷阱

(一)提高警惕,识别陷阱

警惕过于夸大的招聘宣传,如"高薪低劳""轻松工作"等,这些往往是诈骗的诱饵。我们要积极参加学校及相关部门组织的就业指导和安全教育活动,增强识别就业"陷阱"和违法违规行为的意识与能力。

(二)使用正规求职渠道

应通过国家大学生就业服务平台、学校就业网站、学院就业信息网、人才市场官网等正规途径获取就业信息。对于不知名的企业及其招聘信息,务必核实公司背景,了解公司规模、发展情况、口碑等。利用企业信息查询网站(如天眼查、企查查等)查询公司资质、信用状况、经营状况等,确保公司正规合法。

(三)甄别招聘信息

留意招聘信息的细节,警惕特定类型的招聘信息,如只提供手机号而没有投递简历邮箱的招聘信息,或者要求立即面试或参加集中培训的招聘信息等,对此类信息应加以防范。

当前电信诈骗手段种类繁多。针对大学生和即将步入职场的毕业生,诈骗分子设计了如网络刷单、网络购物、冒充客服、冒充熟人、校园贷等多种诈骗方法。很多大学生因一时疏忽而落入诈骗陷阱,给生活、学习、家庭带来了严重后果,甚至违法了国家法律。因此,对于一些门槛低、薪酬高的兼职信息应特别注意甄别。

(四)保护个人隐私

身份证、银行卡等信息要严格保密,尤其是银行卡账号和密码,切不可透露给其他人。更不要出卖或透露个人身份证、手机卡、银行卡等信息,避免成为骗子帮凶及由此导致的刑事、民事责任。在网上投递简历或填写资料时,一般也不填写过分详细的个人信息。面谈时,身份证、毕业证书等证件不宜给对方;若需提交,可先提交复印件并注明用途。

(五)注意财产及人身安全

(1)警惕费用要求:面试过程中,如果遇到用人单位要求交保证金或其他培训费用(如报名费、训练费、材料费等),一定要慎重,不要轻易交费。

(2)观察面试环境:留意面试地点的安全性,避免前往偏僻或隐秘的地方。面试时最好有同学陪同,并告知家人或朋友面试的时间和地点。到了面试的地点,先看看企业环境,例如是否有标志/门牌,且是否与网络平台上标注的一致,是否有人正常办公。对于门牌简陋(用 KT 板、泡沫板等临时装饰),挂着打鸡血标语、"0 首付"标语,小黑板上写着招聘/业绩 KPI(关键绩效指标),非工厂大规模招工,但来的求职者一拨接一拨,人数众多的,最好留个心眼。

(六)签订合同时注意合同条款

仔细阅读合同条款,了解工作内容、薪资待遇、工作时间、福利等关键信息后再签订。此外,还需警惕"霸王条款",即特别注意合同中的保密条款、竞业限制条款、解除合同条款等,确保自己的权益不受侵害。如有疑问,可咨询法律专业人士。

(七)依法维权

在求职过程中,注意留存与求职相关的证据材料,如招聘信息截图、面试通知、交费凭证等。如遇到疑似诈骗或侵权行为,应立即向学校就业指导中心、当地公安机关或劳动保障监察部门求助。

"兼职刷单,轻松拿钱""付费实习,包过内推"……诈骗手段层出不穷,遇事多问自己"为什么",想一想"动动手指就能赚钱的好事为啥能轮到我?""花钱就能轻松找工作,这种美事怎么就被我碰上了?"我们需要提高警惕,擦亮双眼谨防被骗。

本章小结

本章通过大量真实案例,详细介绍了简历制作、面试礼仪、面试技巧和求职安全相关知识,罗列了常见的问题及应对方法,有效指导大学生求职面试。

金字塔原理和STAR法则两个工具不仅适用于简历制作,而且对自我介绍、面试回答问题、发言演讲、PPT制作、写作等情景均适用,可以说是职场逻辑思维表达的重要工具。本章详细列举了简历中常见的十大"雷区"及"避雷"方法,为求职者撰写简历提供参考;介绍了面试礼仪的七个基本要素——微笑、发型、妆容、仪态、服饰、眼神、递接物品,以及各要素练习方法、技巧;介绍了四种自我介绍方法——3W自我介绍法、STAR法则、金字塔原理、万能公式。针对目前较为常见的群体面试方式之一——无领导小组讨论也做了详细介绍,包括做好个人定位,选择符合自身性格、能力水平、专业知识的角色。答题时可使用STAR法则和金字塔原理,也可以按照逻辑层次组织语言;此外还要注意答题话术和有效输出。求职安全小节列举了求职中常见的四类"陷阱",包括非法职业中介陷阱、招聘收费陷阱、以招聘为名诱骗从事违法活动陷阱、合同陷阱,并详细介绍了应对技巧,包括提高警惕、识别陷阱,使用正规求职渠道,甄别招聘信息,保护个人隐私,注意面试时人身安全,签订合同时注意合同条款,依法维权。

第十章 职场适应

跨出校门走向职场时,快速适应是个人在变化的环境中生存与发展的关键。在日新月异的现代社会,无论是职场竞争、技术革新还是生活挑战,都要求我们具备迅速调整自我、融入新环境并有效应对变化的能力。适应能力强的人能够灵活应对不确定性,从挑战中发现机遇,能持续学习成长,保持竞争力。

第一节 重视第一份工作——别轻易否定第一份工作的重要性

每到同学聚会,同学们聊得最多的话题莫过于工作,大家免不了会抱怨工作有多"坑"、老板有多"奇葩"、加班有多频繁、薪酬有多低廉……有的同学甚至短短半年换了三四份工作。中国青年报社会调查中心的一项调查显示,82.6%的受访者认为第一份工作对职业生涯重要,33.9%的受访者认为日后转行很难,一定要入对行。在"裸辞""闪辞"已成家常便饭的年代,"第一份工作"始终都是逃不开的话题。

一、第一份工作到底有多重要

有人现身说法,强调第一份工作非常重要,也有人说没那么重要。两种说法都以个人经验出发,都有一定道理,但并不代表某一方的经验完全可以概括、推及、适用于他人,因为脱离了具体行业、岗位、专业,还有个人,"第一份工作到底有多重要"并没有绝对的标准答案。

(一)先起跑再找方向,先起跳再找落点

找工作也得试错。谁不想一步到位,找一个完全称心的好工作?可机会往往降临在那些准备充分的人身上。凤凰"非练实不食,非醴泉不饮",可它是神鸟,如果在现实中,可能就存在生存危机。

进一步说,什么是好工作?好工作不能光靠想象,我们得在实干中认识和发现,才知道自己最适合什么类型工作。不同的人有不同的特长和禀赋,适合别人的并非适合自己。爱迪生尝试了1600多种材料,最后才发现最适合做灯丝的材料是钨丝。项羽小时候先学书,不成,又学剑,不成,后来才发现学兵法、学万人敌最适合自己。我们每个人适合干什么,个人特长和禀赋与工作的最佳结合点在哪,可以设计,但更关键的在于尝试、验证。

先就业再择业,哪怕是一份不那么如意的工作,也能带来一个积极的"副作用",那就是丰富阅历、增益己所不能。我们不妨先跑起来、跳起来。我们年轻时捡起来的所有"珠子",不管是好是坏,都是宝贵的人生经历,将来都可以成为"璀璨项链"的材料。

(二)工作合不合适,需要用实践和时间来考验

大学生毕业后直接工作是一个挺有趣的体验。刚入职场的新人工作没几天就失去了新

鲜劲,也喜欢拿曾经的实习经历与现在的工作对比,还喜欢听一些老同事对工作的负面评价,因而容易在工作中迷失方向,进而萌生跳槽"从头开始"的念头。其实,即使对待同一份工作,每个人的感受可能都不一样,别人的评价只是站在他自己的角度,并不一定全面。任何一份工作,适不适合自己,有没有发展前途,都需要实践和时间来检阅。一般来说,入职一年才刚刚能了解公司运转的全流程,三年左右才大致明确有没有发展前途。请给公司一点时间,也给自己一点时间。

(三)找到职业方向,选择最适合自己的工作

我们肯定并鼓励大家要志存高远,尽量达到"人职匹配"。大家眼中的"好工作"很诱人,但招录的竞争也很激烈,失利的概率也很大。如果不事前做好准备,可能到时想要的没得到,本该得到的也没得到,就会很被动。

谈及何为"好工作",这绝非仅凭脑海中的蓝图就能构建而成,而是需要在职场的风雨兼程中,通过亲身经历与不懈探索,方能逐步清晰其轮廓。一个令人满意的职业,往往伴随着持续的职业自我发现与能力提升,它要求我们在实践中学习,在学习中成长,最终找到那个既能激发潜能,又能实现个人价值的岗位。

因此,在寻找职业方向、选择最适合自己工作的旅程上,勇于尝试、敢于试错是关键的第一步。在尝试的过程中,我们或许会遇到挫折与失败,但正是这些经历,如同灯塔一般照亮我们前行的道路,指引我们及时调整方向,向着更加符合自身兴趣与能力的职业领域迈进。如此,我们方能在职业生涯的旅途中,找到那条既通往个人梦想又契合未来职业发展的最佳路径。

(四)积累经验,提高职场竞争力

知识必须与实践相结合才能变成能力,一个人想要创新创造、体现价值、取得成功、实现幸福,所需要的就是能力。刚毕业的大学生,充满朝气、可塑性强、创新思维强,正处于勤勉奋斗的大好年华,这也是企业十分看重的。但如果"慢就业"了,耽误一两年甚至更长的时间,在和同龄人竞争中则会处于弱势地位。在当今信息技术迅猛发展的时代,知识信息更新很快,"慢就业"后与社会脱节,不能与时俱进,慢慢融入社会就很困难。

第一份工作作为职业生涯的起点,不仅是我们从校园走向社会的过渡桥梁,更是塑造个人职业观念、积累宝贵经验、构建职业网络以及奠定职业基础的依托。第一份工作为我们提供了将理论知识转化为实践能力的宝贵平台。在学校里,我们学习了大量的专业理论知识,但往往缺乏实际应用的经验。而第一份工作就像是一个实战演练场,让我们在真实的工作环境中运用所学知识,解决实际问题。这个过程中,我们不仅能够加深对专业知识的理解,还能够积累许多书本上学不到的实践经验和技能。这些经验和技能,将成为我们职业生涯中不可或缺的财富,帮助我们更好地应对和把握职场的各种挑战和机遇。在这个阶段,我们需要学会如何与同事合作、如何管理时间、如何承担责任等。这些职业态度和习惯,将伴随我们整个职业生涯,并对我们的职业发展产生深远影响。一个积极向上、勤奋努力、善于合作的人,往往更容易在职场中脱颖而出,获得更多的机会和资源。

多数企业在招聘选人、考试录用时,都比较看重有一定年限的工作经验的求职者。作为一名社会人,我们迟早都要走进职场,要在社会的大舞台上一展拳脚。如果长时间赋闲在家,必然缺乏对职业世界的感知和经验,无论是找工作面试还是在将来职业发展的路上都会处于弱势地位。我们不妨换个思维角度,如果把就业看成带薪的能力训练,早些开始的好处是显而易见的。

二、我是不是该换份工作

 案例

2023届大学毕业生小雯很幸运。她毕业于一所普通大学,大四时在广州找到了一个不错的实习单位,之后,又机缘巧合地获得了一个不错的工作机会,当别人还在忙着拍毕业照的时候,她已经入职了。工作很轻松,都是一些上传下达的活儿,偶尔写点材料、布置会场,也不是难事,工资有7000多元,和很多同学相比,这份工作是很不错的了。但这份"美差"在小雯眼里,却是个"闲差"。由于单位是个半公半私性质的企业,上上下下都是上了年纪的人,部门有个主管是年轻人,可听说最近要辞职了。主管跟她说了单位的众多"不是",她也跟着动摇了:"我是不是该换份工作?"

"我是不是该换份工作?"这个问题可能是很多职场青年隔三岔五都会陷入纠结的一个问题。我们很多人想换工作了,就喜欢跑去问别人:我想换工作了,有没有什么好的建议或者工作介绍?这其实得先问自己:我到底想要什么?到底喜欢什么样的工作?这份工作是不是我喜欢的工作?如果我们连自己想要什么都不知道,那问别人也是白问。所以首先我们要清楚自己想要什么样的工作,可是又怎么知道自己想要什么样的工作呢?毕竟很多人连自己喜欢什么都不知道,更别提喜欢的工作了。因此,了解自己非常重要,包括了解自己的性格、兴趣、人生向往等。如果碰到这种纠结情况,建议大家将本书第六章"自我认知"再回顾一遍,然后决定换不换工作,换什么样的工作。

三、关于跳槽

领英数据显示,"70后"第一份工作持续时间平均超4年,"80后"是3年半,"90后"骤减到19个月,"95后"更是仅在职7个月就选择了辞职。以离职试错的方式来锁定职业方向,在当下更为常见。曾有个话题吸引近60万人围观:"身为HR,要不要录用频繁跳槽的人?"绝大多数HR选择直接淘汰掉!毕竟频繁跳槽意味着"不稳定",而且也会因此带来额外的招聘成本、培训成本、离职异动成本。极少数的资深HR愿意了解求职者跳槽原因,如果实在"情有可原",而且主要是为了接受更大的挑战、成就更好的自己,则愿意给对方机会。"闪辞"之后可能会带来更多的烦恼。我们向来不赞成频繁跳槽,因为你跳到任何地方都要从零开始,而且跳槽次数多了,企业会认为你忠诚度不高,那么你可能也难以得到重用。

能力是一点点积累的,喜欢的工作也是要一步步去获得的。如果我们想成为酒店集团高管,那就要从一名服务员开始。不要厌烦现在职位低、工作烦琐、工资还不高,最重要的是能从这份工作中提升职业能力和素养,能为成为高管奠定坚实的基础。除非当前的公司确实没有我们大展拳脚的空间,限制了我们的发展,否则一般情况下我们不要轻易跳槽。

在我们长达30~40年的职业生涯征途中,每个人的旅程都仿佛是一场马拉松,既漫长又充满未知的挑战。对于有些人来说,第一份工作的"战略地位"或许并没有外界所设想的那样具有深远影响,它不会单独决定人生的全部走向。常言道:"流水不腐,户枢不蠹",机遇总是青睐那些勇于突破现状、随时保持转身能力的人。当然,我们也不能忽视第一份工作的重要性。随着年龄的增长,我们的选择空间会逐渐缩小。因此,第一份工作不应是仅仅基于"先就业后择业"理念的草率决定。它同样需要我们的精心规划和深思熟虑,因为每一份认真选择和对待的职业,都会在生命的画卷上留下独特的印记,并随着时间的推移产生累积效应。

正如乔布斯在斯坦福大学的毕业典礼上所言:"要相信那些看似无关紧要的时刻,终将在未来的某一天连成一线。"我们无法从当前的位置预见到未来的全貌,只有在回顾时,才能将那些经历串联成完整的人生轨迹。

总而言之,既不可把第一份工作不当回事,也不能囿于成见。稻盛和夫认为,工作本身也是一种修行。重要的是,自己要有学习、认知、反思和判断的能力,积极地参与、负责地尝试,即使失败也是一种经验的积累,成长比成功更重要。在实践中不断成长和进步,是更高层次的价值满足和人生追求。

 拓展阅读

跳槽前需要注意什么?先算好成本账

1. 不要只为了薪资跳槽

如果不是逼不得已,在正常跳槽环境下,应该在比对薪水涨幅的同时,观测企业生态发展。虽然钱是最直观的职业经济来源,但目光短浅的跳槽可能会引起预期和现实的落差感,职位本身的压力状态和工作时长也是必须考虑的因素。你要分析企业能带给你的提升空间,如果你恰好处于职业不稳定期,本身无法对自身估值,那只能将就。但在有条件做对比选择的时候,还是应该三思而后行。

2. 不要频繁跳槽

频繁跳槽会让简历闪光度大大降低,企业只会看到你是一个不安于现状、不投入工作的人。你没有一个职位的长期经验积累,也没有对企业的忠诚度,企业会怀疑将来用你会不会造成麻烦。如果你没有转行,业内交际狭窄,你将很难在跳槽当中占据优势地位。这会非常影响你的职业发展前途和机遇。如果不是形势所迫,最好不要轻易离职。可以先和上级谈谈心目中的期望,上级作为过来人,能够给你的选择提供一些有用的建议。

3. 不要胡乱跳槽

在有企业向你伸出橄榄枝的时候,并不一定代表你是这个职位的唯一选择;也有可能出现很多橄榄枝同时抛来的情况,这个时候最好多方了解企业背景、发展状况、部门构成、福利待遇,并且判断工作内容是否是自己能驾驭的,主动运用策略经营,不要轻信一些承诺,毕竟画饼是老板常干的事,肉眼所能见到的利益才是实际利益。

4. 不要在未找到下一份工作前辞职

虽然跳槽是常事,代表着工作机会较多,但一般不建议求职者在没有寻觅到合适的新职位时贸然辞职。职场资源配置都是有规律可循的,你在有经济来源的时候跳槽,可以谈更好的薪资待遇;在经济不稳定的失业状况下,时间一长,如果还没有找到理想的工作,你很容易冲动落在一个中规中矩的位置,丧失主动权。

每一次跳槽都要相应地承担一定的风险,因此一定要谨慎。除了以上注意事项之外,还要注意到"天时地利人和"、同地域跳槽和异地跳槽等变化,理智地做出选择。

(摘自《跳槽的最佳时机是什么时候?我该跳槽了吗?跳槽的注意事项》,网址:https://www.roberthalf.cn/cn/zh/insights/landing-job/job-hopping,有删改)

第二节 树立职场个人品牌——打造我的职场"名片"

良好的个人品牌打造不是一蹴而就的,而是一个漫长的、终身的过程。这个过程中我们需要不断进行自我提升。除了从健康、时间、人际关系、情绪、压力等5个方面进行自我管理和约束外,我们还要注意细节,培养职场礼仪、有效沟通能力、解决问题能力、写作能力、信息管理能力等可迁移技能,全面系统提升职业素养,打造个人品牌,提升职场竞争力。

案例

"'00后'整顿职场"爆火,他们为何这样有勇气(节选)

所谓"'00后'整顿职场",多半只是希望让职场更合法合理合情的一个调侃而已。

"00后"也要大学毕业,步入职场了。和每一代人一样,"00后"也拥有了自己的顺口溜:"80后"在加班对领导唯唯诺诺,"90后"在"摸鱼"装模作样,只有我们"00后"在整顿职场。

"00后"职场人,到底做了什么?

"00后"职场人:"我的胃口差,大饼吃不下"

第一次看到"整顿职场"这个说法,是在网上流传的一张朋友圈截图中:"……只有我们'00后'在整顿职场。工作一年仲裁4家公司,告倒闭两家,我就是我,不一样的烟火。"

后来,这个tag(标签)越来越频繁地出现:

有人"整顿职场"的方式是拒绝面试过度收集隐私,面试时拒绝填写紧急联系人等涉及隐私的信息,如果HR还出言嘲讽,"00后"就举报公司消防设置不合规,公司就被要求停业整顿了;

有人"整顿职场"的方式是拒绝不合理加班,领导说"6点开个会","00后"就直接问"有加班费吗",如果领导说"是重要的事","00后"还会反问领导"为什么不早点说",还会搬出劳动法;

有人"整顿职场"的方式是反对PUA,领导阴阳怪气"你们年轻人就是吃不了苦,干不成大事","00后"就反驳"大事我能干,但端茶倒水取快递不在此列";

有人"整顿职场"的方式是反对"画大饼",辞职信里面直接写"我的胃口差,大饼吃不下"……

有人感慨仿佛读了一本本"爽文":"哪有什么岁月静好,只不过是'00后'在替我们寻衅滋事。"

(资料来源:中国青年报,2022年6月24日,《"'00后'整顿职场"爆火,他们为何这样有勇气》)

想一想

请仔细阅读以上资料,谈谈你对"00后"整顿职场的看法。

塑造卓越的
职场通用能力

个人品牌是指个人的外在形象、性格特点、能力素质和内在涵养所传递的独特、鲜明、确定、易被感知的信息集合体,也就是一个人在其他人心目中比较一致的印象或口碑。个人品牌的核心是把自己经营成被人们认可的对象,让人相信你所带来的影响以及价值。美国管理学家汤姆·彼得斯说过:"21世纪的工作生存法则就是建立个人品牌。"个人品牌即身价,有了个人品牌就有了身价。身价是一个人收入、能力的直接证明,是工作稳定的保证。在职业生涯发展道路上,如何树立良好个人品牌?

一、少说多做

刚毕业上班的时候,爸妈一般都会对我们说:"到单位勤快点,上班提前一会儿到,把办公室打扫一下,把热水打一下。在单位有点眼力见儿,勤快点儿不吃亏。""每天提前到办公室打水搞卫生,有必要吗?"网上类似这样的话题不少。从入职的第一天开始,我们就进入了一个看似简单和普通的工作环境当中。其实,这时候就是我们开始打造职场人设的起点。作为新人,我们要注意自己的言行举止,保持低调、内敛、谦虚、勤奋的态度至关重要,要少说多做、入乡随俗、收敛个性、尊重前辈和领导,给人留下良好的印象。

初涉职场的新人应该注意从小事做起、从细节做起,只有把小事做好了,才会有被委以重任的机会;少说风凉话,少发牢骚和高谈阔论。有的时候,领导或同事批评指正某件事情,有的人一听对自己不利,马上回应"没有啊!"或是编个谎言蒙混过关;某工作按照规定要有几道工序,有的人趁着领导不在就打折扣;地上有一摊油渍、一个烟头、一片纸屑、一个没放在规定位置上的零件,有的人装作没看见绕道走掉。这些细节都会给人留下不良印象。实际上,我们平时不经意的话语、不在意的细节,都是职业素养的体现。

总的来说,脚下踏实一些,手上勤快一些,眼里多看到一些,心里多思考一些,对我们的职业发展至关重要。

二、注重职场礼仪

"人无礼则不生,事无礼则不成,国无礼则不宁。"礼仪是人与人之间交流的规则,是一种语言,也是一种工具。它不仅是个人素质、教养的体现,也是个人道德和社会公德的体现,更是城市、国家的风貌。因此,礼仪是职场人设的一个十分重要的部分。我们要让微笑成为习惯,因为微笑是打开心灵的窗户;让敬语成为习惯。当领导或长辈站着和我们讲话的时候,我们也不要坐着;进门前先轻声敲门,开关门时尽量不要发出声响;到了领导办公室,非请勿座,落座后坐在椅面的1/3~2/3处;公共场所勿抽烟,勿大声喧哗嬉闹,随手带走垃圾;等等。这些都是一个人有礼仪的表现。文明有礼的个人素养,是企业十分看中的。所以,一定要为自己贴上文明有礼的标签。

三、学会有效沟通

有效沟通是通过听、说、读、写等载体,通过演讲、会见、对话、讨论、信件等方式将想法准确、恰当地表达出来,让对方更好地理解和接受。工作中简明高效、形成闭环的沟通是保证业务质量的关键。

1. 避免沟通漏斗

我们常常会发现:我以为自己说清楚了,但对方理解的和我表达的差异很大。这就是沟通漏斗现象,如图 10-1 所示。沟通漏斗是工作中团队沟通效率下降的一种现象。如果你心里想的是 100% 的内容,当你在众人面前、在开会的场合用语言表达时,这些内容已经漏掉 20%,你说出来的只有 80%。而当这 80% 的内容进入别人的耳朵时,由于文化水平、知识背景等的差异,别人听到的只有 60%。实际上,真正被别人理解了、消化了的内容大概只有 40%。当这些人遵照所领悟的 40% 内容具体行动时,得到执行的只有 20%。三个月后信息衰减,有可能只剩下 5%。

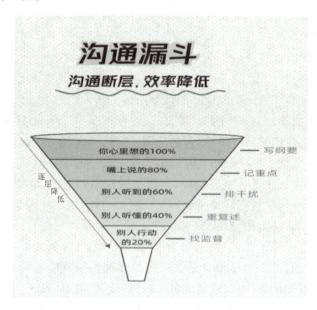

图 10-1 沟通漏斗

沟通漏斗现象的产生原因及解决方法见表 10-1。

表 10-1 沟通漏斗的产生原因及解决方法

漏斗层次	漏掉比例	想和说占比	原因分析	解决方法
第一个	20%	心里想的 100%,嘴上说的 80%	1. 没有记住重点; 2. 不好意思讲	写下要点,记住重点
第二个	20%	嘴上说的 80%,别人听到的 60%	1. 你自己在讲话时有干扰; 2. 他人在听话时有干扰; 3. 没有笔记	1. 避免干扰; 2. 记笔记
第三个	20%	别人听到的 60%,别人听懂的 40%	不懂装懂	1. 反问澄清; 2. 问他有没有其他想法
第四个	20%	别人听懂的 40%,别人行动的 20%	1. 没有实现的办法; 2. 缺少监督	1. 具体措施; 2. 监督到位

2. 明确沟通目的

小李:"张总,我们和××公司合作,共同推出新产品,我发现其中有重大风险,不能按照原思路做,需要改变合作模式才行……"谁知道领导完全不愿听他讲,坚持按原合作模式推进,还把他给批评了一顿。

小李换一种说法:"张总,新产品的开发我在全力推进了,但推进过程中我发现了3个大风险,想跟您汇报下,请您判断是按原思路继续往下推进,还是换种合作模式。"结果是不是就会不一样呢?

小李的第一种说法只是想跟领导陈述事实,急于自我表达。所以张总在听他陈述事实的时候,是带着自己的假设和理解在听,也就是帮他赋予一个沟通目的。因此听小李讲完第一句话,张总很可能就以为他想避难就易,不愿意执行自己布置的任务,自然也就不愿意听他继续往下讲了。但小李如果一开始就明确沟通目的,注重语言艺术,即让张总意识到原思路的风险,并判断是冒着风险继续做,还是按他建议的新思路做,沟通结果就会完全不一样。

3. 形成沟通闭环

"凡事有交代,件件有着落,事事有回音。"这就是闭环思维的一种体现。闭环思维,是指在工作、学习和生活中,养成及时反馈结果、将行为结果和预设目标进行对比并基于差异不断优化行为的思维习惯。简而言之,就是别人交待你的事情或任务,你不管做得如何,都要把结果反馈至发起者。

某企业副总裁表示,上司最厌烦的下属沟通不闭环行为是,事情交给下属后,对方很久没有反馈。过了几个星期上司突然想起来,就询问进展怎样了,下属回复"完成了"。这样的下属可能还以为自己能得到上司的肯定,殊不知上司已对他产生了不良评价:首先,因为下属一直没有反馈,所以上司不能将此事放下,就是说这件事一直是上司的责任;其次,做完了不说,让上司继续想着这件事情。特别是,如果最后上司是从别的渠道听到他已经将事情做好了,这又会加深上司的不满。

四、学会解决问题

解决问题能力是我们的职场核心竞争力。

"你幻灯片做得好,请帮我调整下幻灯片吧?"

"我不会剪视频,你帮我剪个视频呗?"

"刚项目总结会上,老板都总结了些什么内容?他是不是话里有话?"

"我们甲方要的广告语,既要突出品质,又要简单粗暴,你有什么好的想法吗?"

"你觉得这个文案应该怎么写?"

以上这些问题,你是否觉得似曾相识?是不是让你想起身边那个无论何事都张口就问的同学或同事?遇到凡事张口就问的同学或同事,你会不会觉得很崩溃,甚至还心生厌恶,毕竟每个人的时间、精力和注意力都是有限的。本来,工作中相互交流、探讨和帮助很正常,但是一味单向索求、无下限依赖,就让人很厌烦。张口就问的"伸手党"思维,确实方便了自己,节省了时间,却没有看到他人的时间和精力成本,给人留下不具备独立解决问题能力的印象,工作态度和思想也不够成熟。毕竟没有人有义务帮你解决一切难题。职场"伸手党"一味追求便捷,向他人求助,以为可以快速完成手头上的工作。殊不知,他们毁掉了人际关系,还荒废了自己的思考能力、专业能力。因为他们虽然拿到了解决问题的方案,但没有对问题本身进行思考和探究,没有触达问题的本质,只是解决了问题的表象,下次碰到同样的问题仍然不会。

我们每个人都要培养和锻炼"我会解决问题"的意识和能力,遇到问题时,先想到的不是把问题丢给别人,也不是避开问题绕道走,而是尝试着自己独立思索问题的来龙去脉,找出问题的解决方案。我们有的人碰到问题时,不喜欢自己深入实际了解实情,而是习惯于"听××说",这是不利于职业发展的。我们要掌握技巧应对复杂环境问题,学一些处理基本问题的方式方法或者途径。在解决问题的时候,可以尝试使用"PDCA 循环"。"PDCA 循环"是美国质量管理专家沃特·阿曼德·休哈特(Walter A. Shewhart)首先提出的,因戴明采纳、宣传而获得普及,所以又称戴明环。"PDCA"由英语单词 plan(计划)、do(执行)、check(检查)和 act(处理)的首字母组成,如图 10-2 所示。

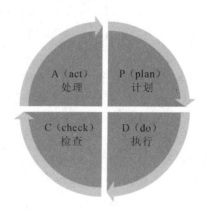

图 10-2 PDCA 循环(又称戴明环)

(1) P(plan)计划:包括方针和目标的确定,以及活动规划的制订。

(2) D(do)执行:根据已知的信息,设计具体的方法、方案和布局;再根据设计和布局,进行具体运作,实现计划中的内容。

(3) C(check)检查:总结执行计划的结果,分清哪些对了,哪些错了,明确效果,找出问题。

(4) A(act)处理:对总结检查的结果进行处理,对成功的经验加以肯定,并予以标准化;对失败的教训也要重视。对于没有解决的问题,应提交到下一个 PDCA 循环中去解决。

以上四个过程不是运行一次就结束了,而是周而复始地进行,一个循环结束,解决一些问题,未解决的问题进入下一个循环,这样阶梯式上升,周而复始地运转。

发现问题、探究问题根源、一追到底解决问题、成为问题终结者是让人信任的品质表现。领导提出方案,员工应想方设法实现方案。在碰到自己无法解决的问题而需要请示的时候,一定要特别注意以下三点:

(1) 整理好信息。整理好已知信息和未知信息,抓住任务要点提问,不仅可以明确问题方向,也体现了善于准确提出问题的思考能力。

(2) 请对方做选择题。提问的目的是让其他人帮助判断最合适的解决办法,从而提升工作效率,降低失误率。不要把问题直接推向对方,不是请对方做填空题或问答题,而是要提供几种方案,请对方做选择题。我们一定要认识到,工作就是不断解决问题的过程。解决问题能力的培养其实是一个能力不断进阶的过程。

(3) 改变提问方式。变"我不知道这个事情要怎么决定,你能帮我吗?"为"我查找资料认真思考了这几种解决方案,麻烦你从你的角度来看看对不对?"这样的问法最大限度地降低了被人拒绝的概率。

五、提升写作能力

商务写作是职场上不可缺少的一项技能。大学一般也会开设专门的"应用写作"课程,但我们很多同学认为这门课无关紧要,导致上这门课的时候没有认真听讲,并没有掌握真正的技能。很多 HR 表示,工作中很多时候都需要商务写作能力,比如起草通知、会议记录、活动策划、活动总结等,如有熟练的商务写作能力,可以为自己职业技能加码,提高晋升的可能性。本书第九章里介绍的金字塔原理和 STAR 法则同样适用于写作能力训练。

写作需要特别注意的三个方面:① 先立意,能通过对客观事物的观察、分析和归纳,把其中包含的意思加以提炼,确定所要表达的中心思想;② 再布局,围绕中心思想组织材料;③ 最后动笔写,根据中心思想确定语言风格、表达方式,书写成文。

如何训练我们的写作能力呢?

(1) 积累材料。材料是写作之源。写作材料主要来源于日常的观察和积累。每天都有很多有意义的、新鲜的事物,我们要学会时时处处留心观察形形色色的社会现象,不断扩大视野,捕捉热点,多思考、多记录,特别是与行业、岗位相关的素材。

(2) 积累语言。阅读是积累语言的有效途径。读书看报,碰到有表现力的字、词、句、段都可以摘抄下来。听广播看电视,听会议和讲座发言,听到美妙言语,都要记下来。平时碰到生动美妙的成语、歇后语、名言警句等,也可积累下来。这样聚沙成塔、集腋成裘,逐步建立自己的语言词典。

(3) 积累写法。"《文选》烂,秀才半",形象道出了古人学习写作的途径。但凡优秀的作品,就是在告诉我们文章该怎么写。通过熟读、多读各类优秀作品,领悟作品的精妙之处,自然能学到写作的方法和技巧。阅读多了,积累多了,用于写作实践,必能提高写作水平。

(4) 模仿借鉴。写作时可以模仿借鉴同类优秀作品。但模仿不是简单地照搬,而是创造性地借鉴。模仿的特点是针对性强、有法可循,既降低了写作的难度,又能有明显的效果。即使是刚开始时的机械模仿,也值得表扬和肯定,此种方式可逐步培养我们的写作兴趣,循序渐进地提高写作能力。如王勃的名句"落霞与孤鹜齐飞,秋水共长天一色"就是从庾信的"落花与芝盖齐飞,杨柳共春旗一色"脱化而来。左丘明的《左传》、司马迁的《史记》的写法,为后世的散文家、小说家、戏剧家所模仿。虽然模仿是提高写作能力的第一步,但之后我们不能一味地模仿,领悟到写作技巧后,必须脱离仿写,打造自己的写法和风格特点。

六、培养信息管理能力

随着国家教育数字化战略行动的深入推进,一批简单、重复的工作和岗位正在消失,取而代之的是新型的就业形态和就业岗位。就业市场迫切需要具备"数智化技能"的高水平、复合型人才。继美国 OpenAI 公司推出 ChatGPT 之后,Sora 横空问世,AI 时代扑面而来,数智化给行业产业带来全新的挑战和冲击,信息管理能力成了我们必备的生活和工作技能。

在实际工作和生活中,我们每个人每时每刻都在不断地接收信息、加工信息和利用信息。信息管理是人对信息资源和信息活动的管理,是收集、加工和输入、输出信息的总称。信息管理的过程包括信息收集、信息传输、信息加工和信息储存。随着信息技术的飞速发展,我们需要不断探索和积累信息管理能力,以适应不断变化的信息时代需求,增强职场竞争力。信息管理能力的培养是一个长期而复杂的过程,我们要掌握一定的方法和技巧,学会搜索、归纳和利用有效信息,提高工作效率。

(1) 信息搜索技巧:学习使用各种互联网搜索引擎和在线数据库,掌握关键词搜索、高级搜索等技巧,以快速、准确地获取所需信息。

(2) 信息评估与筛选:学会辨别信息的可靠性和相关性,从海量信息中筛选出对自己有用的部分。

(3) 信息组织与归纳:将获取的信息进行整理和分类,以便于后续的使用和管理。

(4) 信息分析与解读能力:学会通过对信息的分析和解读,得出有价值的结论和判断。

(5) 信息共享与协作:学会与他人分享和交流信息,并在团队合作中有效地管理和利用信息;同时,积极参与学术交流、研讨会等活动,拓宽信息交流的渠道和范围。

(6) 学习时间管理与优先级设置:在处理大量信息时,学会根据重要性和紧急性来确定信息的优先级,根据四象限管理法,合理安排时间。

(7) 注重信息安全与隐私保护:在信息管理中,注重个人隐私和信息的安全保护,如设置强密码、不随意分享个人隐私和敏感信息等;同时,关注信息安全领域的最新动态和技术发展。

总的来说,职场个人品牌是一个人的名片,贯穿整个职业生涯,关乎个人职业发展,我们每个人都要努力打造好自己的专属"名片"。

 拓展阅读

人设:自我提升和自我规范的开始(网络文化关键词)(节选)

当前,"人设"跨出专业领域,引申为某人的公众形象。人们将人设与表现人物特征的词语连在一起使用,凸显性格特点,比如"耿直人设""硬汉人设";突出人物品质,如"学霸人设""敬业人设";还可以强调生活态度,如"精致人设""勤奋人设";也可以侧重社会角色,如"好父亲人设""好学生人设"。"人设"既是自我期许,也是他人和社会评价。

"人设"一旦形成,就如一张张递出去的名片,承载着特定信息。现代社会崇尚高效快捷,更需要直截了当、一语中的。"人设"恰恰满足这一要求,凸显人物辨识度,提高信息密度和表达效率,让人在海量信息中快速完成描述、认知、沟通,便于识别志同道合的人,形成群体认同,有助于构建轻松、亲切的社交氛围乃至和谐、共享的公共关系。

可以说,无论在艺术创作中,还是在社会生活的"大叙事"中,"人设"都在积极发挥作用。它不仅便于传播、交流,也包含自我要求和自我塑造。个人在不同场合会被识别成不同角色,努力符合不同"人设"定位,意味着主动承担相应的责任、义务。

作为公众人物,明星也会在媒介空间塑造自身社会形象,打造"人设"。实际上,明星的"人设"不是新事物,它与电影工业发展史几近同步。电影产业发展初期,制片厂会要求明星按照电影角色性格特点出现在公众视野,作为银幕形象的延伸。"入戏"

的观众本来就有将角色与明星本人混同的倾向,银幕内外"人设"的互相印证又进一步强化这种倾向。这些鲜明的"人设"标签让明星本人更具识别度,有助于得到观众喜爱和认同。随着时代发展,媒介日益发达,明星与观众对话的渠道更加丰富直接,自我展示包装的方式也愈加多样化,不再拘泥于扮演的角色,而转为抓住自身特点予以强化,如"阳光少年""励志偶像"等。一个准确、鲜明的"人设"是对外传播、树立形象的需要,也是汇聚正向力量的有效方式。

从专业术语到网络流行语,再到线下生活的常用语,"人设"的含义、应用范畴不断延伸、扩展,背后是明确定位、建立认同的思维。无论是普通个体还是公众人物,当立下积极、正面"人设"时,不妨将其视作自我提升和自我规范的开始。在这个意义上,"人设"发挥着积极作用。

(资料来源:人民网,2020年5月1日,《人设:自我提升和自我规范的开始(网络文化关键词)》,有删改)

第三节 开始行动——实现我的人生梦想

开始行动,是使一个人快速成长的最佳方式。它可以使一个人心态得到磨炼,技能得到提升,思维得以改变。开始行动是实现人生梦想的起点,这需要我们既有决心又有策略。

案例

9月4日,驾着扭扭车参加高考的张亮来到安徽工程大学报到了,他以535分的成绩考入了安徽工程大学,正式成为一名大学生。

他凭借着自身的努力和对人生美好的憧憬,克服千万重的困难与挑战,步入大学的殿堂,离自己的梦想又近了一大步。

有一些人渴望着梦想的实现,但却不愿有所行动,他们的梦想成为一种空头支票,永远无法兑现。但是我们又为何不能为了梦想做出行动呢?与其在幻想的世界中虚度自己的人生,不如让"幻想"成真。

实现梦想,要坚定自己最开始的梦想,努力追逐梦想。正如袁隆平院士为了他的"禾下乘凉梦",倾注个人全部的心血,投身于培育优质水稻的事业,他脚踩水稻田,手捧金稻穗,努力让世界上的每一个人能够远离饥饿。袁隆平院士在实现这个伟大梦想的途中,也经历过试验的失败,但他却没有放弃试验,终于培育出了杂交水稻。

从古至今,中国人对于上"九天揽月"的梦想始终没有放弃,从夸父逐日到"羲和"逐日,每一次的成功飞天都离不开航天工作者在背后付出的努力,一次又一次的试验,重复多次的修改,只为了让中国人的航天梦得以实现。他们坚持自己的目标,能够坚定不移地朝着自己梦想的彼岸走去。可也有一部分人曾为了梦想奔赴远方,却因难以实现梦想而放弃。其实,梦想无法实现是因为自己没有坚持。坚持是实现梦想的重要因素,在困难面前咬牙坚持努力攀登,不抵达目的地绝不认输,在坚持中才能实现自己的梦想。

实现梦想,要拥有接受失败的勇气。在追逐梦想的路上并不会一帆风顺,总要经历许多挫折与失败。失败并不可怕,可怕的是因为一次失败而不敢站起来继续前行。追逐梦想,需要"长风破浪会有时,直挂云帆济沧海"的魄力,不惧怕每一次摔倒。

实现梦想,更需要付诸行动。每个人心中都有着一个独一无二的梦想。幼年的我们,梦想着拥有永远吃不完的糖果;少年的我们,梦想着成为满腔热血的大英雄;成年的我们,梦想着做一颗能够被世界看见的星星。梦想永远美好,现实却不会因为我们单纯做梦就发生改变。在实现梦想这条路上,多少人喊着梦想的口号,却瘫坐在沙发上,"享受"着电子产品带来的快乐。他们通过"喊口号"来减轻自身的负罪感,从而逃避现实,不愿努力,最后来一句"实现梦想真难,我要放弃了"。而真正要实现梦想的人,低头赶路,敬事如仪,摈弃了一切干扰自己的事物,付出实际行动,最终才能跑向梦想的终点。

追逐梦想,是一条漫长且曲折的路,在这条路上可能会有人成功而你仍在原地踏步,也可能你倾尽所有却不会得到回报。但是只要坚持并付出行动,终究会得到你想要的结果。追梦人用双手点亮自己的梦想,不再沉醉于梦境之中,就算暂时无法散发自己的光芒,也绝不会放弃任何可以发光的时刻,致敬每一个为了梦想不断付出努力的追梦人。

(资料来源:人民网,2022年11月17日,《实现梦想,仅仅靠做梦是远远不够的》,有删改)

一、告别拖延

在学习和生活中,我们常常陷入这样一种困境:明知道事情不干不行,不干就会面临严重后果,甚至可能陷入糟糕的处境,然而我们却很难摆脱拖延的魔咒,迟迟不肯行动。"DDL(deadline)"之所以走红网络,恰恰是对这种现实情况最为形象的描述。它仿佛成为我们生活中的一个紧箍咒,时刻提醒着我们时间的紧迫性和任务的重要性,却又常常让我们在压力之下更加手足无措。"拖延"确实是很多人的通病,它就像一只无形的手,紧紧地扼住我们前进的步伐,让我们在犹豫不决和懒散懈怠中浪费了宝贵的时间和机会。拖延的背后,或许是对困难的恐惧,或许是对完美的追求,又或许是缺乏自律性和动力。但无论原因是什么,拖延都只会让问题变得更加复杂和棘手,让我们陷入更深的焦虑和不安之中。当我们拖延时,任务并不会消失,反而会像一座大山一样压在我们的心头,让我们时刻感到沉重和压抑。要克服拖延,激发出"最好的自己",这无疑是我们首先要面对的一门必修课。

二、明确目标

锚定目标助你
大学"开挂"

明确目标是开启精彩人生之旅的关键一步。我们需要深入地思考自己真正渴望的究竟是什么。这一探寻不应局限于某一个工作领域,而应涵盖职业、家庭以及兴趣爱好等多个方面。在工作上,我们或许渴望成为行业的佼佼者,拥有令人瞩目的成就和影响力。想象一下,为了实现"五年内成为一名成功的企业家"这样具体而清晰的目标,我们会充满动力地去学习管理知识、拓展人脉资源、把握市场机遇。即使在创业的道路上遭遇资金紧张、竞争激烈等重重困难,那份对成功的强烈渴望也会支撑着我们坚持不懈地努力下去。在生活方面,我们都期望营造一个温馨和睦的家庭环境,与家人共享幸福时光。这个目标会促使我们更加努力工作,努力为家人创造更好的生活条件,给家人足够的安全感,也会让我们在忙碌的工作之余,抽出时间陪伴亲人,关心他们的需求,共同营造美好的家庭氛围。

我们在面对宏大的目标时,常常会感到无从下手,心生迷茫与畏惧。然而,将大目标分解成一系列小目标或步骤,一方面,可以让原本看似遥不可及的梦想瞬间变得更加可行,可以帮助自己清晰地找到前进的方向,每一个小目标都是通往成功的一块基石;另一方面,分解后的小目标也更容易跟踪进度,让我们能够确切地知道自己在哪个阶段,已经完成了多少,还有多少路程需要努力。比如,我们想通过低脂餐+运动减肥,可以把大目标设定为一个月瘦 2 斤,具体的小目标设定为第一周减少红肉的摄入量,隔天运动 15 分钟;第二周减少红肉+饮料的摄入量,隔天运动 20 分钟;后面再根据实际情况调整。这样制订的目标难度不大,切实可行,能给自己实现目标树立信心。

三、制订计划

制订计划是迈向成功的关键一步。本书介绍的 STAR 法则也可以用于计划制订。为每个小目标设定具体的时间表和行动计划是至关重要的。时间表犹如一个精准的时钟,时刻提醒着你前进的节奏。它让你明确在什么时间节点应该完成哪个小目标,避免拖延和懈怠。将制订的目标分解成一系列小目标或步骤,这样让梦想看起来更加可行,也更容易跟踪进度。为每个小目标设定具体的时间表和行动计划,确保计划既有挑战性又可实现。而行动计划则是实现小目标的具体指南,详细规划出每一步该如何去做。确保计划既有挑战性又可实现,这需要我们对自身的能力有清晰的认识和准确的评估。如果计划过于容易,可能会失去前进的动力;而如果过于困难,则可能会让我们在一次次的挫败中丧失信心。因此,要在挑战与可实现之间找到一个微妙的平衡,让自己在不断努力中突破自我,逐步向着大目标迈进。

四、采取行动

采取行动是通向梦想与成功不可或缺的桥梁。在生活中,我们往往会被内心的恐惧、外界的不确定性或是自我怀疑所束缚,它们仿佛一道道无形的墙,阻挡着我们前进的脚步。但请记住,不要因犹豫错过了机遇。在这个快速变化的世界里,机会稍纵即逝。只有那些能够迅速做出决策并付诸行动的人,才能把握住时代的脉搏,实现个人价值。因此,当你面临选择时,请倾听内心的声音,明确自己的目标,然后果断地迈出步伐。正是这些挑战与困难,铸就了坚韧不拔的我们,让我们在克服困难的过程中逐渐成长。

黄金行为公式:让你无痛爱上自律

从小事做起,是积累经验和信心的有效途径。不要忽视日常生活中的点滴努力,它们或许看似微不足道,但正是这些小事,构成了成功的基石。每当你完成一项小任务、克服一个小困难时,你都会感受到内心的满足和自信的提升。这些正面的情绪会像滚雪球一样越积越多,最终汇聚成推动你向前的强大动力。最后,要相信每一次行动都是向梦想迈进的一步。无论这一步是大是小、是快是慢,它都是你实现梦想的必经之路。在这个过程中,你可能会遇到挫折和失败,但请记住失败并不可怕,它只是成功的垫脚石。只要你保持坚韧不拔的毅力和积极向上的心态,不断总结经验教训并继续前行,那么终有一天,你站在梦想的巅峰回望来路时会发现,原来所有的努力和付出都是值得的。

五、持续学习与成长

不断学习新知识和技能,是我们在这个日新月异的时代中保持竞争力的关键。正如海洋中的轮船需不断调整航向以应对风浪,我们亦需持续拓宽知识视野,深化专业技能,以应对不断变化的环境与挑战。国学大师钱穆的箴言"古往今来有大成就者,诀窍无他,都是能人肯下笨劲"激励着我们,提醒我们成就背后是不懈的努力与坚持。

我们应以开放的心态拥抱新知,通过阅读、学习、实践等多种方式,汲取各领域的智慧与营养,拓宽自己的认知边界;同时,深化专业技能,精益求精,不断挑战自我,力求在所在领域达到卓越。这需要我们投入时间、耐心与汗水。正如钱穆所言,"肯下笨劲"方能在职业发展的道路上越走越远。

六、保持积极心态

面对困难和挫折时,保持积极乐观的心态至关重要。积极心态让我们在逆境中看到希望,在失败中寻找机遇。它告诉我们,成功往往隐藏在失败之后,每一次跌倒都是向更高处迈进的准备。正如玉石需要经过千锤百炼方能璀璨夺目,成功也需要经历无数次的尝试与失败才能最终实现。拥有积极心态的人,能够更好地应对压力与挑战。他们相信自己的能力,对未来充满信心,即使遭遇困境,也能迅速调整心态,寻找解决问题的办法。他们懂得从失败中吸取教训,将挫折视为成长的垫脚石,不断积累经验,提升自我。同时,积极心态还能感染周围的人,营造积极向上的氛围。当我们以乐观的态度面对生活时,身边的人也会受到我们的影响,共同追求更美好的未来。这种正能量的传递,不仅能够提升团队的凝聚力,还能激发每个人的潜能,使其共同创造更加辉煌的成就。因此,无论面对何种困难和挫折,我们都应保持积极乐观的心态。相信每一次失败都是向成功迈进的一步,相信自己的能力和未来的美好,勇敢地迎接每一个挑战。只有这样,我们才能在人生的道路上不断前行,直至实现自己的梦想与目标。

七、建立支持网络

在追求梦想与目标的过程中,构建一个全面而有力的支持网络是至关重要的。这个网络由我们亲近的家人、真挚的朋友、睿智的导师以及志同道合的同行共同组成,每个人都在其中扮演着不可或缺的角色。家人,是我们永远的依靠和避风港。当我们遭遇挫折或感到迷茫时,家人总是第一个伸出援手,给予我们最坚实的支持与鼓励。他们的信任与期待,成为我们不断前行的动力源泉。朋友,是我们人生旅途中的同行者。他们与我们分享欢笑与泪水,共同经历成长的点点滴滴。在追求梦想的路上,有朋友的陪伴与支持,我们不再孤单。他们可以为我们提供不同的视角与见解,拓宽我们的思路,找到新的方向。同时,朋友之间的相互激励与鼓舞,也让我们更加坚定地走向成功。导师,是我们智慧与经验的引领者。他们拥有丰富的人生阅历和深厚的专业知识,能够为我们指明前进的方向,解答疑惑,提供宝贵的建议。在导师的指导下,我们可以更快地成长,更准确地把握机遇,避免走弯路。他们的智慧与教诲,将成为我们一生中最宝贵的财富。同行,则是我们在特定领域内的伙伴与竞争者。他们与我们有着相似的梦想与目标,共同推动着行业的进步与发展。与同行交流心得、分享经验,可以让我们更加了解行业动态和市场趋势,从而制订出更加合理和有效的发展策略。同时,在相互竞争与合作的过程中,我们也可以激发出自己的潜力与创造力,实现个人与团队的共同成长。

八、调整与适应

在追逐梦想的征途中,我们可能会遇到一些意想不到的挑战和变化。这些未知因素如同路上的突兀石块,可能让我们的步伐变缓。然而,正是这些挑战与变化,帮助我们塑造坚韧不拔的品格,也让我们学会如何在逆境中灵活应变,适时调整自己的计划和策略。当遇到挑战和变化时,我们首先要做的是冷静分析,找出问题的根源和关键所在;然后,结合自身的实际情况和资源条件,制订出相应的应对方案。这个过程中,我们需要充分考虑各种可能性和风险,并做出最合理的决策。同时,我们还要与团队成员和支持网络保持密切沟通,共同商讨对策,集思广益,形成合力。

适时调整与适应,是我们在梦想征途中不可或缺的能力。它要求我们具备敏锐的洞察力,能够及时发现周围环境的变化,并准确判断这些变化对我们实现梦想的影响。同时,我们还需要拥有开放的心态,勇于接受新的挑战和机遇,敢于尝试新的技术和方法,不断学习和提升自己的能力水平,不拘泥于原有的计划和策略,敢于尝试新的方法和路径以适应不断变化的环境和需求。

九、庆祝成就

庆祝成就如同为心灵加油,无论这些成就是大是小,都值得我们停下脚步,细细品味并热烈庆祝。当我们跨越了一个个难关,实现了自我设定的目标,那份由衷的喜悦和成就感是无可替代的。这时,不妨为自己庆祝一下,告诉自己:"我做到了!"这份自我肯定,是内心最深处的力量源泉,它让我们更加坚信自己的能力和价值。同时,庆祝成就也是对自己辛勤付出的最好回馈。每一次的努力和坚持,都凝聚着汗水与泪水,而庆祝则是对这些付出的最好证明。它让我们感受到,所有的努力都没有白费,所有的付出都得到了应有的回报。更重要的是,庆祝成就不仅是为了回顾过去,更是为了展望未来。在庆祝的同时,我们应该思考自己是如何取得这些成就的,有哪些经验和教训值得总结与借鉴;同时,也要勇敢地设定新的目标,规划未来的道路,让庆祝成为我们不断前进的动力源泉。

十、保持耐心与毅力

追求梦想,如同攀登高峰,既需耐心铺路,又要凭毅力登顶。时间是公正的见证者,它不会辜负每一份真诚的付出。保持耐心,就是在漫长旅途中,即便未见明显进展,也应相信每一步都有意义,每一刻的坚持都在缩短我们与梦想的距离。这不仅是对过程的尊重,更是对自我潜力的信任。而毅力,则是那把在风雨中仍紧握不放的伞,它保护我们不被一时的挫败击倒。在追求梦想的路上,或许会有无数次想要放弃的瞬间,但正是那份坚持下去的毅力,让我们能够跨越障碍,继续前行。它教会我们成功往往隐藏在再试一次的努力之后,每一次跌倒都是为了更有力量地站起来。因此,让我们怀揣耐心与毅力,携手并进在追梦的路上。耐心让我们享受过程,珍惜每一份收获;毅力则赋予我们力量,让我们在面对挑战时毫不退缩。我们相信,只要心中有梦,脚下有力,终将能够抵达那片属于自己的璀璨星空。

每个人的道路都是独一无二的,不要与他人比较,专注于自己的旅程和成长。开始行动吧,让梦想引领你走向更加美好的未来!职场是另一所大学,比的是能力,赢的是人生!

本章小结

　　本章围绕第一份工作的重要性、打造职场"名片"、开始行动实现人生梦想等大学生职业发展中的常见问题展开,为初入职场的大学生提供指导。

　　从先起跑再找方向、先起跳再找落点,工作合不合适需要用实践和时间来考验,找到职业方向、选择最适合的工作,积累经验、提高职场竞争力4个层面阐述第一份工作的重要性,建议大学生重视第一份工作。同时,用真实案例来展示跳槽的现状,并用"跳槽前需要注意什么?先算好成本账"来帮助大学生正确对待跳槽。接着介绍良好职场个人品牌的树立,除从健康、时间、人际关系、情绪、压力等5个方面进行自我管理和约束外,还需注意细节,培养职场礼仪、有效沟通能力、解决问题能力、写作能力、信息管理能力等可迁移技能,全面系统提升职业素养,打造个人品牌,提升职场竞争力。最后阐述开始行动是实现人生梦想的起点,提出行动的10点建议:告别拖延、明确目标、制订计划、采取行动、持续学习与成长、保持积极心态、建立支持网络、调整与适应、庆祝成就、保持耐心与毅力。

咨询篇

第十一章 生涯咨询的基本原则与流程

生涯咨询又叫生涯辅导、职业咨询,是咨询师基于职业生涯管理的理论知识与专业的咨询技术,通过一对一沟通或团体辅导的方式,帮助来访者进行自我探索、环境探索、做出决策、制订行动计划、解决生涯发展困惑以及实践生涯目标的过程。生涯咨询是一项专业活动,需要遵循特定的原则与工作流程。除了具备扎实的理论基础之外,有效的生涯咨询通常还需要咨询师根据情境和问题灵活地采用不同的工具、技术和方法。

本章深入探讨生涯咨询的基本原则与流程。生涯咨询是个体理解自我、探索职业方向、规划未来职业生涯的关键过程。为了确保咨询的有效性和实用性,咨询师必须遵循一系列精心设计的原则。这些原则构成了咨询工作的基石,为咨询师提供了科学、人性化的工作指南。同时,生涯咨询也需要遵循一个标准化、系统化的流程,以确保咨询过程的连贯性、专业性和可控性。通过本章的学习,我们将详细了解生涯咨询应遵循的十五项原则,以及咨询流程中的各个环节。

第一节 生涯咨询的基本原则

生涯咨询作为个体理解自我、明确职业方向及规划未来职业发展的重要过程,其有效性和实用性对于来访者的生涯发展具有深远的影响。为了确保这一过程的顺利进行,生涯咨询需要遵循一系列精心设计的原则。这些原则旨在指导咨询师以科学、人性化的方式开展工作,确保咨询服务的个性化、精准化和高效化。本节将详细探讨生涯咨询应遵循的十五项原则,这些原则涵盖了从来访者需求出发、积极引导、基于证据咨询、隐私保护、能力与可行性相结合等多个方面,旨在帮助咨询师和来访者共同构建一个高效、和谐的咨询环境。

1. 以来访者为中心原则

生涯咨询应以来访者的需求和目标为中心。咨询师应该具有同理心,能通过倾听的方式来了解来访者的情况、需求和期望,并围绕这些因素提供个性化的服务。

2. 积极引导原则

咨询师应当鼓励来访者积极参与咨询过程,包括自我评估、目标设定和行动计划的制订。在咨询师的积极引导下,来访者能够更好地掌握自己的生涯发展。

3. 基于证据的咨询原则

咨询师在提供建议时,应该依据最新的研究成果、市场趋势和行业数据,确保给出的信息和建议是准确、可靠和实用的。

4. 尊重多样性和包容性原则

咨询师应当尊重每个人的个体差异,包括性别、年龄、文化背景和社会经济状态等,在咨询过程中应促进平等交流,并对不同背景的来访者持接纳态度。

5. 隐私保护原则

咨询师必须严格遵守隐私保护原则,确保不泄露来访者的个人信息,为来访者创造一个安全、保密的环境,以便他们可以自由地分享自己的想法和感受。

6. 能力与可行性相结合原则

咨询师应帮助来访者评估自身的能力和资源,并在现实条件的允许范围内进行生涯咨询。同时,咨询师也应鼓励来访者挑战自我,实现潜力的最大化。

7. 动态和灵活原则

由于市场和个人情况都在不断变化,生涯咨询不应该是一次性的活动,而是一个持续的、动态的过程。咨询师应鼓励来访者定期审视和调整他们的生涯计划。

8. 目标导向原则

咨询应围绕帮助来访者设定清晰的短期和长期目标,并制订实现这些目标的策略和行动计划而展开。

9. 资源导向原则

咨询师应向来访者介绍可用的资源,如培训课程、教育机会、职业网站、工作搜索工具等,帮助他们充分利用这些资源以支持生涯发展。

10. 合作和协作原则

生涯咨询应鼓励合作和协作。咨询师与来访者共同工作,同时也可以与其他专业人士(如心理咨询师、行业导师、专家教授等)合作,以提供全面的支持。

11. 继续教育和自我提升原则

咨询师应不断更新自己的知识和技能,通过继续教育、专业培训和实践研究来提高咨询服务的质量。

12. 结果导向评估原则

咨询过程应包含对所采取行动和计划的定期评估,以确保来访者朝着他们的目标前进,并根据需要调整策略。

13. 敏感性和时效性原则

咨询师应对市场变化和个体生活转折点保持敏感,及时提供相关和适宜的咨询建议。

14. 整体性和系统性原则

生涯咨询应考虑个人生涯规划的各个方面,包括教育、工作、休闲和个人生活等,以及这些方面的相互作用。

15. 授权和赋能原则

生涯咨询的目的不仅是提供答案,更重要的是帮助来访者学会如何自己做出决策,增强其自我效能感和生涯自主性。

综上所述,生涯咨询应遵循的原则确保了咨询服务的专业性、针对性和实效性。通过遵循这些原则,咨询师能够更好地理解来访者的需求和期望,提供个性化的服务,并帮助他们制订合理的生涯目标和行动计划。同时,这些原则也强化了咨询师的职业道德和专业素养,要求他们在咨询过程中保持高度的责任心和敬业精神。基于这些原则,生涯咨询不仅能够帮助来访者实现个人生涯的良好发展,还能够对社会整体产生积极的影响,促进社会的和谐与进步。因此,生涯咨询师应将这些原则内化于心、外化于行,不断提升自己的专业素养和服务水平,为来访者提供更加优质、高效的咨询服务。

第二节 生涯咨询的流程

生涯咨询通常需要遵循标准化流程,其意义在于为求职者提供系统和专业的引导,帮助来访者认识和解决生涯困惑;便于咨询师反思咨询过程中的问题与挑战;同时,也让来访者觉得程序可控,对每个阶段的事项或目标有清晰的认知,并对下个阶段的事项或目标有合理期待。通常来说,生涯咨询包含前期接洽、预约登记、信息收纳、建立档案、开展咨询和撰写报告等环节。

1. 前期接洽

大多数来访者对生涯咨询并不熟悉,在前期接洽中,咨询师或咨询机构可以使用各种方法使来访者了解生涯咨询,并愿意主动寻求这类服务,这也是一种咨询推介行为。来访者通过前期接洽,了解生涯咨询的理论和技术,主要包括生涯认知、角色平衡、环境适应、理性决策和自我管理等,从而对自己的问题类型有初步的判断;同时,还需要了解咨询双方的责任、权利和义务。注意,在前期接洽时,咨询师或咨询机构需要严格按照咨询伦理进行宣传,不能进行虚假或诱导宣传。

2. 预约登记

当来访者有意愿进行咨询时,可以进行咨询登记,登记姓名、咨询时间、接待咨询师、备注事项等信息。

3. 信息收纳

为了帮助咨询师在咨询前了解来访者信息和提高咨询效率,来访者需要填写一系列信息表格,以方便建立来访者档案。这些信息表格包括"咨询双方的责任、权利和义务""生涯咨询信息收纳表"和"生涯咨询知情同意书"。咨询师或咨询机构对来访者需要咨询的问题、个人基本信息、家庭工作情况等进行详细搜集,也可以根据来访者信息表与其进行交流,以确保咨询问题属于生涯咨询范畴,并对咨询双方的权利和义务进行进一步确认。必要时,还可以让来访者做测评。表格信息确认后,至少提前一天交给接待咨询师。

4. 建立档案

对来访者信息进行整理归档。将"咨询档案首页""生涯咨询信息收纳表""生涯咨询知情同意书""咨询双方的责任、权利和义务"和其他补充资料(如测评报告、特殊证明等)打印出来,并进行编号、装订。一人一档,方便查阅和跟进咨询进程。

5. 开展咨询

开展咨询也分为若干步骤,具体如下。

(1) 建立关系。咨询关系是一种工作同盟关系。咨询师和来访者有共同认可的工作目标,共同完成一系列任务。咨询师和来访者之间互相信任,来访者能够向咨询师敞开心扉。

(2) 澄清问题。这一步其实是确立咨询目标的关键,咨询师带领来访者探索问题核心,同时,根据咨询伦理,需要排除一些假问题和无法通过咨询解决的问题,包括危害自己或他人人身安全的问题、无法自控和自我解决的问题等。

(3) 咨询目标。在澄清问题的基础上,咨询师需要与来访者共同探讨咨询目标,即来访者希望通过系统咨询达到什么效果,并将最终目标细化为每次的咨询目标。咨询目标的设置通常也包括时间约定,即解决这一问题需要咨询的总次数、每次咨询的时长和需要达成的目标。对于高校的生涯咨询服务而言,通常每次咨询为45～60分钟,整个咨询一般持续1个月左右,为保证咨询效果,2个月内必须结束。具体时间和咨询次数由咨询师和来访者根据咨询节奏共同商定。

（4）分析问题。利用各种咨询理论、咨询方法或技术手段对问题的内外原因和导致的结果进行全面分析,挖掘问题的根源和连锁反应。

（5）解决问题。咨询师采用不同理论、方法、工具等,与来访者共同探索问题的解决方案,并制订行动计划。

（6）促进行动。咨询师跟进来访者解决问题的进程,及时排除解决问题行动中的阻碍、困扰等。

（7）结束咨询。当咨访双方一致认为咨询目标已达成并可以停止咨询时,咨询师和来访者可以约定结束咨询,对所有咨询进程进行回顾,共同确认目标达成情况和后续需要继续开展的行动。

6. 撰写报告

咨询完全结束后,咨询师要撰写"生涯咨询报告",发送给来访者和高校生涯咨询机构,并归档处理。

生涯咨询相关文档见附录A。

本章小结

通过本章的探讨,我们深入了解了生涯咨询的基本原则与流程。生涯咨询需要遵循以来访者为中心、积极引导、基于证据的咨询、尊重多样性和包容性、隐私保护、能力与可行性相结合、动态和灵活、目标导向、资源导向、合作和协作、继续教育和自我提升、结果导向评估、敏感性和时效性、整体性和系统性、授权和赋能等十五项原则。这些原则确保了咨询服务的专业性、针对性和实效性。同时,生涯咨询也需要遵循前期接洽、预约登记、信息收纳、建立档案、开展咨询和撰写报告等标准化流程,以确保咨询过程的连贯性、专业性和可控性。生涯咨询师应将这些原则内化于心、外化于行,不断提升自己的专业素养和服务水平,为来访者提供更加优质、高效的咨询服务。

第十二章 常见的生涯咨询

生涯咨询是帮助个体深入了解自己、明确职业方向、制订行动计划并应对职业发展中各种挑战的重要过程。它借助多种方法和工具,引导个体对自身的性格、兴趣、价值观以及能力等进行全面而深入的探索,从而解决来访者在职业选择、学业规划、职业转型等方面的困惑。生涯咨询不仅关注个体的当前状态,还致力于帮助其建立长远的职业发展目标,并提供持续的支持和反馈,以确保个体能够在不断变化的职业环境中保持竞争力和动力。

本章将详细介绍七种常见的生涯咨询类型,包括人生价值类咨询、自我探索类咨询、专业探索类咨询、职业探索类咨询、生涯决策(目标探索)类咨询、促进行动类咨询和求职心理调适类咨询。这些咨询类型涵盖了从自我认知到职业行动的全过程,旨在帮助来访者找到适合自己的职业道路,实现个人价值和社会价值的双重提升。

第一节 人生价值类咨询

人生价值类咨询是指一种专注于帮助个体探索、明确并实践其个人价值观与人生目标的咨询。这种咨询旨在通过一系列结构化的评估和探索活动,引导个体深入了解自己的兴趣、优势、核心价值观以及生活和工作中的偏好,从而协助他们在面对人生重大决策(如职业选择、生活方式规划等)时,能够做出更加符合内心真实愿望和长远福祉的选择。本节我们将通过一个具体的案例——L同学的咨询经历,详细阐述人生价值类咨询的流程、方法和成效,展示如何通过专业的引导和支持,帮助个体在纷繁复杂的人生选项中,找到那个最能实现自我价值和幸福感的选项。

1. 案例简介

L同学,22岁,女,大学四年级学生,专业为心理学。她在校成绩优异,积极参与社会实践和志愿服务活动。然而,面临毕业的L同学对于未来的职业道路感到迷茫。她想做心理咨询师或教师,但家人希望她考公务员,她不确定哪个最能实现她的人生价值。她希望通过人生价值类咨询,明确自己的兴趣、优势和价值观,以便做出更明智的职业选择。

2. 咨询流程

(1)建立关系与初步评估。

首次会面中,咨询师与L同学建立了信任关系,并了解了她寻求咨询的初衷。咨询师和L同学共同确定了咨询的目标:探索L同学的内在兴趣和价值观,评估不同职业路径的利弊,制订职业规划。

(2)兴趣与能力评估。

使用霍兰德职业兴趣测试和自评量表,帮助L同学识别她的兴趣和优势。测试结果显示,L同学在社会型(S)、研究型(I)和艺术型(A)方面得分较高,而常规型(C)方面得分明显偏低,表明她适合从事与人互动密切、需要研究分析和有创意艺术表达的工作。

(3) 价值观澄清。

咨询师通过价值观澄清练习,如"生命线"活动和"价值观排序"任务,帮助L同学识别她最看重的生活和职业价值观。她最重视的是"助人""自主性"和"成就感"。

其中,"生命线"活动的目的是帮助L同学通过视觉化的方式回顾她的人生历程,识别出对其自身影响深远的事件和经历,从而更好地理解自己的内在价值观和生活选择。

"生命线"活动的开展详情如下。

准备材料:准备一张大画纸和一支粗笔。

绘制生命线:请L同学在画纸上画一条从左至右的直线,代表她从出生到未来的时间线,左侧代表过去,右侧代表未来。

标记重要事件:引导L同学回忆并标记出生命中的关键事件,如上学、搬家、家庭变故、获奖等。她用点或小图标在生命线上表示这些事件,并在每个事件旁边简要注明时间、地点和当时的感受。

反思与讨论:完成标记后,与L同学一起讨论这些事件如何影响了她对生活的看法和决策,特别关注那些引发强烈情感反应的事件,以及它们如何塑造了她的价值观。例如,家人的去世是她人生最痛苦的经历,当时心理咨询师对她的开导给她的印象特别深刻。

"价值观排序"任务是为了帮助L同学明确自己的价值观,并了解这些价值观在她未来职业选择中的重要性。

"价值观排序"任务的开展详情如下。

准备材料:提供一套包含各种价值观(如"助人""自主性""成就感"等)的卡片给L同学。

选择与排序:请L同学从卡片中选择她认为最重要的5~10个价值观,并将它们按照重要性排序。

讨论与反思:完成任务后,与L同学一起讨论她的选择和排序。引导她思考这些价值观如何影响她的职业方向和生活决策,特别是在选择心理咨询师、教师还是公务员职业时的考量。

(4) 职业探索与信息搜集。

咨询师和L同学一起探讨了心理咨询师、教师以及公务员职业的出路,并对每个选项进行了详细的信息搜集,包括行业前景、工作内容、所需技能等。

具体而言,在探索职业出路时,咨询师带领L同学探讨了成为心理咨询师的职业路径,包括工作地点(如私人诊所、医院、学校等)、服务对象(个体、家庭、团体等)和专业领域(临床心理、咨询心理等)方面;讨论了在教育系统内工作的可能性,如学校心理老师或大学辅导员,以及相关的工作职责和对学生发展的影响;分析了公务员的职业机会。

在搜集职业信息时,咨询师带领L同学一起研究了每个职业路径的未来需求和增长趋势,以及可能的就业机会;详细了解了每个职业的日常工作内容,包括主要任务、工作流程和工作环境;确定了每个职业所需的关键技能,如沟通能力、共情能力、分析能力和专业知识等;调查了进入每个职业所需的教育背景、资格证书和继续教育要求;探讨了每个领域的职业晋升路径,包括可能的职位发展和进一步的专业培训;搜集了关于不同职业和地区的薪酬水平信息,以及任何额外的福利或补偿。

在探讨职业信息来源时,咨询师带领 L 同学一起查阅了相关的行业报告和市场分析,以了解最新的行业动态;访问心理学和相关领域的专业组织网站,获取了权威的职业信息;利用在线论坛、社交媒体群组和专业网络平台,搜集了从业者的经验和建议。L 同学与从事这些职业的人进行了交谈,获得了第一手的信息和个人经验。咨询师鼓励 L 同学参与相关的志愿活动或实习,以亲身体验不同职业的工作环境和日常任务。

通过职业探索与信息搜集,L 同学能够对三个职业有一个全面的了解,为做出明智的职业选择奠定了坚实的基础。

(5) 决策与制订行动计划。

基于以上评估和探索,L 同学倾向于选择心理咨询师作为职业方向。咨询师引导 L 同学制订了具体的行动计划,包括寻找实习机会、参加专业培训和建立专业网络。

(6) 定期复盘与支持。

约定每季度进行一次复盘面谈,讨论行动计划的进展和遇到的挑战,并根据需要调整计划。同时,咨询师也提供持续的心理支持和鼓励。

3. 点评总结

L 同学的案例反映了许多大学生在职业选择上的困惑和期待。通过系统的人生价值类咨询,L 同学不仅明确了自己的职业兴趣和价值观,还制订了切实可行的行动计划。这一过程不仅加深了她的自我认知,也为她未来的职业发展奠定了坚实的基础。

本案例成功的关键在于:

(1) 个性化的咨询方法。结合来访者的独特背景和需求,采用个性化的评估工具和练习进行咨询。

(2) 积极参与自我探索和职业探索。来访者的积极参与和对自我探索与职业探索的承诺是本次咨询成功的重要因素。

(3) 实用的行动计划。具体、可行的行动计划有助于来访者将咨询成果转化为实际行动。

(4) 持续支持和定期复盘。持续支持和定期复盘有助于来访者适应变化,保持动力。

未来,L 同学可能会面临新的挑战和机遇,需要不断地调整和完善自己的生涯规划。咨询师应鼓励她保持开放的心态,随时准备对生涯路径进行必要的调整。

第二节　自我探索类咨询[①]

自我探索类的职业生涯咨询是帮助个体深入了解自己,从自我特质或素质的角度出发分析生涯发展困惑的咨询。这种咨询的核心在于通过一系列的方法和工具,引导个体对自身的性格、兴趣、价值观以及能力等进行全面而深入的探索。

1. 案例简介

T 同学,女,湖北孝感人,中国共产党党员,园艺学硕士研究生,留守儿童,由爷爷、奶奶抚养长大,性格内向。研究生入学后 T 同学陷入深深的自我怀疑,认为自己各方面能力都很普通,本科学校一般,硕士读的农学专业,在人才济济的大城市里很难找到价值和获得认可,

---

① 本节引用案例由华中农业大学肖晗老师提供。

对于未来职业发展感到迷茫、无助。其主要问题在于低自我效能感和职业期待之间的冲突。

2. 咨询流程

第一步，了解基本情况，找到关键问题。T同学认为自己一事无成，咨询师引导她回顾自己考研成功的经历和收获，T同学认为那时自己有明确的目标，而现在没有目标了，并表示有目标的话应该会跟考研一样努力。咨询师使用了霍兰德兴趣测试，结果显示T同学的职业兴趣代码为SCE，即社会型、常规型和企业型；价值锚测评结果是SV，说明T同学的服务型价值锚显著，始终不肯放弃的是做一些有价值的事情。

第二步，探索职业价值，剖析职业意义。咨询师引导T同学以测评结果为参考，进一步探索自己认为有意义的事情，从中剖析和总结自己看重的职业价值。关键对话如下：

咨询师：上次测评的结果显示你很看重价值和意义，经过三个月的时间你有什么发现吗？

T同学：确实，我不怕吃苦，追求有价值有意义的事情，我觉得来一所好的学校读书很有意义。但是我现在不知道自己明年毕业后能去哪里，感觉自己对于湖北的发展没什么价值和意义。

咨询师：你觉得什么样的工作才属于有意义的呢？

T同学：通过自己的努力能够造福一方，或者让他人受益，或者做祖国需要我做的事情。

咨询师：你刚刚说来华中农业大学读书很有意义，在武汉的高校中也有一些与华中农业大学位于同一层次的学校，你说呢？

T同学：我之前忘了说一个很重要的事情，我本科就读于××学院，我的好朋友在××大学读书，有一次她带我去她学校看了一部叫《牵挂》的话剧，看完我泪流满面，我觉得"奉献、友爱、互助、进步"志愿服务精神正是我要追求的，因此本科期间我也做了很多志愿服务工作。

咨询师：你有了解过《牵挂》背后的故事吗？

T同学：我查了一下，《牵挂》讲述的是西部支教志愿者的故事，我觉得这样的选择很有意义，我也想去祖国需要的地方奉献自己的青春，哪怕那些地区偏远，但是那里更需要人才，自己的价值更容易实现。

咨询师：很开心你能主动去了解这么多，当你了解这些故事背景之后，关于具体的职业目标有什么想法吗？

T同学：我作为一名中共党员，应该按照国家"到西部去，到基层去，到祖国和人民最需要的地方去"的嘱托去建功立业，如果有机会，我也会选择到祖国的基层去服务。

第三步，进一步澄清目标，分析和发展职业能力。第三次咨询时，T同学已经在积极准备毕业实验和论文，同时了解国家基层项目和选调生的招录政策。咨询师和她一起探讨了做好这类工作的能力要求。T同学明确列举了公文写作、语言表达、组织协调、吃苦耐劳等方面的能力和态度准备，并对现阶段自己的能力水平进行了初步评价，确定了下一步能力提升的方向。至此，本次自我探索类咨询完成了关键的兴趣-能力-价值观闭环。

3. 点评总结

本案例采用了自我探索思维工具，即兴趣-能力-价值三叶草模型，如图12-1所示。该模型从自我出发探索职业方向，可以考虑我喜不喜欢、能不能做好，这份工作对我的价值回报以及对国家、社会和他人有没有意义这三个方面。简言之，好的工作应该是我喜欢、擅长做的,且对个人有回报,对国家、社会和他人有价值的工作。缺失任何一方面都将带来情绪问题,例如如果我不喜欢这份工作,那么我很快会产生职业倦怠,丧失工作动力;如果我做不好这份工作,又将影响自我效能感,产生焦虑;如果这份工作既不能让我获得回报,又对国家、社会和他人毫无帮助,则使人感到无意义、无价值和失落。所以,生涯辅导的自我探索,需要弄清楚来访者的三个自我要素,而澄清三个自我要素,可以通过测评工具、过往经历、成就故事等围绕问题循序渐进地探索。

图 12-1 兴趣-能力-价值三叶草模型

自我探索,包括职业兴趣、职业能力和职业价值观等方面,可以登录国家大学生就业服务平台(https://www.ncss.cn),选择"全国大学生职业规划大赛"页面,用教师或学生信息注册后点击"生涯闯关"栏目即可进行测评。自我探索测评工具见附录 A.6。

第三节 专业探索类咨询[①]

一些学生在选择专业或者转换专业时具有盲目性,他们不了解专业人才培养目标、课程构成、专业所需要的核心技能、学校给专业提供的资源或支持以及专业就业前景与发展趋势等问题,导致自己在探索职业目标时对专业产生怀疑,或不知如何下手。专业探索类咨询旨在解决上述与专业职业发展有关的问题,使来访者能够在对专业发展路径有清晰认识的基础上开展职业探索、确立职业目标。

1. 案例简介

Y 同学,女,大学二年级学生,地理信息科学专业。Y 同学学习成绩处于专业中上水平,再修五门专业课就能完成大学的全部课程学习;她从大一开始担任班长,积极参加学校各项校园文化活动;她非常喜欢摄影,擅长制作视频,她的摄影作品曾在校级比赛中获奖,还为学院和年

---

① 本节引用案例由华中师范大学卢雯老师提供。

级制作过一些宣传视频。Y 同学希望未来进入媒体行业工作,不想从事与所学专业相关的工作,为此她连续两年提交了转专业申请,但均没有通过考核。虽然 Y 同学学习不赖、有特长、生活充实,但所学专业与发展目标不一致,对未来的迷茫一直困扰着她。2020 年 4 月,Y 同学失去了学习的动力,内心纠结着是否退学重新参加高考。此时咨询师开始介入。

2. 咨询流程

第一步,接纳当下,选择不退学。Y 同学描述她对现在所学的地理信息科学专业不太感兴趣,今后想从事媒体方面的工作。她目前处于大二下学期,已经没有机会转专业了,想退学重新参加高考。线上学习期间,她觉得很枯燥,一点儿也提不起精神,但对重新参加高考这个决定又有一些犹豫。咨询师引导她思考的第一个问题是,是否一定要退学重新参加高考。根据 Y 同学的描述,她的学习成绩不差,达到毕业要求对她来说不难;她热爱摄影和视频剪辑,大学期间已经有一些积累;同时她还选修过两门新闻学院的课程。她一直在实践自己的爱好,这非常有利于她进一步探索职业目标。于是,咨询师开始引导她描摹未来的生活愿景。以下是关键对话:

咨询师:"你不想学地理,想学新闻,那你希望未来从事什么样的工作呢?"

Y 同学:"和媒体相关的吧,但是还没有想好。"

咨询师:"或者你可以试着描述一下你期待的未来生活状态。"

Y 同学沉默了。

咨询师:"或者,描述一下你期待的工作后的某一天。"

Y 同学断断续续地说了一些词语:"摄影""新闻""各地"……

咨询师:"你上过新闻学院的课程,这个专业毕业后可以去的单位、做的工作有哪些,是不是符合你的这些期待呢?"

Y 同学:"我还没有了解过,倒是我现在学的地理专业,让我有机会去很多地方看看,我拍了很多照片。其实要再参加高考,我也不敢保证能考上心仪的学校和专业。"

咨询师:"所以,其实你并不是很想退学重新参加高考,是吧?"

Y 同学:"嗯。但是对于现在的专业课学习,我就是提不起劲来。"

咨询师:"这样,我们把目标拉长远一些,先来探索职业目标。你所说的媒体工作有很多,想想到底哪一个是你最想做的。"

Y 同学:"好的。"

第二步,了解专业,认识行业职业。Y 同学虽然喜欢摄影,有一定的新媒体技术,但对与媒体相关的职业了解非常有限,对新闻专业也不了解。咨询师引导她认识专业、探索职业的世界。第一次咨询后,咨询师帮 Y 同学联系了新闻学院的辅导员,请 Y 同学做三件事情:① 分析新闻学院的培养方案;② 了解新闻学院学生的毕业去向;③ 与两名校友进行职业生涯人物访谈,了解他们目前的工作内容、工作节奏、发展路径以及其他情况。

第二次咨询时 Y 同学的话明显多起来。Y 同学发现:我校新闻学院的四个专业中,她只对网络与新媒体专业中的新媒体内容生产比较感兴趣;从学生的就业去向来看,考研仍是本科毕业生的主要去向。其中一位校友和朋友合伙经营一家视频制作公司,这是她比较向往的职业。在这个过程中,Y 同学认识了一些新闻学院的朋友,她认识到:① 自己确实非常喜欢网络和新媒体方面的工作;② 网络与新媒体的相关行业对实操能力要求比较高,需要有较强的摄影、修图、剪辑、文字编辑等专业技术,对专业背景的要求不是特别严苛,如果有较多的实践经验和成果,在考研和就业中都会有一定优势;③ 新闻专业研究生的招考非常欢迎非新闻专业背景的学生。这些让 Y 同学决定继续修读完本专业,同时备战参加网络与新媒体专业研究生的考试。Y 同学谈道:"我惊奇地发现地理专业涉及的技术与新闻专业涉及的某些技术有一定相关性,如果我能把地理专业和新媒体工作结合起来就更好了,这很有趣。结合目前的专业,我可以申请去《视觉中国》《中国国家地理》杂志这样的单位实习和就业。"咨询师引导她进一步思考和探索未来两年可以为这个目标做些什么。

第三步,不断实践,逐渐确定目标。由于新闻专业、媒体行业、网络和新媒体技术是 Y 同学所喜欢的,在大学阶段,她需要进一步了解社会对该领域工作的需求,不断检验职业目标的可行性,并通过积累技能和实践经历,不断满足工作要求,将期望变为现实。

咨询师:"现在地理内容的学习你不排斥了,上课感觉好多了吧?"

Y 同学:"确实现在好多了,因为我学习能力没有什么问题。为了提升新媒体技术和理论素养,我又选修了两门新闻学院的课程。"

咨询师:"很好!除了学习专业知识和技能,我们还要深入了解社会需求和用人单位的要求,社会需不需要、有没有你想象中的工作都需要进一步确认,在这个过程中你可以不断根据社会需求和工作要求积累技术、经验和能力,还可以不断梳理自己的目标。"

Y 同学表示认可后,咨询师和 Y 同学共同探讨阶段性行动方案,并共同制订出行动计划。

接下来两年,Y 同学在学院学习发展中心为本科生开设了两期"摄影技术"课程,为学院社会实践队拍摄视频宣传片,参与协助专业课老师录制和制作微课,和新闻学院的朋友一起参与以新媒体为主题的社会实践和创新训练项目,暑假时申请了家乡公职部门宣传部的实习岗位。她渐渐明确了职业目标,并确定了考研目标。

第四步,积极调整,分步走靠近目标。大四上学期,Y 同学遗憾没能考上新媒体专业方向的研究生,她开始积极求职,并在找工作的同时在一家视频制作公司实习。咨询师辅导她制作简历和学习面试技巧时发现,由于前两年的积累,Y 同学已经积累了不少摄影、宣传片拍摄、软件工具和技术应用、网络传播技巧等方面的实践经验和成果,在跨专业求职过程中还是比较有优势的。同时,结合本专业地理学科,她重点投递了与文旅、地理宣传、地质博物馆、传统媒体地理板块等细分领域的工作,同时也投递了当下比较热门的新媒体运营制作类岗位,最终签约了生源地的一家文旅公职部门的宣传岗位,负责家乡旅游方面的新闻宣传、视频制作和新媒体平台运营,这与她的地理学科背景和新媒体技能匹配,Y 同学对这份工作很满意。

3. 点评总结

这是一个非常普遍和典型的因不喜欢、不了解专业,而对专业前景和职业前景丧失希望的案例。咨询的核心是帮助学生通过充分搜集信息和全面认知专业、职业,结合实践探索,建构自我期待的生涯目标。任何专业设置都有用武之地,关键在于如何结合专业优势和个人优势,找到可能的职业方向并积极争取职业机会。本案例中 Y 同学以职业生涯人物访谈形式了解专业就业前景,获得真实的一手资料。

职业生涯人物访谈,是通过与一定数量的职场人士(通常是来访者感兴趣的职业从业者)会谈而获取行业、职业和单位信息的一种职业探索活动。它是一种获取职业信息的有效渠道,能帮助求职者(尤其是在校大学生)了解和认识社会需求、职业需求、职业环境和基本状况,检验和印证通过其他渠道获得的信息,并了解与未来工作有关的特殊问题或需要,如入职标准、核心素质要求、晋升路径和从业者的内心感受等。这种方法比直接实习更便捷,获得的信息比网络信息更真实,是探索专业方向、职业方向的有效方法。

职业生涯人物访谈的一般步骤(具体访谈问题见附录 A.7)如下:

(1) 确定访谈目标、对象,制订访谈计划和提纲;

(2) 联系访谈对象,约定时间、地点,提前发送访谈提纲;

(3) 正式访谈时,可以询问工作性质、任务或内容,工作环境、工作地点,所需技能、资格、培训,薪酬福利,工作时间和生活状态,就业机会,面试注意事项,前景展望,等等,且经对方允许才可以录音、录像;

(4) 访谈结束后,对访谈内容进行归纳、整理和分析。

第四节 职业探索类咨询[①]

职业探索类咨询旨在通过一系列的方法和工具,引导个体对不同的职业进行深入的了解和探索,包括职业的工作内容、职业环境、发展前景、职业要求等方面,并将这些方面与个体的兴趣、能力、价值观以及劳动力市场结合起来进行综合评估,提供个性化的职业发展建议和指导。

1. 案例简介

W 同学,女,国际经济与贸易专业大四学生,出身于一个普通的教师家庭,大学期间学习成绩优异,已被保送攻读硕士研究生,最近才开始认真思考自己未来的职业方向,感到十分焦虑。W 同学自述非常喜欢自己的专业,但英语口语不好,"感觉自己似乎不适合国际贸易行业";个人了解的大型贸易公司少,认为"就业机会有限";平时很细心,想从事财会行业,但感觉"肯定不及会计专业学生";由于个人性格原因,"不太喜欢要具备一定投资意识的金融行业";感觉自己口才和公众演讲能力也不是很好,不适合做销售。综合以上因素,W 同学产生强烈的危机感,没有自信,特别担心自己即便研究生毕业也无法顺利找到一份满意的工作,因此特别希望得到咨询师的帮助,想走出职业选择的迷茫期。

2. 咨询流程

第一步,收纳面谈,建立关系。咨询师首先对咨询的过程进行说明,强调这是一种工作同盟关系,与平常的师生关系不同,强调会和她一起共同为目标而努力,而不是单纯地帮助其解决问题;接着明确双方的责任和义务。W 同学表示愿意尝试共同为自己的目标而努力。W 同学对自己的兴趣、经验、能力、性格特征等方面有较为清晰的认识,能清晰地描述自己面临的问题,思维活跃,愿意积极探索走出困境的方法,因此双方商议先暂定四次咨询,计划每周一次,每周布置一个任务并督促落实,最后根据咨询效果再决定是否需要继续。

第二步,目标澄清,计划制订。W 同学的期待是"我希望走出职业选择的迷茫期"。在这个过程中,咨询师通过一系列的提问,利用逻辑层次、"SMART"方法等工具,将 W 同学模糊的愿景变为清晰的行为表现,逐渐澄清,使其情绪由无法行动的迷茫变为勇于突破的坚定。

[①] 本节引用案例由华中科技大学梅健老师提供。

W 同学其实想知道自己读研两年后,究竟适合什么行业,是从事国际贸易或者财务会计工作,还是去考公务员。但她对这些工作的基本要求、发展前景等均不了解。为了弄清楚这些事项,咨询师和 W 同学共同探索了行动方案,即用两周的时间(适逢学校招聘会高峰期)通过听宣讲会、找实习机会、争取一次面试机会、与亲朋好友沟通职业选项、访谈职场前辈等方式解决职业信息不足的问题。

第三步,反馈信息,提出新挑战。W 同学反馈了两周的行动进展:首先是通过学校招聘会参加并通过了施耐德武汉公司的实习面试,等待实习通知;其次是跟亲戚探讨了公务员的工作情况,亲戚建议其去考公务员,于是她向亲戚详细了解了国家公务员考试(中国证监会)的准备情况、考试流程以及相关信息;同时跟正在公共部门工作的表哥了解公务员的实际工作情况、薪酬福利等;此外,她还主动参加了学校的三场招聘会,包括施耐德(外企代表,对英文要求较高)、交通银行(银行代表)、58 同城(互联网企业代表);找学院负责就业的研究生辅导员了解了研究生就业情况。W 同学和咨询师分享了她在这个过程中的收获:一方面到实习的公司简单走访参观,了解了外企工作流程,熟悉外企的工作环境,也扩充了对电气行业的了解;另一方面通过招聘会了解了财务管培生这个岗位,个人感觉相较于银行,更喜欢财务公司的工作环境。同时,她通过与老师的交流了解到研究生中公务员就业比例比本科生高……对职业信息的准确、全面的搜集让她不那么迷茫了,而且通过参加面试获得了实习机会也让她重拾信心。咨询师鼓励她继续搜集职业信息,并试着在其中结合自己的认知确立职业方向。

第四步,聚焦选项,确立方向。第四次咨询时 W 同学反馈,当她获取的信息越多时,她反而觉得有点困惑了。W 同学纠结是去企业还是考公务员。这个时候咨询师建议使用"平衡轮"工具加以分析,围绕财务管培生和公务员两个岗位进行阐述,在家庭、健康、情感、成长、休闲、事业、财富和社交八个维度进行对比,最后综合各种因素,W 同学第一次毫不犹豫地选择了财务管培生这个岗位。接着咨询师回顾了一个多月以来的共同工作,首先对 W 同学积极主动的来访和非常主动的职业探索行为表示肯定,然后让 W 同学谈谈每次咨询获得的突破及实现的计划,最后与其一起制订了接下来的行动计划。

3. 点评总结

职业探索不足会导致生涯早闭,即没有经过研究的职业目标或者说随便制订的职业目标会导致生涯早闭。职业目标的确立需要建立在广泛的调查基础之上,必须对职业信息进行充分搜集分析,知己知彼,方能科学决策。而这一过程中,搜集职业信息的渠道和来源十分重要。本案例采用了多角度、全方位的职业探索方法。对于不同职业,我们建议学生由浅入深地采用网络信息搜集、听讲座报告、与亲朋好友交流、开展职业生涯人物访谈、参加真实的招聘面试、参与企业参观、开展工作实习等方法。信息搜集的渠道十分丰富,咨询师在实际工作中可以总结成表单,分发给来访者进行参考。

第五节 生涯决策(目标探索)类咨询[①]

生涯发展各阶段都涉及选择和决策,大的如专业选择、工作机会选择、职业转型决策等,

---

① 本节引用案例由华中科技大学李之添老师提供。

小的如实习选择、学科竞赛选择、工作地点选择等。生涯决策（目标探索）类咨询通常针对来访者已有职业选项的情况，对选项的影响因素和可能导致的结果进行全面评估，帮助来访者做出明确的决策。

1. 案例简介

M同学，某高校土木专业，研究方向为结构智能减震控制，在研究生一年级上学期预约咨询，希望定位满意的就业目标，以便规划学涯时间精力。她本科毕业后在施工单位干过半年的资料员，因发展前景和工作环境不理想而考研，跨考自动化转轨智能建造专业，但分数未过线被调剂回土木专业。在土木行业日渐式微背景下，她的研究方向虽与利好的智能建造勉强搭边，她也对智能建造工程师有一定向往，但她不确定未来市场对自己专业的认可程度，因此在准备公务员考试和精进专业间犹豫。

2. 咨询流程

第一步，收纳面谈，确定咨询目标。M同学提出："没有智能建造工程项目经历，单靠阅读相关文献能拿到工作机会吗？"在得知M同学确认将智能建造工程师作为求职目标之一后，咨询师解释招聘看能力，阅读文献在锻炼职场问题解决能力上的作用有限，并顺势询问其提问背后的具体情境，随后补充保密条例，对照她期待完成咨询时的状态与当下状态的差异，商定"定位求职意向，拟定路线图来发力"这一目标。

第二步，澄清选项，聚焦职业目标。M同学喜欢土木行业，但认为在产业衰退时得搭上智能建造的风口才有更好发展。她对土木相关工作的喜好程度排序：智能建造＞自动化＞智能减震控制＞传统土木工作。虽然智能建造是首选，但是用业余时间弥补和提升交叉学科的知识和能力需要大量时间，且收效不定，此外家人也建议她尽早做考公务员准备。被问及自己的看法时，M同学认为国家公务员考试中住建、交通、国土等岗位她都能报考，公务员工作也有稳定、体面的优势，但需要积累的政治时事、党团经历又与智能建造工程师岗位要求侧重不一。咨询师询问她是否有目标兼容可能时，她回答若前景不明就很难开展行动。在这次咨询中，M同学的职业目标聚焦于两个选项，并且不愿意同时准备。咨询师需要辅导她自己澄清目标、明确目标。这是咨询中的关键步骤，咨询师采用了"平衡轮"工具帮助其决策。

为弄清生涯决策影响因子，咨询师先请M同学思考自己所看重的工作方面，即工作可以给她带来什么。M同学提出了7项职业价值因子。咨询师画出两个一模一样的圆形，其中一个下面写着"公务员"，另一个下面写着"智能建造工程师"。确认她了解一线公务员和智能建造工程师的工作内容后，咨询师让M同学思考每个职业能给自己带来的价值回报，并在平衡轮上以定量的方式描绘回报的大小，如图12-2所示。其中，平衡轮中扇形圆心角的大小代表价值因子的权重，而半径长度对应价值因子的收益。用不同颜色在每个扇形中涂上相应的面积，面积越大，代表该工作提供的这项价值越大。当两个相同圆形上出现不同面积的色块，显示M同学对智能建造工程师岗位的满意度远高于公务员时，M同学感叹："真神奇，一下就从两个都重要变成一个更重要了。"

第三步，评估能力，探最近发展区。第三次咨询时M同学搜集了新的信息：武汉是住房城乡建设部公布的智能建造试点城市，中建三局、中铁大桥局等研发的空中造楼机、智能架桥机都已投入使用。因智慧桥梁监测被纳入试点实施方案，她对导师的结构智能减震控制方向有了新认识，找到与智能建造的更多联系。目前已确定机会，但还需要提升能力。咨询

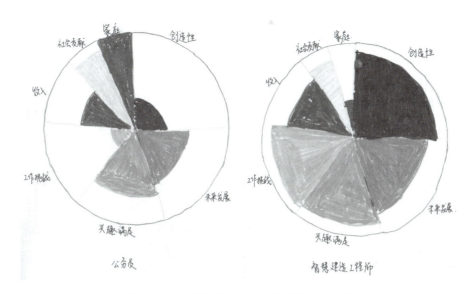

图 12-2　M 同学针对不同工作绘制的平衡轮

师采用能力刻度尺来评判 M 同学现有的能力与招聘岗位要求能力之间的差距,并讨论确定个人能够达到的最近发展区域。

第四步,科学规划,踏实分级行动。咨询师与 M 同学一起沟通行动计划,并针对求职中可能出现的偶然因素进行心理准备和行为准备,约定反馈方式和反馈时间。

3. 点评总结

这是一个有职业选择但无法做决策的案例。本案例中来访者 M 同学的职业价值观有很多,且互相影响而交织在一起,导致其思路不清晰,难以决策。咨询师采用"平衡轮"工具,将来访者关心的工作价值澄清,同时,采用涂画面积的方式将工作价值的重要性直观地呈现出来。通过一张平衡轮图,来访者可直观看到自己在意的工作满足了自己的哪些需求,同时进行多选项对比,最终自己更看重的职业便一目了然。"平衡轮"工具还可以用于时间管理、精力分配、制订计划、能力均衡性评估等方面,应用非常广泛。

生涯平衡轮的具体操作方法如下。

(1) 准备阶段。

① 画出大圆:绘制中心点,它代表了你的整体生活或自我中心。从这个中心点出发,绘制大圆,这个大圆就是生涯平衡轮的主体。

② 划分大圆:将这个大圆分成若干份(一般建议分成 5～8 份,但也可以根据自己的需要调整),每一份代表你生活中的一个重要领域。

(2) 定义领域。

分配定义:给圆的每一个部分分配一个定义。这些定义应该涵盖你生活中的关键领域。这些领域可以是一件事情的不同方面,也可以是你需要全盘规划的个人生活,包括如下内容。

① 职业发展:关注你的职业目标、职业规划、工作满意度等。

② 自我实现:思考你的个人价值观、兴趣爱好、成就感等。

③ 个人成长:关注你的知识、能力、眼界和心灵的成长。

④ 财务状况：评估你的收入、支出、理财规划等。
⑤ 身心健康：关注你的身体健康、心理健康、运动习惯、饮食习惯等。
⑥ 家庭生活：考虑你与家人的关系、家庭责任、家庭氛围等。
⑦ 休闲娱乐：评估你的兴趣爱好、休闲娱乐方式、时间管理等。
⑧ 人际交往：关注你与朋友、同事、家人等的人际关系和社交活动。

(3) 现状评估。
① 打分：针对每个领域，给你的现状打一个分数（可以是十分制或百分制）。这个分数应该反映你在该领域的满意程度或现状水平。
② 涂色：使用不同的颜色或标记来表示每个领域的分数，以便更直观地显示你的现状。

(4) 目标设定。
① 设定目标：针对每个领域，设定一个你希望达成的目标分数。这个目标应该是一个你认为合理且可实现的目标。
② 规划路径：思考如何达到这些目标，制订具体的行动计划或策略。

(5) 动态调整。
① 定期回顾：建议定期（如每季度或每年）回顾你的生涯平衡轮，评估你的进展和变化。
② 调整策略：根据回顾结果，调整你的目标和行动计划。如果某个领域的进展不如预期，可能需要重新评估你的策略或寻求外部帮助。

(6) 注意事项。
① 平衡不等于平均：生涯平衡轮强调的是各个领域之间的相对平衡，而不是要求每个领域都达到相同的水平。
② 个性化定制：你可以根据自己的实际情况和需求，调整生涯平衡轮中的领域和分数标准。

生涯平衡轮是一个动态的工具，需要你在日常生活中持续关注和努力才能实现真正的平衡。

第六节 促进行动类咨询

促进行动类咨询是一种专注于帮助个体将明确的目标转化为具体、可行的行动计划，并通过持续的监督、调整与心理支持，促使其采取实质性行动和获得成长的咨询。这种咨询旨在解决个体在面对学业、职业或生活目标时，因缺乏明确计划、有效执行策略或持续动力而产生迷茫和停滞的问题。通过一系列结构化的步骤，包括建立关系与初步评估、现状分析与目标设定、时间管理与学习计划制订、行动方案与执行、资源整合与支持网络建立、定期复盘与调整，以及心理支持与动力激发，促进行动类咨询不仅能帮助个体设定清晰、具体的SMART目标，还能帮助个体学会如何将这些目标分解为可操作的小步骤，制订详细且实际的行动计划，并有效管理时间和资源。

1. 案例简介

M同学，21岁，男，大学三年级学生，专业是设计学。他成绩中等偏上，对设计有浓厚兴趣，曾参与多个实践项目。然而，M同学发现自己虽然对设计有热情，但缺乏明确的学习目标和职业规划，导致学习效率不高，对未来感到迷茫。他希望通过促进行动类咨询，明确自己的学习目标,制订实际可行的行动计划,以提升学业成绩并为未来职业生涯发展做好准备。

2. 咨询流程

1) 建立关系与初步评估

(1) 首次会面。

咨询师:"M同学,你好!很高兴今天能和你见面。我是负责这次咨询的老师,我们先聊聊你为什么决定来寻求帮助。"

M同学:"老师,您好!我最近感觉学习很迷茫,虽然对设计有兴趣,但总是没有明确的目标和计划,学习效率也不高。"

咨询师:"听起来你对自己的学习状态有些不满意,这是很常见的情况。不用担心,我们一起来找出问题的根源,并找到解决的办法。首先,我想了解一下你的学习习惯、兴趣点以及你认为自己在哪些方面做得比较好,哪些方面还需要改进。"

(2) 共同设定目标。

咨询师:"基于我们刚才的讨论,你觉得通过这次咨询,你最希望达到怎样的目标呢?"

M同学:"我希望能够设定清晰的学习目标,制订一个有效的学习计划,并且提高自己的自我管理能力,让学习更有条理。"

咨询师:"非常好,那我们就把这次咨询的目标设定为帮助你设定清晰的学习目标,制订有效的行动计划,并提升自我管理能力。接下来,我们将一步步朝这个目标努力。"

2) 现状分析与目标设定

(1) 自我评估。

咨询师:"首先,我们需要对你目前的学习状况进行一个全面的了解。我会给你一份问卷,里面包含了一些关于学习习惯、兴趣点、优势与不足的问题,请你认真填写。"

M同学填写附录A.8的问卷后,咨询师根据问卷结果进行分析。

(2) 采用SMART原则设定目标。

咨询师:"根据你填写的问卷,我们现在一起来设定一些SMART目标。比如,短期目标可以是'在接下来的一个月内,每天至少完成2小时的设计练习,并掌握一个新的设计概念'。这个目标具体、可衡量(2小时和一个新概念)、可达成(基于你的现有水平),与你的兴趣(设计)相关,并且有时间限制(一个月内)。"

M同学:"这个听起来很实际,我可以试试。"

3) 时间管理与学习计划制订

(1) 时间管理培训。

咨询师:"接下来,我们来学习一些时间管理技巧。比如番茄工作法,你可以尝试将整块学习时间分割成25分钟的学习时间和5分钟的休息时间,每完成4个番茄钟后,可以休息更长一些时间。还有四象限管理法,帮助你区分任务的紧急程度和重要程度,优先处理重要且紧急的任务。"

(2) 学习计划制订。

咨询师:"现在,我们根据设定的SMART目标,来制订一个详细的学习计划。比如,每周一、周三、周五晚上7点到9点是设计学习时间,每周二、周四晚上则是复习和预习时间。每周六上午进行一周学习总结,并规划下周的学习任务。"

4）行动方案与执行

（1）任务分解。

咨询师："为了确保计划的可行性，我们需要将大任务分解成小步骤。比如，这个月要掌握的新设计概念，可以分解成每周学习一个子概念，每个子概念再细化为几个具体的练习题目。"

（2）建立监督机制。

咨询师："我们设定每周五晚上为检查时间，你可以通过邮件或在线平台向我汇报本周的学习进度和遇到的问题。我也会定期查看你的学习记录，并给出反馈建议。"

（3）克服拖延。

咨询师："关于拖延问题，我们可以尝试设置奖励机制，比如每完成一个阶段的学习目标，就给自己一个小奖励。同时，创造一个高效的学习环境也很重要，减少干扰因素，让自己更容易集中注意力。"

5）资源整合与支持网络建立

（1）资源推荐。

咨询师："我会为你推荐一些优质的设计学习资料、在线课程和学习社群。这些资源可以帮助你更深入地学习设计知识，并与其他学习者交流心得。"

（2）建立支持网络。

咨询师："同时，我鼓励你主动与同学、老师或行业专家建立联系。你可以加入学校的设计社团，或者参加一些线上的设计交流活动，与志同道合的人一起学习和进步。"

6）定期复盘与调整

（1）复盘会议。

咨询师："我们约定每月进行一次复盘会议，时间定在每月的第一个周末。在会议上，我们将讨论你上个月的学习进展、遇到的挑战以及解决方案。同时，我们也会根据实际情况调整学习计划和行动方案。"

（2）灵活调整计划。

咨询师："记住，计划是灵活的，不是一成不变的。如果在学习过程中发现某些方法不适合你，或者遇到了新的情况，我们可以随时调整计划，关键是要保持积极的心态和持续的努力。"

7）心理支持与动力激发

（1）心理辅导。

咨询师："在整个咨询过程中，我都会提供心理支持和鼓励。如果你在学习过程中感到压力大或焦虑，可以随时找我倾诉。我会帮助你找到应对压力的方法，帮你保持积极的心态。"

（2）动力激发。

咨询师："此外，我还会通过分享成功案例、将目标可视化等方式来激发你的学习动力和内在动机，让你看到自己的努力是有回报的，并且不断向自己的目标迈进。"

3.点评总结

M同学的案例展示了大学生在学业和职业规划中常出现的迷茫与动力不足问题。通过促进行动类咨询，M同学不仅明确了学习目标，制订了实际可行的行动计划，还学会了有效的时间管理和自我管理方法。这一过程不仅有利于他学业成绩的提高,也为他未来的职业生涯奠定了坚实的基础。

本案例成功的关键在于如下几点。

(1) 目标导向:明确、具体的目标设定是行动的前提。

(2) 行动计划:详细、可行的行动计划有助于将目标转化为实际行动。

(3) 持续反馈与调整:定期复盘和灵活调整计划确保了目标的持续性和可达成性。

(4) 心理支持:提供心理支持和鼓励,帮助来访者保持积极心态和激发动力。

未来,M 同学可以继续运用这些方法和技巧,不断优化自己的学习计划,提升个人能力,为未来的职业发展做好充分准备。同时,咨询师也应持续关注 M 同学的发展,提供必要的支持和指导。

在本次咨询过程中,个体不仅掌握了时间管理技巧,如番茄工作法和四象限管理法,还学会了如何建立监督机制,克服拖延,以及如何利用外部资源和建立支持网络来增强自己的行动力。更重要的是,通过定期的复盘会议和灵活调整计划,个体能够根据实际情况不断优化自己的行动方案,确保目标的持续性和可达成性。同时,咨询师在咨询过程中提供心理支持和动力激发,如心理辅导、成功案例分享和目标可视化,帮助个体保持积极的心态,克服挑战,持续向目标迈进。

综上所述,促进行动类咨询是一种全面、个性化的咨询方法,它不仅关注个体目标的设定和实现,还重视其行动能力的培养和心态的调整,为个体在学业、职业和生活中取得实质性进步提供强有力的支持。

第七节　求职心理调适类咨询

求职心理调适类咨询是指针对即将步入职场或正在求职过程中的个体,提供一系列旨在帮助其调整心理状态、明确职业目标、提升求职技能与自信心的服务的咨询。这类咨询通常针对那些在求职过程中遇到心理困扰,对未来职业方向感到迷茫、缺乏自信心或面临就业压力的来访者。通过专业咨询师的引导与帮助,来访者能够更全面地认识自己,了解自身的优势与不足,从而制订更加切实可行的求职策略与计划。

在求职心理调适类咨询中,咨询师会运用各种心理评估工具与方法,帮助来访者进行自我评估,明确其职业兴趣、价值观、技能优势及潜在的职业发展方向。同时,咨询师还会提供针对性的心理辅导与技能训练,如简历撰写指导、面试技巧培训、压力管理与情绪调节等,以提升来访者的综合竞争力与心理素质。此外,咨询师还会鼓励来访者建立积极的求职心态,面对挫折与失败时保持坚韧不拔的精神风貌,从而更加自信地迎接职场的挑战。

1. 案例简介

L 同学,23 岁,女,大学四年级学生,计算机科学与技术专业。她在校期间成绩优异,积极参加各类编程竞赛和项目实践,积累了丰富的技术经验。然而,随着毕业季的临近,L 同学面临求职的压力和挑战,感到焦虑不安,对未来职业发展方向感到迷茫。她希望通过求职心理调适类咨询来调整心态、明确求职目标、增强自信心,为顺利就业做好准备。

2. 咨询流程

1) 建立关系与初步评估

(1) 首次会面。

咨询师:"L同学,你好!很高兴今天能和你见面。我是负责这次咨询的老师,我们可以先聊聊你目前的求职状态和感受吗?"

L同学:"老师,您好!我最近在求职过程中感到很焦虑,我虽然有一定的技术基础和实践经验,但不知道该如何选择适合自己的工作,也不确定自己的竞争力如何。"

咨询师:"我理解你的感受,求职过程确实充满挑战。不用担心,我们一起来分析问题,并找到解决方案。首先,我想了解一下你的求职目标、技能优势以及你认为自己在求职过程中遇到的主要障碍。"

(2) 共同设定目标。

咨询师:"基于我们刚才的讨论,你觉得通过这次咨询,你最希望达到怎样的目标呢?"

L同学:"我希望能够调整好自己的心态,明确求职目标,制订有效的求职策略,增强自信心,为顺利就业做好准备。"

咨询师:"非常好,那我们就把这次咨询的目标设定为帮助你调整求职心态,明确求职目标,制订求职策略,并增强自信心。接下来,我们将一步步朝这个目标努力。"

2) 现状分析与目标设定

(1) 自我评估。

咨询师:"首先,我们需要对你目前的求职状况进行一个全面的了解。我会给你一份问卷,里面包含了一些关于求职目标、技能优势、心态调整等方面的问题,请你认真填写。"

L同学填写附录A.9的问卷后,咨询师根据问卷结果进行分析。

(2) 采用SMART原则设定目标。

咨询师:"根据你填写的问卷,我们一起来设定一些SMART目标。比如,短期目标可以是'在接下来的一周内,明确自己的求职方向,并筛选出5个目标职位进行深入研究'。这个目标具体、可衡量(5个目标职位)、可达成(基于你的研究能力)、与你的专业(计算机科学与技术)相关,并且有时间限制(一周内)。"

L同学:"这个听起来很实际,我可以试试。"

3) 求职策略与技巧

(1) 简历制作与面试技巧培训。

咨询师:"接下来,我们会一起学习如何撰写一份优秀的简历和提升面试技巧。比如,如何突出自己的技能优势和项目经验、如何回答常见的面试问题,以及如何在面试中展现自己的自信和沟通能力。"

(2) 模拟面试。

咨询师:"为了让你更好地适应面试环境,我们将进行面试模拟练习。通过模拟面试,你可以提前了解面试流程,发现自己的不足之处,并及时进行调整和改进。"

4) 心态调整与心理支持

(1) 心理辅导。

咨询师:"在求职过程中,保持良好的心态非常重要。如果你感到焦虑或不安,可以随时找我倾诉。我会帮助你找到应对压力的方法,如深呼吸、放松训练等,帮助你保持积极的心态。"

(2) 积极心态培养。

咨询师:"同时,我也会通过分享成功案例、将目标可视化等方式来激发你的求职动力和内在动机,让你看到自己的努力是有回报的,并且不断向自己的目标迈进。"

5) 资源整合与支持网络建立

(1) 资源推荐。

咨询师:"我会为你推荐一些优质的求职网站、行业报告和招聘信息。这些资源可以帮助你更全面地了解行业动态和招聘需求,为求职做好准备。"

(2) 建立支持网络。

咨询师:"我会鼓励你主动与同学、老师或行业内的前辈建立联系。他们可以给你提供宝贵的建议和经验,帮助你更好地应对求职过程中的挑战。"

6) 定期复盘与调整

(1) 复盘会议。

咨询师:"我们约定每周进行一次复盘会议,时间定在每周五下午。在会议上,我们将讨论本周你的求职进展、遇到的问题以及解决方案。同时,我们也会根据实际情况调整求职策略。"

(2) 灵活调整计划。

咨询师:"记住,求职过程是一个动态变化的过程。如果在求职过程中发现某些方法不适合你,或者遇到了新的情况,我们可以随时调整计划,关键是要保持积极的心态和持续的努力。"

7) 求职成果与后续支持

(1) 求职成果跟踪。

咨询师:"在你成功找到工作后,我还将提供一段时间的跟踪服务,了解你在新工作中的适应情况,为你提供必要的支持和建议。"

(2) 持续成长建议。

咨询师:"同时,我也会为你提供一些持续成长的建议和资源,帮助你不断提升自己的职业素养和竞争力。"

3.点评总结

关于 L 同学的求职心理调适类咨询案例展示了明确求职目标、识别技能优势、保持积极心态、制订详细计划、有效整合资源、持续反馈与调整以及获得心理支持与激发动力的重要性。这些经验和策略不仅有助于来访者求职成功,也为其他大学生提供了宝贵的参考。

(1) 明确求职目标。填写自我评估问卷,明确来访者的求职目标,这为后续的求职行动提供了清晰的方向。明确的求职目标不仅能够帮助来访者更有针对性地准备简历和面试,还能增强其在求职过程中的信心和动力。

(2) 识别技能优势。识别技能优势有助于来访者在求职过程中更准确地定位自己,选择适合自己的职位和行业。

(3) 培养积极心态。来访者通过咨询学会了如何保持积极的心态,学会在面对挫折和失败时不气馁,而是从中总结经验教训,不断提升自己。这种积极的心态对于来访者在激烈的求职竞争中脱颖而出至关重要。

(4) 制订求职计划。来访者与咨询师共同制订详细的求职计划,包括简历制作、面试技巧提升、行业研究等方面。这些计划不仅具有针对性,而且可操作性强,有助于来访者系统地推进求职进程。

(5) 资源整合与利用。有效利用学校的就业指导服务、参加线上线下的招聘会、与校友和行业专家建立联系等,能为来访者提供更多的求职机会和信息支持。

(6) 持续反馈与灵活调整。

来访者定期反馈求职进展和遇到的问题,以便咨询师根据反馈提供及时的建议和调整方案,确保求职计划的顺利进行。同时,来访者也学会了根据自己的实际情况灵活调整求职策略。

(7) 心理支持与动力维持。咨询师为来访者提供了必要的心理支持,帮助其缓解焦虑和压力。同时,咨询师通过分享成功案例、将目标可视化等方式激发来访者的求职动力,使其能够保持积极的心态和持久的动力。

 本章小结

通过本章的学习,我们深入了解了七种常见的生涯咨询类型及其在实际中的应用。人生价值类咨询帮助个体明确职业兴趣和价值观;自我探索类咨询引导个体深入了解自己的性格、兴趣、价值观和能力;专业探索类咨询让个体更全面地了解所学专业及其对应的职业前景;职业探索类咨询则帮助个体搜集和分析职业信息,以做出科学的职业决策;生涯决策(目标探索)类咨询针对具体职业选项进行全面评估,帮助来访者做出明确决策;促进行动类咨询通过制订实际可行的行动计划,提升个体的学习效率,为职业发展打好基础;而求职心理调适类咨询则专注于帮助来访者调整心理状态,提升求职技能与自信心。这些生涯咨询类型各有侧重,共同构成了生涯规划与发展的完整体系,为个体的职业发展提供有力的支持和指导。

附录A 生涯咨询工具

附录 A.1 生涯咨询信息收纳表

生涯咨询信息收纳表

同学你好：

很高兴你愿意通过生涯咨询的方式更好地规划自己的职业生涯，我们的咨询师将会为你提供专业的咨询服务。

咨询前，咨询师需要详细了解你的学习、生活、成长等经历，并结合必要评估进行周密的咨询方案的准备，便于咨询的高效进行。为此，需要你认真、详细、没有遗漏地填写这份咨询信息收纳表。

对于你的任何个人信息，我们将恪守保密原则，未经你同意不透漏给第三方。

谢谢合作！

姓名：_____	性别：_____	出生日期：____年____月____日
籍贯：_____	目前常住城市：_____	民族：_____
学院：_____	年级：_____	专业：_____
电子邮箱：_____	联系电话：_____	
紧急联系人：_____	紧急联系电话：_____	

参加这次咨询，希望解决的问题是什么？（请选择1～2个）

☐ 自我探索　　　☐ 毕业目标探索　　　☐ 专业/职业方向选择
☐ 专业前景　　　☐ 职业认知　　　　　☐ 就业能力
☐ 职业决策　　　☐ 求职技巧　　　　　☐ 创业
☐ 自我管理　　　☐ 求职心态　　　　　☐ 行动策略
其他：

问题详细描述：

近期是否有过相关问题的咨询经历？如果有，情况如何？（比如，咨询师的建议、自己的感受、其他人的建议）

你喜欢的专业或事情有哪些？

成长过程中最有成就感的事情有哪些？

家人对你的期望或建议是什么？

亲朋好友如何评价你？

咨询前，你希望告诉咨询师的事是什么？

如果愿意，我们可以在咨询结束之后的半年内对咨询的效果进行回访，并提供相应的支持。请选择可接受的回访方式： □电话　　□邮件　　□微信　　□不需要

附录 A.2　生涯咨询知情同意书

生涯咨询知情同意书

以下是关于职业生涯咨询的一些基本规定,请仔细阅读并在下面签字表明你了解相关规定,自愿参加咨询,并能为自己的行为负责。

1. 生涯咨询对本校学生免费,每次为1小时左右,整个咨询过程一般持续1个月左右,为保证咨询效果,2个月内必须结束。具体咨询时间和咨询次数由咨询师和来访者根据咨询节奏共同商定。

2. 咨询内容将严格保密,未经来访者同意不会泄露给第三者。但以下几种情况除外:

(1) 来访者出现自我伤害或伤害他人的倾向。

(2) 来访者的问题涉及法律责任。

(3) 为了能更好地帮助来访者,咨询师提出个案讨论或申请督导,但仅限专业场合,同时须隐去来访者的个人信息。

3. 为了方便后续的跟踪咨询服务,需要把来访者的个人信息登记在案,这些个人资料只用于生涯咨询中的管理,不会透漏给其他任何单位和个人。

4. 来访者如果要临时取消已经预约好的咨询,必须提前至少1日通过电话或邮件方式通知咨询助理或咨询师,咨询当天不能取消预约。若无故不到,我们将按放弃咨询处理。咨询师如果需要改变咨询时间,至少提前1日与来访者协商。以上规定不适用于非人为事件(如疾病、车祸等特殊情况)。

5. 来访者有权利在任何时候中止咨询。但是,来访者如果要改变咨询时间,请尽早直接与咨询师协商。

6. 在取得来访者的同意后,面谈或会被录音、录像或被观察,作为督导咨询师程序的一部分。经来访者同意,个别有代表性、有教育意义、有研究意义的案例将会在教学中使用(将隐去来访者姓名、工作单位,并做技术化处理)。

7. 来访者自我努力的彻底性是咨询效果的保障。来访者需以积极的态度对待咨询,坦诚地向咨询师表露自己,不掩饰不伪装。

我已阅读并理解了上述的信息,且知道我可以询问有关的问题,基于个人意愿同意参加职业生涯咨询。

来访者:　　　　　　　　　　　　　　咨询师:
时间:　　年　　月　　日　　　　　　时间:　　年　　月　　日

附录 A.3　生涯咨询师记录表

生涯咨询师记录表

咨询师：_____

姓名		性别		年级/学历		专业	
咨询时间	年　　月　　日　　时至　　时					第_____次咨询	
咨询内容							
指导建议							
本次咨询结论							

附录 A.4　生涯咨询反馈表

生涯咨询反馈表

姓名：_____　　　咨询师：_____

首次咨询时间：_____　　　咨询次数：_____

你觉得你主要的生涯发展困惑是什么？

你在咨询中解决了哪些问题？

你的咨询收获是什么？

你对咨询师的满意程度打几分（0～10分）？_____
你对咨询服务的满意程度打几分（0～10分）？_____
你觉得咨询服务中哪些方面需要提升？

附录 A.5　生涯咨询报告

生涯咨询报告

咨询师姓名：　　　　　　　　　　　　　　来访者姓名：
开始咨询时间：　　　　　结束咨询时间：　　　　　咨询总次数：

一、咨询问题

二、咨询过程（含主要方法）

三、职业发展建议

附录 A.6　自我探索测评工具

官方免费测评网站：全国大学生学业与职业发展平台（学职平台）(https://xz.chsi.com.cn/survey/index.action)。

该网站包含职业兴趣、各类职业能力、职业价值观、职业动机等的测评。

高校学生登录方式：学号＋密码（登录问题可咨询学校就业部门工作人员）。

附录 A.7　生涯人物访谈提纲

生涯人物访谈提纲

生涯人物姓名：　　　　　　职业和职级：　　　　　　从业时间：
访谈时间：　　　　　　　　访谈地点：　　　　　　　访谈者：

一、职业路径与选择
1. 职业选择：您是如何选择进入当前行业的？有哪些因素影响了您的决定？
2. 职业路径：能分享一下您的职业发展路径吗？有哪些关键转折点或决策点？

二、工作内容与技能
1. 日常工作：您日常工作的主要内容是什么？能否具体描述一下？
2. 所需技能：您认为在当前职位上，哪些技能是最重要的？这些技能是如何获得的？
3. 挑战与困难：在工作中，您遇到过哪些主要挑战或困难？您是如何克服的？

三、行业趋势与前景
1. 行业趋势：您如何看待当前行业的发展趋势？未来几年内可能会有哪些变化？
2. 职业前景：对于像我这样的新人，您认为该行业的职业前景如何？有哪些领域或方向值得关注？
3. 未来规划：您对自己未来的职业规划有哪些设想或目标？

四、工作环境与团队
1. 工作环境：您所在的工作环境如何？公司文化、团队氛围等方面有哪些特点？
2. 团队合作：在工作中，您如何与团队成员合作？有哪些成功的团队合作经验可以分享？
3. 工作与生活平衡：您是如何平衡工作与个人生活的？有什么好的建议或方法吗？

五、个人成长与收获
1. 个人成长：在职业生涯中，您觉得自己最大的成长或收获是什么？
2. 成就感：哪些工作或项目经历让您特别有成就感？为什么？
3. 学习与进修：为了保持竞争力，您是如何持续学习和进修的？有哪些资源或途径推荐？

六、总体建议
如果我想从事这份职业，您的总体建议是什么？

附录 A.8　自我评估问卷（促进行动类咨询）

自我评估问卷

一、基本信息
- 姓名：＿＿＿＿＿＿＿＿
- 年龄：＿＿＿＿＿＿＿＿
- 学科/专业：＿＿＿＿＿＿＿＿
- 当前年级/学期：＿＿＿＿＿＿＿＿

二、学习习惯

问题	选项	描述
1.你每天平均主动投入除课堂外的学习时间是多少？	A.少于1小时	B.1～2小时
2.你通常在什么时间学习效率最高？	_____	_____
3.你是否有固定的学习计划或时间表？	A.是	B.否
4.你在学习时是否会分心（如玩手机、登录社交媒体APP）？	A.经常	B.有时
5.你是否经常复习所学内容？	A.每天	B.每周

三、兴趣点

问题	描述
1.你对哪些学科或领域特别感兴趣？	_____
2.你是否参加过与这些兴趣相关的课外活动或社团？	A.是，请列举：_____ B.否
3.你认为这些兴趣如何帮助你学习或成长？	_____

四、优势

问题	描述
1.你认为自己在哪些学习方面表现较好？	_____
2.你是否在某些学科或技能上有特长？	A.是，请列举：_____ B.否
3.你如何保持这些优势并进一步提升？	_____

五、不足

问题	描述
1.你认为自己在哪些学习方面存在不足？	_____
2.这些不足是否影响了你的学习进度或效果？	A.是，如何影响：_____ B.否
3.你打算如何克服这些不足？	_____

六、其他反馈

问题	描述
1.你对当前的学习环境满意吗?如果不满意,请说明原因及改进建议。	_____
2.你希望获得哪些额外的学习资源或支持?	_____
3.你对未来学习的期望和目标是什么?	_____

备注:

请同学认真填写以上问卷,每一项都尽量详细和具体。填写完成后,咨询师将根据问卷结果进行深入分析,并制订相应的咨询计划。

附录 A.9 自我评估问卷(求职心理调适类咨询)

自我评估问卷

一、基本信息

姓名:_____

年龄:_____

学科/专业:_____

当前年级/学期:_____

二、求职目标

问题	描述
1.你目前的求职意向是什么?(行业、职位)	_____
2.你对目标职位的期望薪资是多少?	_____
3.你是否已经制订了明确的求职计划?	A. 是,请简述:_____ B. 否

三、技能优势

问题	描述
1.你认为自己在哪些技能上具备优势?(如编程语言、项目经验、软技能等)	_____
2.你是否参与过与目标职位相关的实习或项目?	A. 是,请列举:_____ B. 否
3.你如何保持并提升这些技能优势?	_____

四、心态调整

问题	描述
1.你对当前的求职环境有何看法？是否感到有压力？	_____
2.你在求职过程中是否遇到挫折？你是如何处理的？	A.是，请简述处理情况：_____ B.否
3.你是否感到焦虑或不安？你通常如何缓解这些情绪？	A.是，如何缓解：_____ B.否

五、求职准备

问题	描述
1.你是否已经准备好简历和求职信？	A.是，请简述准备情况：_____ B.否
2.你是否了解目标公司的背景和文化？	A.是，请列举了解的公司：_____ B.否
3.你是否参加过求职技巧培训或模拟面试？	A.是，请简述培训内容：_____ B.否

六、不足与挑战

问题	描述
1.你认为自己在求职过程中存在哪些不足？	_____
2.这些不足是否影响了你的求职进度或效果？	A.是，如何影响：_____ B.否
3.你打算如何克服这些不足？	_____

七、其他反馈

问题	描述
1.你对当前的求职资源（如招聘信息、面试技巧等）满意吗？如果不满意，请说明原因及改进建议。	_____
2.你是否希望获得额外的求职资源或支持？如果是，则需要哪些额外的求职资源或支持？	A.是，请简述：_____ B.否
3.你的求职期望和目标是什么？	_____

备注：

请同学认真填写以上问卷，每一项都尽量详细和具体。填写完成后，咨询师将根据问卷结果进行深入分析，并制订相应的咨询计划。

附录B 高校生涯工作案例选编

近年来,湖北高校高度重视生涯教育与就业指导工作,涌现出一大批好做法和好经验。这些经验涵盖了生涯意识培育、大学适应、生涯管理、决策行动、能力训练、分类指导、实践活动、项目教学、价值引领等多个方面。我们精心挑选了部分具有代表性的案例(扫描下方二维码查看),供读者朋友们参考借鉴。同时,我们也希望广大读者为我们提供更多案例线索。我们将认真研究,并适时更新内容。

高校生涯工作案例

参 考 文 献

[1] 国家市场监督管理总局,国家标准化管理委员会.《国民经济行业分类》国家标准第1号修改单：GB/T 4754—2017/XG1—2019[S].北京：中国标准出版社,2019.

[2] 国家统计局.国家统计局关于修订《三次产业划分规定(2012)》的通知[EB/OL].(2018-03-23)[2024-06-07]. https://www.gov.cn/zhengce/zhengceku/2019-9/06/content_5427893.htm.

[3] 刘慧.霍兰德职业兴趣六边形模型的本土化应用——以地球科学专业为例[J].山西青年,2015(22):6-8.

[4] 沈征锴,张云,卢建华.基于健康管理的军事院校医疗工作[J].解放军医院管理杂志,2012,19(10):986-987.

[5] 国家卫生健康委办公厅.中国公民健康素养——基本知识与技能(2024年版):国卫办宣传函〔2024〕191号[A/OL].(2024-05-28)[2024-06-07]. https://www.gov.cn/zhengce/zhengceku/202405/content_6954649.htm.

[6] 健康中国行动推进委员会.健康中国行动(2019—2030年)[EB/OL].(2019-07-09)[2024-06-07]. https://www.gov.cn/xinwen/2019-07/15/content_5409694.htm.

[7] 番茄工作法[J].财务与会计(理财版),2013(9):79.

[8] 张文娟.大学生情绪管理的意义与对策分析[J].社科纵横(新理论版),2013,28(4):298-299,305.

[9] 刘立欣,李若婷,瞿天翼,等.性格分类视角下大学生差异化情绪管理策略[J].创新创业理论研究与实践,2019,2(1):157-159.

[10] NUMMENMAA L,GLEREAN E,HARI R,et al. Bodily maps of emotions[J]. PNAS,2013,111(2):646-651.

[11] 赵燕,许新刚,王莉.高职大学生情绪管理方法研究[J].法制与社会,2019(27):206-207.

[12] 戴维·伯恩斯.伯恩斯新情绪疗法[M].李亚萍,译.天津：天津科学技术出版社,2020.

[13] 陆雄文.管理学大辞典[M].上海：上海辞书出版社,2013.

[14] 李洁.数字排毒：一场数字行动主义的新潮流[N].搜狐·社会科学报,2023-03-06[2024-06-07].

[15] HENDERSON R. How to create an ATS resume? [DB/OL]. https://www.jobscan.co/blog/ats-resume/.